Krasnopolje

Brjansk

Russland

~~hersk~~

Vetka

~~Dobrusch~~

~~omel~~

~~chernobyl~~

Sperrzone: Mehr als 40 Curie pro km²

15–20 Curie pro km²

5–15 Curie pro km²

Kiew

Dnjepr

0		50		100 Kilometer
0		50		100 Meilen

Tschernobyl Baby

Merle Hilbk

Tschernobyl Baby

Wie wir lernten,
das Atom
zu lieben

2. Auflage 2011

© Eichborn AG, Frankfurt am Main, 2011
Umschlaggestaltung: Moni Port, www.laborproben.de
unter Verwendung eines Fotos von Merle Hilbk
Lektorat: Barbara Werner van Benthem
Fotos: © Merle Hilbk
Ausstattung, Typografie: Cosima Schneider
Satz: Greiner & Reichel, Köln
Druck und Bindung: CPI – Clausen & Bosse, Leck
ISBN 978-3-8218-6534-8

MIX
Papier aus verantwor-
tungsvollen Quellen
FSC
www.fsc.org   FSC® C083411

Eichborn Verlag, Kaiserstraße 66, 60329 Frankfurt am Main
Mehr Informationen zu Büchern und Hörbüchern aus dem Eichborn Verlag
finden Sie unter www.eichborn.de

»Politische Sprache ist nach der Maßgabe konstruiert,
Lügen als Wahrheit erscheinen zu lassen und Mord als ehrenhaft.«

George Orwell, *Politik und die englische Sprache*, 1946

Für Juri und Nina, die Standhaften.
Und für Galina, die so spät ihre Trauer entdeckt hat.

Inhalt

Tschernobyl Cruising

September 2009, Tschernobyl-Sperrzone, Ukraine

»Hey, was sagst du? Der Kampf? Nein, hat noch nicht angefangen. Diese verdammten Ukrainer lassen sich wie immer Zeit mit der Kontrolle!«

Der Bodybuilder, der uns noch kurz vor dem Schlagbaum überholt hat, streicht nervös um das Wachhäuschen. An seinem Ohr klebt ein Headset, in das er auf Slowakisch hineinschimpft: »Verdammt, red' lauter, Blanka! Der Empfang ist … Hey, ich muss auflegen! Die machen die Schranke auf.«

Er springt in seinen Skoda, lässt den Motor aufheulen. Death Metal donnert aus dem Fenster. Auf der Hutablage blinkt etwas, das wie ein Sturmgewehr aussieht.

»Paintball«, sagt Jewgenij. »Das ist hier ein beliebtes Trainingsgelände.«

Das Trainingsgelände des Slowaken ist ein 2827 Quadratkilometer großes Areal im Norden der Ukraine, das wie ein eigener Staat gesichert ist, mit Zäunen, Schlagbäumen und Soldaten, die dort rund um die Uhr Wache halten. Eigentlich sollen sie aufpassen, dass niemand dieses Areal betritt, der dort nicht etwas Wichtiges zu erledigen hat, einen Waldbrand löschen beispielsweise, die Brücke über den Pripjat reparieren oder Plünderer jagen, die Metall und Baumaterialien herausschaffen, um sie auf dem Schwarzmarkt in Kiew zu verkaufen. Eigentlich.

Denn dieses Areal birgt eine Gefahr, die weder sicht- noch hör- oder tastbar ist, eine Bedrohung, die sich den Sinnen verschließt. Die niemand wahrnehmen würde, wenn nicht die Schilder an den Straßenrändern wären, die mit leuchtend roten Buchstaben warnen: *Wnimanije! Radiazionnaja Opastnost!* »Achtung! Radioaktive Gefahr!«

Straßensperre innerhalb der 30-Kilometer-Sperrzone, Kreis Choiniki, Belarus

Zäune und Schlagbäume riegeln dieses Areal vom Rest der Welt ab, diese Sperrzone, die einen der mythischen Orte der Neuzeit birgt: den Reaktor Nummer 4.

Die »Tschernobyl-Sperrzone« wurde 1986 eingerichtet, als Sicherheitsmaßnahme, nachdem am 26. April der vierte Block des Atomkraftwerkes Tschernobyl plötzlich und unerwartet havariert war, Radioaktivität von mehr als 100 Hiroshima-Bomben freisetzte, Dörfer verstrahlte, Städte, Felder und Wälder. Hunderttausende wurden krank, starben oder wurden ausgesiedelt, darunter die Einwohner der neben dem Kraftwerk errichteten Stadt Pripjat. Häuser wurden niedergewalzt und Brunnen verplombt, Tausende von Fahrzeugen, Maschinen und Hubschrauber, die in den Tagen nach der Havarie im Einsatz waren, auf extra eingerichteten Autofriedhöfen vergraben.

Dann erklärte man das Gelände in einem Radius von 30 Kilometern um den Reaktor zur Sperrzone, zäunte es ein und unterstellte es einer speziellen Zonenbehörde.

Solange die Sowjetunion existierte und wichtige Entscheidungen in Moskau getroffen wurden, herrschte Einigkeit darüber, wer sich in dieser Sperrzone aufhalten sollte: Menschen, die ihre Gesundheit im Dienst der Allgemeinheit riskierten; zum Beispiel die Kraftwerksarbeiter, die die restlichen drei Reaktorblöcke in Betrieb halten, Fahrer, die Arbeiter in die Zone hineinbefördern, Köchinnen und Verkäuferinnen, die sie mit dem Notwendigsten versorgen sollten; Liquidatoren, die die Zone dekontaminieren, und schließlich ein paar Biologen, die die Veränderungen an Flora und Fauna beobachten sollten.

Als der Unionsvertrag 1991 aufgelöst wurde und die Sowjetunion zerfiel, lag die Sperrzone auf einmal auf dem Territorium zweier Staaten, die sich in entgegengesetzte Richtungen entwickelten: Die Ukraine strebte Richtung Westen und Marktwirtschaft, Belarus wurde zu einer autokratischen, Russland treuen Planwirtschaft, zu einer Sowjetunion *en miniature* mit Kolchosen, KGB und all den pathetischen, Heimat verherrlichenden Spruchbändern, die schon vor der Perestroika die Straßen geziert hatten: »Blühe, mein Heimatkreis!«, »Die Natur ist unser Dom!«, »Für das Volk! Für die Heimat!«

Eine Entwicklung, die sich auch im Umgang mit den Sperrzonen niederschlug: Während die Belarussen ihre Hälfte auf den Namen »Radioökologisches Schutzgebiet« tauften, von der »europaweit einzigartigen Fauna« dort schwärmten und alles taten, das hässliche Wort *radiazija* (»Radioaktivität«) vergessen zu machen, entdeckte die Ukraine das Marktpotenzial, das in ihrem Teil der Sperrzone schlummerte, und die Faszination, die der havarierte Reaktor auf diejenigen ausübte, die die Katastrophe selbst nur aus dem Fernsehen kannten – und heute viele Dollars für einen Blick darauf lockermachen würden.

Eine staatliche Agentur wurde in der Ukraine gegründet, deren Mitarbeiter dafür sorgen sollten, dass Zonentouristen nur an Plätze geführt wurden, an denen sie keine Gefahr liefen, ohne Haare, mit Hautausschlägen oder impotent zurückzukehren. Sie sollten das Risiko für die Besucher überschaubar halten, Mittagessen, Hotelübernachtungen und Andenken in der Zone verkaufen und schließlich sogar mit privaten Reisebüros kooperieren, die All-inclusive-Pakete für westliche Reisegruppen organisierten: Flug nach Kiew, Shoppingtour in der City, Ausflug zum Reaktor mit Dolmetscher und Vollverpflegung.

Meine Zonentour wurde – berufsgerecht – von »Pripyat.com« organisiert, der Zonen-Website eines Graphikdesigners, der als Kind aus Pripjat, der Stadt neben dem Kraftwerk, ausgesiedelt wurde und später sowohl an den Strahlenfolgen als auch an Heimweh litt. In Foren berichten dort Umsiedler über ihr Leben vor der Havarie, Journalisten, zumeist aus dem Westen, beschreiben die politischen, sozialen und medizinischen Folgen der Katastrophe, und Blogger posten ihre neuesten Erlebnisse in der Zone. »Pripyat.com« zieht vor allem Leute an, die nicht gerade als klassische Tschernobyl-Zielgruppe anzusehen sind: amerikanische Twens, deutsche Politikstudenten, ukrainische Computer-Nerds. Menschen, die sich quasi ehrenamtlich daran machen, die Geschichte der Katastrophe für die Nachgeborenen aufzubereiten: dreisprachig, mit einem lockeren Blogger-Duktus und einem Design, das mit seinen ästhetischen Hochhausfotos und Techno-Flyer-Logos ein bisschen an britische Pop-Magazine erinnert, ein bisschen auch an das deutsche *Neon*. Wie die Anzeigen von Lebensversicherungen, Angstlöser-Globuli und Suchbörsen für verlorene Freunde andeuten, lässt sich die Seite anscheinend gut über Werbung finanzieren. Tschernobyl für die Generation Web 2.0.

Jewgenij heißt der »Pripyat.com«-Fahrer, der mich in die Zone bringt – ein Nebenjob. Im Hauptberuf gestaltet er als Gamedesigner den Verkaufsschlager »S.T.A.L.K.E.R – Shadow of Chernobyl«, ein Ego-Shooter-Spiel, in dem Überlebende in der Sperrzone gegen Mutanten kämpfen müssen. Früher habe er sich überhaupt nicht für Tschernobyl interessiert, erzählt Jewgenij, während er seinen Polo neben dem Schlagbaum parkt. Aber dann sei er, um die Spielumgebung möglichst realistisch zu gestalten, zur Recherche in die Zone gefahren – und süchtig nach ihrer morbiden Schönheit geworden.

Deshalb sei dieser Fahrerjob für ihn auch mehr als nur ein finanzielles Zubrot. Was er genau für ihn ist, kann ich nicht in Erfahrung bringen, denn Jewgenij behauptet zwar, Russisch zu sprechen, nuschelt aber die ganze Zeit auf Ukrainisch vor sich hin. Und der mitreisende Dolmetscher, der mir diese doch sehr fremde Sprache erschließen soll, ist eingenickt. Außerdem ist er selbst Ausländer, ein Bulgare, der in der Ukraine eine Spionageausbildung genossen und dabei einige Fremdsprachen gelernt haben soll. Ein Mann ohne Alternativen – den einheimischen Dolmetschern hatten ihre Ehefrauen den Job in der Zone ausgeredet, aus Angst um ihre Zeugungsfähigkeit.

Ein paar Kilometer hinter dem ersten Schlagbaum steigt noch ein dritter Mann zu uns in den Polo: Sergej, der Führer der staatlichen Agentur »Tschernobylinterinform«, die ihren Sitz in Tschernobyl hat, der Stadt, die dem Reaktor den Namen gab, obwohl eine andere näher an ihm dran lag. In Tschernobyl wohnen heute immer noch Menschen – mitten in der Zone.

So stehen wir Zonenfahrer an einem brütend heißen Septembermorgen in einer Schlange vor dem Schlagbaum I, zwischen einem slowakischer Paintballer und einem norwegischen Militärfan, der auf Englisch von gekaperten deutschen Panzern in der Zone schwärmt, und reichen unsere Papiere dem Mann in Uniform, der von einem

Spitzdach-Wachhäuschen aus die elektronische Schranke bedient: Reisepässe, eine mit vielen Dollars erkaufte Zoneneinfahrtsgenehmigung und das von der Zonenverwaltung abgesegnete Programm – das von einem Fototermin am Reaktor Nummer 4 bis hin zu einem Besuch der wiedereröffneten orthodoxen Kirche reicht.

An der Schranke lehnt ein zweiter Uniformträger. Er deutet mit einer Marlboro zwischen den Fingern auf den Slowaken, der gerade mit seinem Skoda in einer Staubwolke verschwindet. »*Durak*«, zischt er, »Dummkopf! Tanzt hier ständig an zum Kriegspielen!«

Ich lache, mein T-Shirt ist verschwitzt. Der zweite Wachmann ist jung, grinst mich an. »*I wish you … good time … in our Chernobyl Zone*«, sagt er in stotterigem Englisch, legt die Hand zum Gruß an die Mütze und nimmt Haltung an. Und dann ist plötzlich der Schlagbaum auf.

Wir fahren über eine Straße, die kilometerlang wie mit dem Lineal gezogen geradeaus führt. Dann lichtet sich der Wald an den Straßenrändern, der Blick weitet sich. Wir sehen den Pripjat, der sich in großen Schwüngen durch eine sonnige Ebene schlängelt. In den Flusskehren haben Biber Dämme gebaut, die das Wasser in kleinen, gurgelnden Strömen aus dem Bett drängen. Wiesen mit knietiefem Gras dehnen sich bis zum Horizont. Die Luft riecht nach Sommer, nach Früchten, Pilzen, trockenem Holz. Es ist still, eine betörende Stille, die jeden Gedanken aus dem Kopf vertreibt, als wäre diese Reise eine Übung in Zen-Meditation.

Im Stadtzentrum von Tschernobyl stoppt der Gamedesigner vor einem Steinhaus, das hinter Hagebuttenbüschen verborgen an einem Sandweg liegt: die Zonenverwaltung, wie ein Schild an der Außenfassade verrät. Zwei Huskys springen uns kläffend entgegen, aber rollen sich, als wir die Autotüren öffnen, ergeben auf den Rücken. Wir knien uns in den Sand von Tschernobyl und kraulen Hundebäuche. Im Hauseingang erscheint ein breitschultriger Mann im Jeansanzug und ruft uns zu: »Einen Wodka vor dem Abflug, Genossen?«

Zum Glück einigen wir uns auf ein Wasser und eine kurze Führung durch die »ständige Zonenausstellung«, ein Zimmer mit Strahlungskarten, historischen Fotos der Stadt Pripjat und einem ebenso historischen »Körpermesser«, einer Maschine, auf die man aufsteigt wie auf eine dieser alten Kaufhauswaagen, die Hände auf die Seitengriffe legt und wartet, welches Licht auf der Anzeige aufleuchtet. Grün steht für einen radioaktiv unbelasteten Körper, Rot für das Gegenteil, in verschiedenen Abstufungen. Wir liegen alle im grünen Bereich. »Noch!«, raune ich dem Dolmetscher zu.

»Das wird auch so bleiben, wenn ihr mir folgt!«, ruft Sergej, der Mann im Jeansanzug, der in den nächsten Stunden unser staatlich bestellter Führer sein wird. »Ich bin schließlich für eure Sicherheit zuständig.«

»So haben das die Sowjets auch immer genannt, wenn sie einen unter Kontrolle …«, unke ich. »Vergiss die Sowjets«, sagt Sergej, »ich bin nur der Mann mit dem Geigerzähler!« Und pfeift anerkennend durch die Zähne, als er den sieht, den ich mit mir herumtrage. »Uch ty, unglaublich, ein neuer Kugelfischer! Tja, meine Kiste stammt wahrscheinlich noch aus Sowjetzeiten.«

Zehn Minuten später piepst dieser Kugelfischer im Auto plötzlich so schrill, dass der Ton den russischen Billigtechno aus dem Autoradio übertönt. »Rebjata, Kinder!«, ruft Sergej. »Da vorn beginnt die Zehn-Kilometer-Zone. Jetzt wird es ernst!«

Noch einmal passieren wir eine Grenze, die dieses Mal nur durch eine kleine, von Hand betriebene Schranke gesichert ist. In Zeitlupe schlurft ein Wachmann aus seiner Baracke, wirft einen kurzen Blick auf unsere Genehmigungsscheine, die ihm Sergej aus dem Fenster reicht, und nickt dann kaum merklich.

»Passt gut auf, Jungs!«, spottet Sergej. »Dass mir hier nicht wieder einer so einen Viertonner mit Metall rausschmuggelt!«

»Ach, da kann man aufpassen, wie man will«, klagt der Wachmann. »Diese Altmetall-Mafia findet überall ein Schlupfloch. Inzwischen reisen sie sogar aus dem Ausland an, um das Zeug hier rauszuholen!«

»Und was machen sie mit dem Zeug?«, fragt der Dolmetscher.

»In Kiew hat man ganze Datschensiedlungen damit gebaut«, sagt Sergej. »Und neulich hab' ich von einer Kolchose gehört, die sich das Dach für ihren Kuhstall aus der Zone organisiert hat.«

Unsere erste offizielle Ausflugsetappe liegt in einem kleinen Waldstück: ein Haus mit Säulen vor dem Eingang und einer himmelblauen Tür – einst der bestens ausgestattete Werkskindergarten, nun baufällig und von Moos überwuchert.

Zurückgelassene Puppe in einem Werkskindergarten beim AKW Tschernobyl, Pripjat, Ukraine

Im Hausflur ist ein Ahorn mit fleckigen Blättern durch den Fußboden gewachsen. Darunter liegen ein Zeichenheft mit halb ausgemalten Pilzen, braune Stiele und rote Kappen, ein Dreirad ohne Räder, umgestürzte Holzbänke. Im zweiten Raum steht ein Dutzend Stockbetten mit fleckigen Matratzen, darauf türmen sich Kissen, Stofftiere und Puppen, die zurückgelassen werden mussten, weil sie verstrahlt sind.

Alles ist von einer grauen Staubschicht überzogen; ein zäher, klebriger Staub, der wie Mehltau an der Oberfläche hängt. Ich hebe eine Puppe hoch, puste ein bisschen. »Njet!«, brüllt Sergej. »Der Staub ist voll mit Strontium!« Unsere Geigerzähler piepsen im Chor, dreieinhalb Millisievert pro Stunde. Das entspricht etwa der natürlichen Strahlenbelastung eines Deutschen im ganzen Jahr! Der Dolmetscher flüchtet sich schwer atmend ins Freie. Sergej drängt hinterher und lacht.

Wie fahren weiter. Plötzlich schiebt er sich ins Bild, der legendäre Reaktor Nummer 4: Ein schmutzigweißes, kastenförmiges Gebäude mit Blechdach und einem Turm, der wie eine Raketenabschussrampe in den Himmel ragt. Havariert sieht er eigentlich nicht aus. Nur verrostet. Er ist ummantelt von einem Sarkophag, für dessen Bau Hunderttausende von Männern ihr Leben riskierten. Über das Metalldach ziehen sich riesige, braunrote Placken, Rost hat sich an der Fassade festgefressen und an den Baugerüsten, die an der Rückseite angebracht sind – wahrscheinlich für Ausbesserungsarbeiten.

Rohre, die sich in unorthodoxen Formationen über das Werksgelände schlängeln, sind mit Folie abgeklebt, geklammert, notdürftig geschweißt. Von der Halle ragen Hochspannungsmasten in den Himmel. Die Spitzen sind abgeknickt. Leitungskabel schwingen im Wind. Die Luft ist erfüllt von einem Zischen, dazu das Brummen des Motors und das hohe, rhythmische Fiepen der Geigerzähler – ein Sound, der mich an meinen Lieblingssong von Kraftwerk erinnert. Der mir nun, mit dem Kopfhörer auf den Ohren, das versinnlicht, was sich sonst den Sinnen entzieht: *Radioaktivität.*

Vor der Einfahrt zum Werksgelände steigen wir aus. Auf der rechten Seite, eingerahmt von Blumenrabatten, liegen die Verwaltungsgebäude, zweistöckige Plattenbauten, vor denen ein Trupp Arbeiter in Blaumännern aus dem Bus steigt. »Mittagszeit«, sagt Sergej, »die gehen in die Kantine.«

Knapp 3000 Menschen arbeiten noch in der Zone, ein Großteil von ihnen auf dem Kraftwerksgelände, auf dem sechs Reaktorblöcke stehen. Erst im Jahr 2000 wurde der letzte Block abgeschaltet, bis zu diesem Zeitpunkt gab es im Kraftwerk noch 9000 Arbeitsplätze. Gefragte Arbeitsplätze, denn die Bezahlung war gut, und man bekam doppelt so viele Urlaubstage wie in anderen Kraftwerken.

Aber auch jetzt gibt es anscheinend immer noch genug zu überwachen, zu flicken, in Stand zu halten – die Hecken an der Werkseinfahrt sind geschnitten, die Blumenrabatten frisch bepflanzt. Es wirkt, als ob die Zeit am 25. April 1986 stehen geblieben wäre.

Die Sonne brennt vom Himmel, es ist so heiß, dass sich das Mineralwasser in unseren Plastikflaschen auf Espressotemperatur aufgeheizt hat. Trotzdem wagt keiner von uns, seine Jacke auszuziehen – jeder Zonenfahrer muss eine sogenannte »Sicherheitsunterweisungserklärung« unterschreiben, mit der er sich verpflichtet, »den Körper aus Sicherheitsgründen während des gesamten Aufenthaltes komplett bedeckt zu halten«.

Schwitzend balancieren wir über die schmale Eisenbrücke, die den Kanal überspannt, der sich um den Reaktorkomplex zieht – der Kanal, in den früher das Kühlwasser eingeleitet wurde. Auch das von Reaktor Nummer 4. In der Mitte dieser Brücke wirft sich ein langbeiniges Wesen in Positur, um sich von einem jungen Mann mit lustlosem Blick fotografieren zu lassen. Sie trägt: fast nichts. Einen handbreiten Minirock, ein Top mit bauchnabeltiefem Ausschnitt und Pumps, die so offen sind, dass der Staub von allen Seiten hereinquellen kann. Der Strontiumstaub.

»Was ist denn das für eine?«, fragt der bulgarische Dolmetscher.

»Eine Geliebte des Direktors«, sagt Sergej. »Die lassen sich immer in der Zone fotografieren, wenn sie sich langweilen.«

»Wofür fotografieren? Für ein Magazin?«

»Privat, zum Angeben. Nach Paris kann doch inzwischen jeder fahren!«

»Kein Scherz?«

»Hey, was denkst du von mir? Ich bin Staatsangestellter!«

Mit dem Jackenärmel wischt sich Sergej den Schweiß aus dem Gesicht. Dann drückt er jedem von uns ein Graubrot in die Hand: »Fische füttern, Genossen! *Dawaj!*«

Der Dolmetscher reißt kleine Bröckchen von seinem Brot ab und lässt sie ins Wasser hinuntersegeln. Sergej reißt ihm den Laib aus der Hand und schleudert ihn über die Brüstung. Ein paar Sekunden später gerät das Wasser in Bewegung, bildet einen großen Strudel, aus deren Mitte sich ein Maul in die Höhe reckt, ein Monstermaul mit spitzen Zähnen und Barthaaren – und das ganze Brot auf einmal schluckt.

Auch der Gamedesigner lässt ein Brot ins Wasser platschen. Fünf, sechs gewaltige Fischkörper bewegen sich im Zeitlupentempo darauf zu. Dann recken sich Schlunde ein Stück aus dem Wasser und schnappen zu. Ein Bild, das mir bekannt vorkommt – natürlich: YouTube. Ein Russe hat dort letztens ein Video eingestellt: *Der Mutantenfisch!* Drehort: Tschernobyl.

»Wir haben hier die dicksten Fische Europas«, sagt Sergej. »Oder habt ihr woanders schon mal einen Drei-Meter-Wels gesehen?«

Wir fahren weiter, ein paar Hundert Meter im Schritttempo an der Kraftwerksmauer entlang. An der Rückseite von Reaktor Nummer 4 hat jemand ein Denkmal errichtet: eine Faust aus Granit, die ein Haus umschlossen hält, aus dem ein Blitz in den Himmel schießt. Am Sockel des Denkmals, unter der Faust, prangen fünf Gedenktafeln, sie erinnern an die »Helden, die ihr Leben in Ausübung ihres Dienstes geopfert« haben.

Das Denkmal liegt auf einer Blickachse mit dem Reaktor, der hier zum Greifen nahe ist. Nur ein Mäuerchen, durchbrochen von einem Gittertor, trennt den Parkplatz vor dem Denkmal vom havarierten Block. Ein perfekter Ausflugsspot, vor allem aber eine Eins-a-Fotokulisse, weswegen hier auch schon bald der erste Kleinbus stoppt, dem eine Gruppe Männer mit teuren Kameras entsteigt.

Die Bustouristen tragen gepolsterte Jacken, Springerstiefel und Fahrtenmesser am Gürtel, stellen sich in Positur, breitbeinig und mit entschlossenem Blick, als müssten sie zum Spaten greifen und die Graphitbrocken vom Dach des Reaktors schaufeln. Die vermeintlichen Special Forces aus dem Westen spielen sich auf wie Helden, nur weil sie sich bis zum Reaktor vorgewagt haben.

Dabei ist ein Besuch am Reaktor wie ein Besuch im Regierungspräsidium Karlsruhe: unspektakulär. Man unterhält sich kurz über die Architektur – ein bisschen Industriemoderne, ein bisschen Verfall – nichts, was im Gedächtnis bliebe. Und zündet sich dann eine Zigarette

Blick vom Werksgelände des AKW Tschernobyl auf den Reaktor 4,
Pripjat, Ukraine

an. Das Einzige, was zwischen den Rauchkringeln ins Auge sticht,
sind die Tauben, die um den Reaktor flattern und plötzlich irgendwo
in seinem Innern zu verschwinden scheinen. Alles Spektakuläre ist
Fantasieproduktion, mythische Aufladung. Eine Kopfgeburt.

In meiner Vorstellung war dieser Ort seit 1986 immer eine Kulisse
aus einer anderen Welt gewesen, ein bisschen *Blade Runner*, ein bisschen *I am Legend*, eine apokalyptische Filmwelt irgendwo hinter dem
Eisernen Vorhang. 2003 sah ich dann die ersten Werbeanzeigen für
»All-inclusive-Zonentouren«, und der Reaktor verwandelte sich in
meinem Kopf in ein Touristenparadies, ein ukrainisches Neuschwan-
stein, in dem nur noch die Souvenirläden fehlten, die Aschenbe-

cher in Reaktorform oder Eieruhren im Geigerzähler-Design feilbo-
ten.

Die Realität heute ist: eine Industrieruine *in the middle of nowhere*,
profan, hässlich, unspektakulär. Eine Enttäuschung – und gleichzeitig
eine Erleichterung. Die Entmystifizierung von Tschernobyl.

Und wieder bremst ein Auto neben dem Reaktor. Der Chauffeur
steigt aus, tritt an die Hintertür, öffnet sie mit weit ausladender Geste
und bietet jemandem auf dem Rücksitz seinen Arm als Aussteigehilfe.
Der Jemand trägt sehr hohe Schuhe und einen sehr kurzen Rock. Die
Geliebte des Direktors hat uns eingeholt.

Neben dem Denkmal geht sie in die Hocke, streicht sich über die
Beine – wahrscheinlich eine Rasurkontrolle –, kramt einen Lippenstift
und einen kleinen Spiegel aus der Handtasche, zieht sich die Lippen
nach und macht einen Kussmund. Der Fahrer knipst. Die Geliebte
schüttelt ihre Haare auf, wirft Kusshände in Richtung Reaktor, der
Fahrer knipst weiter, eine ganze Reaktor-Kuss-Serie. Der bulgarische
Dolmetscher knipst mit, wahrscheinlich aus anderen Motiven. »*Du-
rotschka*«, murmelt er dabei, dieses Mal auf Russisch, »dumme Nuss!
Lässt sich fröhlich die Muschi verstrahlen!«

»Wenn die Herrschaften einen Blick auf den Geigerzähler werfen
mögen …«, mahnt plötzlich eine Stimme aus dem Hintergrund:
Sergej, der sich zwischendurch ins Auto verdrückt hatte. »Bei sechs
Millisievert würde ich meinen Fantasien lieber nicht allzu lange nach-
hängen.«

In Sekundenschnelle entschwindet der Reaktor. Die Straße macht
einen scharfen Knick, dann ein paar Kurven, Hecken und Baumrei-
hen, schon ist nichts mehr zu sehen von dem Schreckenssymbol, das
Deutschland jahrelang in Panik versetzte und die deutsche Gesellschaft so grundlegend veränderte.

Fünf Minuten später passieren wir ein abgezäuntes Stückchen
Wiese, in der Mitte ein weißer Sockel, auf dem meterhohe kyrillische
Buchstaben thronen: Припять. Pripjat. Am Fuß des Sockels lehnt ein
Grabkranz: Tannengrün und Nelken aus – bei diesen Temperaturen
nicht unklug – Plastik. Ein Ortsschild, das zum Gedenkstein wurde.

Pripjat ist tot, seit dem 28. April 1986, dem Tag, an dem seine 48 000 Einwohner evakuiert wurden. An dem es auf einen Schlag entvölkert wurde, 16 Jahre nach seiner Gründung, 36 Stunden nach der Havarie des Reaktors Nummer 4. Im Moskauer ZK hatte man sich damals nicht so schnell über das Vorgehen einig werden können. Auf jeden Fall sollte verhindert werden, dass der Westen Wind von dem Unfall bekäme. Beim ersten großen sowjetischen Störfall, 1957 im Kraftwerk Majak, hatte man mit Erfolg eine Informationssperre verhängt: 30 Jahre lang erfuhren weder die Bevölkerung der Region Tscheljabinsk noch die Journaille von dem GAU.

Eine Massenevakuierung in Pripjat – so viel war klar – würde in jedem Fall für Aufmerksamkeit sorgen. Deshalb zögerte wohl auch der damalige Generalsekretär des ZK Michail Gorbatschow, der mit seinem Programm »Glasnost und Perestroika« (»Öffnung und Umbau«) gerade erst populär geworden war, das Kommando zur Räumung zu erteilen.

So ging nach dem Unfall das Leben in der nur vier Kilometer vom Reaktor entfernten Stadt erst einmal weiter, als wäre nichts geschehen: Frauen kauften auf dem Markt ein, Kinder spielten Fußball auf den Brachflächen zwischen den Plattenbauten, sieben Hochzeitsgesellschaften drängten sich vor dem Standesamt – das letzte Aprilwochenende war ein beliebter Termin zum Heiraten, das Wetter heiß wie im Sommer.

Zwar kursierte in der Stadt das Gerücht, es habe einen Brand im Kraftwerk gegeben. Arbeiter, die in der Nacht vom 26. April die Schicht im Reaktor 4 gefahren hatten, erzählten zu Hause von einem Unglück. Aber die meisten Pripjater sagten sich: Wenn die da oben nicht reagieren, wird es schon nicht so schlimm sein!

Dann patrouillierten plötzlich Lautsprecherwagen durch die Straßen und ordneten die Evakuierung der Stadt an: »*Wnimanije, wnimanije!* Begeben Sie sich unverzüglich zum Marktplatz! Dort stehen Fahrzeuge für Sie bereit!«

Auf dem Marktplatz standen Soldaten mit Gasmasken, die die verstörten Pripjater auf Lastwagen, Privatautos, Reise- und Linienbusse verteilten, die man aus Kiew herbeigeordert hatte. Sie sorgten dafür, dass niemand mit Gepäck reiste. Schließlich sei die Evakuierung ja nur vorübergehend. In einer langen Schlange verließen die Fahrzeuge die Stadt und holperten über die Überlandstraße nach Kiew. Ein geordneter, stiller Abzug. Keine Proteste, keine Panik. Nur ein paar Autopannen unterwegs.

So oft habe ich diese Szenen auf YouTube gesehen, Szenen in ein paar Dutzend Videos aus der »modernsten Stadt der ukrainischen Unionsrepublik«, dass ich das Gefühl habe, selbst dabei gewesen zu sein. Die Kurzfilme pendelten zwischen euphorischer Aufbruchsstimmung und Endzeitsymbolik – eine Mischung, die die Aura der Sowjetunion kurz vor dem Fall atmete.

»Die Videos? Die hat so ein Freak gebastelt, der beim Komsomol gearbeitet hat«, sagt der Gamedesigner, während er den Polo über die Brücke am Eingang von Pripjat lenkt. »Der ist auch vorher schon immer mit der Kamera durch die Gegend gelaufen … Ja, der lebt noch. Von seinen Bildern … Ja, die besten Abnehmer sitzen im Westen. Du kannst ihn später anrufen, die Jungs von ›Pripyat.com‹ haben seine Handynummer.«

Wir nähern uns einer roten Ampel. Wer ist auf die Idee gekommen, am Eingang einer Geisterstadt eine Ampel aufzustellen? Dahinter erstreckt sich eine Metallwand, dazu Scheinwerfer, Stacheldraht, ein Wachhäuschen, in dem ein grimmiger Soldat sitzt – eine Szenerie wie im Gazastreifen. Noch einmal werden unsere Papiere kontrolliert. »Herkunftsland?«, fragt der Soldat. »Besuchszweck? Route? Aufenthaltsdauer?«

»Internationalisten auf der Reise in die Vergangenheit.« Sergej kann sich solche Bemerkungen erlauben, er ist hier bekannt, ein Teil des Zonenapparates.

»Die gepflasterten Wege nicht verlassen!«, mahnt der Soldat. »Die sind dekontaminiert. Der Rest ist unberechenbar. Keine Alleingänge, sagen Sie das den Ausländern!«

Das Wachhäuschen steht bereits auf strahlendem Terrain, der Geigerzähler piepst hektisch, bis auf zwei Millisievert Cäsium pro

Stunde klettert die Digitalanzeige. 48 Stunden dauert die Schicht des Wachsoldaten, inklusive Übernachtung am Rand der Geisterstadt. Was könnte es Gruseligeres geben?

»Der Job ist beliebt«, sagt Sergej. »Man hat viel Freizeit und kann früh in Rente.«

Mit einem Ächzen tut sich die Metallwand auf. Der Spalt zwischen den Schiebetoren wird breiter und breiter. Wir fahren hindurch, auf die andere Seite, und dann liegt Pripjat vor uns.

Der Wald, der hier einst gefällt wurde, um Platz für die Stadt zu schaffen, hat sich sein Terrain zurückerobert. Überall stehen Bäume, Birken, Erlen, Weiden, dahinter versteckt die Gebäude. Schnurgerade zieht sich die Leninallee, die einst ein breiter Boulevard war, durch diesen Dschungel. Heute ist sie eine schmale Piste mit rissigem Asphalt, halb überwachsen mit struppigen Gräsern. Bäume haben sich selbst in den Gebäuden eingenistet, ihre Wurzeln durch den Fußboden gedrückt, das Geäst durch die Decken. Hagebuttensträucher ranken sich an den Mauern entlang, bilden flammend rote Flächen auf dem grauen Stein.

Der Polo hält vor einem langgestreckten, zweistöckigen Gebäude, dem »Kulturpalast Energetik«, der ehemals eine Glasfront besessen haben muss. Jetzt kann man in das Innere hineinsehen, bis in die verwüstete Lobby, die zertrampelten Veranstaltungssäle, die Büros.

Bevor er aussteigt, streift der Gamedesigner ein Paar weiße Handschuhe über, wie sie die Spurensicherung in den Fernsehkrimis trägt. »Wofür die Handschuhe?«, frage ich. »Vielleicht, damit man sich nicht in der Nase bohrt, nachdem man so eine Cäsiumbombe angefasst hat.« Er deutet auf ein Büschel Beifuß und legt den Geigerzähler an: 6,4 Millisievert pro Stunde, mehr als am Reaktor.

Als Erstes will uns Sergej einen Überblick über die Stadt verschaffen, vom höchsten erreichbaren Punkt, der Dachterrasse des Hotels Polessje.

Über zerborstene Stiegen klettern wir bis in den achten Stock hinauf, öffnen eine Metalltür, treten ins Freie. Unter uns liegt die Stadt in der Sommerhitze, reduziert auf ihre Geometrie. Wie Bauklötze sind die Plattenbauten in der flachen Landschaft verteilt, Rechtecke und Würfel, die jemand einfach dorthin gekippt hat, zwischen Straßen, die strahlenförmig von einem riesigen betonierten Platz abzweigen, groß genug für den Aufmarsch einer ganzen Armee. Es ist schwer, sich diesen Ort belebt vorzustellen. Unmöglich.

Hinter den Häusern schält sich eine Silhouette aus dem Dunst: ein paar Gebäude mit Satteldach, darüber ein schlanker Turm: das Kraftwerk. »Früher haben die Ingenieure von hier oben ihren Gästen stolz gezeigt, wo sie arbeiten«, erzählt Sergej. »Ein Job in Pripjat – das war ein Privileg! Im ganzen Land wurden die Leute um ihren Lebensstandard beneidet. Weg wollte hier keiner – im Gegenteil. Jeder wäre gekommen, dem man das Angebot gemacht hätte!«

Unten auf der Straße erwartet uns eine Kulisse für einen Horrorfilm, den man nicht ausschalten kann – auch wenn die Bilder nur schwer auszuhalten sind.

Die ersten Häuser, die wir passieren, stehen wie Gerippe in der Landschaft: Fenster sind herausgebrochen, Türen, Treppengeländer. Geblieben ist nur die Fassade. Obwohl die Pripjater ihre Wohnungen Hals über Kopf verlassen mussten, sind die meisten Häuser leergeräumt. Möbel, Elektrogeräte, sogar Tapeten wurden später von Plünderern herausgeschafft, von verarmten Ukrainern, die kein Geld für eine Wohnungseinrichtung oder den Besuch im Baumarkt hatten, oder von kleinen Hehlern, die aber nichts zu tun hatten mit den organisierten Banden, die die Autofriedhöfe plünderten, sondern einfach nur ein paar Kleider, ein altes Radio, ein paar Türbeschläge für den Verkauf auf dem Schwarzmarkt zusammenklauben wollten.

Auf einer Mauer prangt ein Graffito, ein Girlie mit fragendem Gesichtsausdruck. Die Farbe sieht noch frisch aus. Vor dem Bild hat sich aufgebaut: die Geliebte, die eine Vorliebe für Hotspots zu haben scheint. Sie hebt einen Apfel auf, der im Gras liegt, herabgefallen von einem der Streuobstbäume, die vor der Mauer wachsen – und, ja, sie beißt hinein.

Das Kino gleich nebenan ist ein Filmtheater mit riesigen Sälen, Wandgemälden, einem mit Travertin gepflasterten Foyer, in dessen

Eingang eine nackte Puppe liegt. Ein paar Schritte weiter steht ein Werkstattgebäude, in dem früher die Agitprop-Plakate für Kino und Politik gemalt wurden: Bilder von Politikern und mit dem in poppigem Orange gehaltenen Schriftzug *CCCP 60*, »60 Jahre UdSSR«, die sich nun an den Wänden stapeln.

Hinter der Werkstatt beginnt die Wildnis, deren Blattwerk in Dutzenden von Grüntönen leuchtet. Mit Taschenmessern schlagen wir uns durchs Unterholz und treffen nach einer Weile auf eine Art Kreuzweg weltlicher Ausgestaltung: Bildstöcke mit den Konterfeis von Feuerwehrleuten und den »Helden des Bürgerkriegs« von 1917. Die Fundamente haben sich gelockert und sind von fleckigem Laub bedeckt.

Eigentlich hatte der Soldat am Eingang von Pripjat uns geraten, die befestigten Wege nicht zu verlassen. Doch noch ist das Tonsignal des Geigerzählers weit auseinandergezogen, ein gleichmäßiges, beruhigendes »Tack – Tack« wie das eines Metronoms, das den Takt von Arvo Pärts *Spiegel im Spiegel* vorgibt – des Musikstücks, das oft in Krimis eingespielt wird, um die Ruhe vor dem Sturm anzudeuten, die schöne Fassade des Grauens.

Dann lichtet sich der Wald, gibt den Blick auf einen Betonplatz frei, über den sich ein Riesenrad erhebt. Das Riesenrad sollte am 1. Mai 1986 eröffnet werden, als Teil eines Vergnügungsparks, der ein Geschenk war an die werktätige Masse zum »Kampftag der Arbeiterbewegung«. Das Rad ging nie in Betrieb. Die Stützen sind verrostet, doch die Gondeln leuchten immer noch in kräftigem Gelb über der Stadt. »Nicht einsteigen!«, brüllt Sergej den Dolmetscher an, der Anstalten macht, in eine der Gondeln zu klettern. »Hier ist Schluss mit Vergnügen!«

Wir erreichen die letzte Station unseres Pripjat-Rundgangs: den großen Platz an der »Straße der Helden von Stalingrad«. Der Platz, der uns schon vom Dach des Hotels Polessje ins Auge gesprungen war: eine mehrere hundert Meter lange, von Verwaltungsgebäuden eingerahmte Betonfläche. Der zentrale Treffpunkt der Stadt, auf der sich einst das öffentliche Leben abspielte: der Markt, die Feiern, Auf-

Riesenrad, kurz vor der Evakuierung in der Stadtmitte installiert, Pripjat, Ukraine

märsche; auf dem flaniert, Neuigkeiten ausgetauscht, geflirtet und geheiratet wurde. »*Wnimanije, wnimanije!* Achtung, Achtung, begeben Sie sich unverzüglich zum Marktplatz!« Von dem aus diese ganze zukunftsfrohe sozialistische Modellstadt evakuiert wurde, aufgegeben, entseelt, an einem heißen Tag wie diesem, vor beinahe einem Vierteljahrhundert.

Vor einem Vierteljahrhundert …

Die Erinnerungen holen mich ein. Die Achtzigerjahre in Deutschland: Ein Raketendepot in Münster, auf dem Truppenübungsplatz neben dem Waldfriedhof Lauheide. Das Atommüll-Lager in Ahaus, das ich auf dem Weg zu meiner Praktikumsstelle passieren musste.

Der Reaktor in Hamm-Uentrop, der an der Straße lag, auf der wir zu Ikea fuhren. Orte, die die Endzeitstimmung widerspiegelten, die mich seit dem Nato-Doppelbeschluss 1979 gepackt hatte. Von dem politischen Ereignis hatte ich als Kind nur eines verstanden: Die Amerikaner wollten Atomraketen in unserem Land stationieren, und die Russen würden im Gegenzug welche auf uns richten.

Auch in meinem Kopf hatte sich der Nebel ausgebreitet, der sich seit der Mahnung des Club of Rome 1972, die Grenzen des Wachstums seien erreicht, nach und nach über das ganze Land gelegt hatte. Ich war, wie die meisten, die ich kannte, überzeugt, dass die Welt kurz vor dem Untergang stand – und man diesen aus eigener Kraft wohl kaum abwenden konnte. Zu Hause war man dem Waldsterben ausgesetzt, chemieverseuchten Flüssen, giftigen Abgasen und nicht zuletzt der Bedrohung, die von den vielen neuen Atommeilern auszugehen schien. Ringsherum dräuten die politischen Katastrophen: der Kalte Krieg und der ideologische Kampf der Systeme, die deutsche Teilung, die Hungersnot in Äthiopien, die Apartheid in Südafrika und die Abholzung der Regenwälder in Südamerika. Und dann war da noch die größte aller Katastrophen, die vielleicht sogar die eigene Verwandtschaft mitverursacht hatte und für die man sich irgendwie mitverantwortlich zu fühlen hatte, so, wie es einem schon in der Schule beigebracht wurde.

Es war eine Zeit der Innerlichkeit und Melancholie, verbunden mit einer beinahe religiösen Erlösungssehnsucht, die sich in den Ostermärschen, den Lichterketten und Taizé-Fahrten der Friedensbewegung manifestierte. Eine Zeit der Verpuppung, in der ich heranwuchs, bis der GAU passierte und den Gefühlskokon zum Platzen brachte. Das Land brodelte auf, brodelte zwischen Panik und Wut, und dieses Brodeln wurde zu einer Energie, die die Gesellschaft veränderte.

Das alles hatte ich jahrzehntelang beiseite geschoben, fast vergessen, bis zu diesem Nachmittag auf dem Marktplatz von Pripjat, in dem ich in denselben Taumel gerate wie damals.

Die Vergangenheit knallt in meinen Körper wie eine Ration Speed, mit dem Geigerzähler zu Füßen, dessen Digitalanzeige so hektisch flimmert wie das EKG eines Herzinfarktpatienten: 3,5 Millisievert pro Stunde, fünf, sechs, 6,9. »Wahnsinn!«, sagt der Dolmetscher. »Das musst du fotografieren!«

Tschernobyl, bisher nur ein Gedanke, ein Bild in meinem Kopf, ist zum Leben erwacht, hier in den Ruinen von Pripjat. Und der Reaktor selbst, den wir vor zwei Stunden besichtigt haben? Nicht mehr als eine viel fotografierte Unfallstelle.

Ich stehe da, unfähig mich zu bewegen und auf die Mahnungen, bitte schnell ins Auto zu steigen und diese Stadt zu verlassen, zu reagieren. Da begreife ich, wie sehr mich dieses Tschernobyl – dieser einst so weit entfernte Ort, an dem ich weder geboren wurde noch jemals gelebt habe – geprägt hat. Da verstehe ich, dass auch ich ein Tschernobyl-Baby bin.

Leg dein Ohr auf die Schiene der Geschichte

Januar – März 2008, Region Narowlja, Belarus

Ich heiße Mascha. Mascha Pastuschok, Studentin der Universität Gomel. Ich wurde 1986 gezeugt, in einem Land, von dem die meisten Deutschen gar nicht wissen, dass es existiert. Wenn ich sage: »Ich bin aus Belarus«, sagen sie: »Das ist doch kein eigener Staat!« Dabei liegt Belarus« – oder Weißrussland, wie es früher in Deutschland genannt wurde – in Europa. Ja, wir sind ein Teil von Europa! Wir haben einen eigenen Präsidenten, der Alexander Lukaschenko heißt und jeden Abend im Fernsehen zu sehen ist.

Früher bin ich wütend geworden, wenn die Deutschen von Belarus keine Ahnung hatten. Inzwischen sage ich einfach: »Wisst ihr, wo Tschernobyl ist? Da ganz in der Nähe, da komme ich her!« Dann sind sie meistens still. Manchmal schauen sie mich auch komisch an – so, als würde mit mir irgendetwas nicht stimmen. Als hätte ich drei Augen oder wäre grün im Gesicht.

Was soll man machen? Die Deutschen sind eben so, wie sie sind – solange man sie in Deutschland trifft. Wenn sie zu uns kommen, stellen sie nicht mehr solche Fragen. Und schauen mich auch nicht mehr so komisch an. Wenn die Deutschen nach Belarus kommen, bin ich einfach Mascha. Mascha, die für sie übersetzt. Ohne mich könnten sie bei uns doch nicht einmal ein Brot kaufen, und das, wo sie doch zu Hause dauernd Brot essen.

Vor zwei Jahren tauchte diese Frau plötzlich in unserer Gegend auf. Sie sprach zwar Russisch, aber ich hörte sofort, dass sie aus Deutschland kam; sie hatte so einen Akzent, den nur deutsche Leute haben.

Dass sie da plötzlich in unserer Kantine saß, war eine ziemliche Überraschung. Normalerweise verirren sich Deutsche nicht so einfach zu uns. Wenn, dann kommen sie mit einer Gruppe und haben ein festes Programm. Hier gibt es ja eigentlich nichts zu besichtigen, keine Kirchen oder Schlösser, wie sie die Touristen aus dem Westen mögen: alte Gemäuer, die wie neu aussehen. Wir haben nicht einmal ein richtiges Hotel, und Fahrräder oder Surfbretter kann man bei uns auch nicht mieten.

Aber diese Frau wollte so etwas gar nicht. Sie suchte nach jemandem, der sie in Kontakt brachte mit Leuten, die etwas mit Tschernobyl zu tun haben. »Mit diesem Unglück im Kraftwerk«, wie sie es nannte. Was sie nicht so direkt sagte: Sie brauchte jemanden, der übersetzte, was diese Tschernobyl-Leute ihr erzählten.

Als die Köchin, die das Essen austeilte, sie ansprach, zuckte sie nämlich verständnislos mit den Schultern. Das ist doch kein Russisch, was hier gesprochen wird, murmelte sie vor sich hin. Aber das ist so nicht richtig. Das Russisch ist nur vermischt mit unserer Sprache, dem Belarussischen. Und das klingt dann manchmal wie Deutsch. Zum Beispiel heißt es bei uns *dach*, genauso wie in Deutschland »Dach«. Die Moskauer sagen *kryscha*. Und machen sich über uns lustig: Wir seien Landhühner, die nie aus ihren Kolchosen herausgekommen wären, rückständige Provinzler, die immer noch nicht richtig Schluss mit dem Sozialismus gemacht hätten.

Natascha, meine Chefin an der Schule, hat erzählt, dass die Belarussen früher die Deutschen der Sowjetunion genannt wurden – und dass wir eine der reichsten Unionsrepubliken waren, bevor die Union 1991 aufgelöst wurde. In unseren Fabriken hätten die modernsten Maschinen gestanden, unsere Kolchosen hätten ihr Plansoll übererfüllt und unsere Arbeiter seien bekannt dafür gewesen, fleißig, schnell und exakt zu arbeiten – eben so wie die Deutschen.

Das ist heute nicht viel anders. In Russland sind die Straßen dreckig, kaum ein Haus ist gestrichen und in den Wäldern liegt der Müll. Bei uns in der Gegend werden die Straßen im Sommer jeden Abend gewaschen, die Kolchosen haben Vorschriften, wann sie was zu streichen haben. Und wer seinen Müll in die Natur kippt, bekommt Besuch von der Polizei. Schließlich ist die Natur bei uns etwas sehr Wichtiges. An den Überlandstraßen stehen große Tafeln: »Unser Wald – unser Heiligtum!« In der Schule lernen wir, Vogelstimmen auseinanderzuhalten und welche Pilze man essen kann. In Russland lernen die Kinder das wahrscheinlich gar nicht mehr, die lernen jetzt Englisch und wie man ein *bisnessmen* wird.

Belarus ist ein eigenes Land, mit einer eigenen Sprache. Die verwenden allerdings eher die Leute, die mit Kultur zu tun haben: Sänger und Schriftsteller zum Beispiel. Ich spreche lieber Russisch, weil ich das von meinen Eltern gelernt habe, vermischt mit den belarussischen Wörtern, die die alten Frauen in unserem Dorf benutzen. So machen das die meisten in meinem Alter. Mir gefällt diese Mischung. Sie klingt nach Zuhause.

Eigentlich müssten die Deutschen über Belarus viel mehr wissen als über Russland. Schließlich hatten sie schon ein paar Hunderttausend Belarussen zu Besuch. Jedes Jahr fahren Schüler von uns nach Deutschland, um sich dort zu erholen. Das bezahlen die Deutschen, weil wir ihnen leidtun – wegen Tschernobyl.

Alle sagen: Tschernobyl. In Wirklichkeit heißt es: *Tschernobylskaja Elektrostanzija imeni Lenina,* »Tschernobyler Lenin-Atomkraftwerk«. Denn Tschernobyl selbst ist eine Stadt und liegt gar nicht bei uns, sondern in der Ukraine. Aber die beginnt gleich um die Ecke. Wenn ich mit dem Auto fahre, brauche ich höchstens 20 Minuten bis zur Grenze. Und so lange auch nur, weil die Straßen schlecht sind. Als der Unfall damals passierte, gab es die Grenze zwischen Belarus und der Ukraine noch gar nicht. Damals war das alles ein Land: Sowjetunion.

Wenn ich heute erzähle, wo mein Vater 1986 gearbeitet hat, dann sage ich: »Im Ausland.« Es fühlt sich auch so an, wenn man nach Pripjat fährt: Man muss an einer Schranke warten, den Pass vorzeigen und eine andere Sprache sprechen: Ukrainisch.

Bei uns gibt es wegen der ukrainischen *Elektrostanzija* allerdings noch jede Menge Radioaktivität. Wenn man alle Flächen zusammenrechnet, die hier verstrahlt wurden, dann sind wir schlechter dran als die Ukrainer. Es heißt, ein Drittel von Belarus wurde so verseucht, dass man dort eigentlich weder Getreide anbauen noch Tiere auf die Weide schicken darf, weder Pilze sammeln noch Beeren. Menschen sollten dort theoretisch auch nicht mehr wohnen. Natürlich wohnen da trotzdem welche. Wo hätte man sie denn hinschicken sollen? Belarus ist doch viel kleiner als die Ukraine!

Obwohl der Reaktor in der Ukraine steht, waren wir am Ende doch die größeren Pechvögel. Leider wissen das die Leute im Ausland kaum. Die denken immer: Tschernobyl, das ist ein ukrainisches Problem. Aber die radioaktive Wolke ist zuerst zu uns herübergezogen und hat den größten Mist hier abgeregnet! Das hat mir meine Mutter erzählt. Ich selbst kann mich an diese Zeit nicht erinnern, ich war noch zu klein. Viele Dörfer, hat sie gesagt, mussten geräumt werden, und zu essen gab es kaum etwas, weil man auf den Feldern nichts mehr anpflanzen durfte. Später haben sie dann Lebensmittel aus dem Norden des Landes hergeschafft, wo es nur wenig *radiazija* gab.

Damals hat der Staat ein Gesetz erlassen, das Leuten aus verstrahlten Gebieten das Leben erleichtern sollte. Sie bekamen mehr Urlaubstage, durften früher in Rente gehen und kostenlos ins Sanatorium fahren. Außerdem konnten sie zum Arzt gehen, ohne zu bezahlen. Vor ein paar Jahren aber hat Lukaschenko beschlossen, diese Vergünstigungen zu streichen. Seitdem wurden immer mehr Dörfer für sauber – frei von *radiazija* – erklärt, sodass die Leute von dort nicht mehr als Tschernobyl-Geschädigte gelten.

Nur die Kinderferien in Deutschland gibt es noch – obwohl Präsident Lukaschenko die auch abschaffen wollte, weil die Kinder im Ausland angeblich verdorben würden. Sie sollten sich lieber in ihrer

Heimat erholen, am Narotschsee oder in einem Feriencamp im Norden, wo es nicht so viel Strahlung gibt. Aber die Deutschen haben dagegen protestiert und am Ende gewonnen. Schließlich waren sie es ja, die die Ferien für die belarussischen Kinder bezahlt haben. Und auch weiter bezahlen werden.

Ich selbst wurde ein paar Mal nach Deutschland eingeladen. Eigentlich soll jedes Kind nur einmal fahren, aber wer geschickt ist, schafft es, öfter dahin zu kommen. Wenn man jemanden an einer anderen Schule kennt, ich meine, jemanden mit Beziehungen, dann kann man sich von der anderen Schule auf die Liste setzen lassen. Oder man kennt einen Funktionär, der darüber entscheidet, wer mitfahren darf und wer nicht. Wenn man älter ist und schon ganz gut Deutsch spricht, kann man sich auch als Betreuer – als Aufpasser – für die Kinder in Deutschland vormerken lassen. Hat das alles nicht geklappt, kann man auch probieren, von einer Familie privat eingeladen zu werden. Dazu muss man besonders bedürftig oder besonders begabt erscheinen. Damit die deutschen Familien nur dich wollen und kein anderes Kind. Damit sie das Gefühl haben, dass sich ihr Einsatz lohnt.

In Deutschland kümmert sich der Staat um die Menschen, denen es schlecht geht. Daher schauen viele Deutsche, ob sie im Ausland irgendwo helfen können. Wir konnten die Hilfe gebrauchen, denn seit mein Vater nicht mehr bei uns lebte, war unser Alltag sehr schwierig. Wenn die Deutschen nicht gewesen wären, hätten wir keine Möbel gehabt. Die hatte mein Vater nämlich noch schnell mit der Axt zertrümmert, bevor ihn mein Bruder verjagt hat.

»Weißt du, Mascha, dein Vater ist krank«, wollte mir der Mann aus meiner Gastfamilie weismachen. Ich widersprach: »Er ist nicht krank, er ist immer betrunken.« Ich war doch erst acht oder neun. »Tja, das sind die Folgen von Tschernobyl«, meinte seine Frau. »Die Männer betäuben sich mit Alkohol, und die Arbeit bleibt an den Frauen hängen – wie überall in Russland.«

In meinem Dorf hätte das keine Frau gesagt, schon gar nicht über ihren Mann – auch wenn etwas Wahres dran ist: Die Frauen trinken bei uns weniger als die Männer. Aber das ist auch im richtigen

Russland so, in Sibirien und in Wladiwostok. Es hat nichts mit dem Reaktorunfall zu tun. Getrunken wurde bei uns eigentlich schon immer.

Natürlich gibt es auch bei uns Leute, die keinen Tropfen anrühren. Mein Cousin zum Beispiel trinkt viel lieber Birkensaft. Ich mag auch nicht so gerne Alkohol, aber Denis, mein Freund, sagt, ich sei langweilig, also trinke ich im Club am Wochenende ein, zwei Wodka mit.

Ähnlich wie mit dem Trinken ist es auch mit den Kindern, die nach Deutschland fahren: Die einen lernen Deutsch und gehen auf die Deutschen zu, die anderen nicht. Weil sie denken: Den Deutschen geht es immer gut; die sind so überlegen, so sicher!

Beim ersten Mal habe ich auch kaum etwas gesagt. Ich habe einfach nur gestaunt, was meine Gastfamilie alles hatte: ein Haus mit zwei Bädern, für jedes Kind ein eigenes Zimmer. Küchenmaschinen, von denen ich nicht wusste, wozu sie benutzt wurden. Es gab sogar einen Extratopf nur für Fett, in dem sie Pommes gemacht haben.

Aber dann habe ich gemerkt, dass es den Deutschen auch nicht immer gut geht. Die haben auch Streit in der Familie oder werden krank. Vor allem machen sie sich viel mehr Sorgen als die Leute bei uns.

In meiner Gastfamilie redeten sie dauernd über Tschernobyl, aßen keine Pilze, kein Wild und hatten dann doch das Gefühl, dass sie bald Krebs bekommen.

Die deutsche Sprache habe ich schon in der Schule gelernt, aber eigentlich nur Grammatik und Gedichte und Frühlingslieder. Unsere Nachbarn sagen: »Mascha, du sprichst Deutsch wie eine richtige Deutschlehrerin.« Dabei sprechen die Lehrerinnen gar nicht so gut Deutsch. Sie haben einen komischen Akzent und benutzen diese alten Wörter aus den Schulbüchern, die in Deutschland keiner mehr in den Mund nehmen würde.

Das erste Mal war ich mit sieben oder acht in Deutschland. Ich glaube, es war im Jahr 1993. Die Reise hatte eine Gruppe namens »Kinder von Tschernobyl« organisiert, als Sommererholung für Kinder aus verstrahlten Gebieten. Ich wusste damals nicht, ob und wo es bei uns verstrahlt war. Darüber sprach ja niemand mit uns. Aber in unserem Dorf war es wohl nicht so schlimm. Wir durften fast alles: draußen spielen, Beeren sammeln. Nur in dem Nachbardorf, wo ich zur Schule ging, durften wir eine Zeit lang nicht auf dem Hof spielen.

Meine erste Gastfamilie fragte mich, ob bei uns in der Schule viele Kinder krank geworden seien. Ich wusste nicht, was ich antworten sollte. Ich war doch noch ein Kind. Und ich selbst war eigentlich ganz gesund, bis auf die Blutarmut. Deswegen sagte ich: *Ja ne snaju.* »Ich weiß nicht.«

Die Gastfamilie lebte im Rheinland, in einer kleinen Stadt fast wie unser Dorf, nur mit Bergen. Und natürlich mit viel mehr Geschäften. Die Familien dort nahmen immer nur Kinder aus unserem Bezirk auf, denn es war in Deutschland alles genau aufgeteilt. Oh, wir waren so aufgeregt, als wir das erste Mal mit dem Bus dorthin fuhren! Wir waren doch noch nie verreist, und dann gleich in den Westen, wo selbst unsere Eltern noch nie gewesen waren!

Bei uns im Dorf waren die alten Männer dagegen, dass wir nach Deutschland fuhren. Die Deutschen wollten uns im Krieg vernichten, schimpften sie, und jetzt sollen wir ihnen unsere Kinder schicken? Meine Mutter mahnte, dass sie Schluss machen sollten mit den alten Geschichten. Das mit Deutschland sei eine Chance für uns, gerade jetzt, wo keiner wisse, wie es weiterginge. Die Sowjetunion war am Ende, und es war noch nicht klar, was mit Belarus passieren würde.

Meine Eltern, meine Verwandten, die Leute aus meinem Dorf – niemand von uns war je im Westen gewesen. Zu Sowjetzeiten war das sowieso undenkbar, da wurde niemand über die Grenze gelassen. Und auch danach war es schwierig, wir hatten ja noch keine neuen Pässe. Ich hätte damals alles getan, um nach Deutschland fahren zu können. Deutschland war wie ein Märchen.

Als ich bei meiner Gastfamilie ankam, musste ich als Erstes meine Kleider ausziehen. Sie fassten mich mit Handschuhen an und entfernten meine Sachen aus dem Haus. »Das Zeug muss weg«, sagte die Frau. »Das strahlt doch wie verrückt!«

Ich dachte, die behandeln mich so, weil ich alte Kleider trage, und ich schämte mich. Aber dann fuhren sie mit mir in die Stadt, um mir neue zu kaufen: T-Shirt, Pullover, Hose, Jacke. Eine richtige Jeansjacke, und eine Hose, wie sie die Schauspielerinnen in Hollywood trugen, ganz eng und mit buntem Muster. Wie hießen die noch gleich? Ach ja, Leggings!

Die anderen Kinder in meinem Dorf würden Augen machen, wenn ich so ankam! Leggings und Jeansjacke. So lief keiner bei uns herum. So etwas hatte man nur im Westen.

Bald war mir klar, dass sich die Gastfamilie mehr um mich sorgte als meine eigenen Eltern. Überhaupt: Was in Deutschland alles für Kinder gemacht wird! Wir waren im Zoo, im Schwimmbad, bei McDonald's, in der Eisdiele, im Restaurant, auf dem Stadtfest, im Phantasialand.

Am Ende fragte mich die Dolmetscherin, was mir am besten gefallen hat. Eigentlich war sie keine Dolmetscherin, sondern eine Deutschlehrerin, die als Begleiterin mitgeschickt wurde. Einmal in der Woche schaute sie bei jeder Gastfamilie vorbei, damit die Familie wenigstens etwas erfuhr über das Kind, das vier Wochen lang bei ihnen wohnte und kein Deutsch konnte. Außerdem wussten die meisten Kinder gar nicht, was sie erzählen sollten. Sie waren nicht gewohnt, über sich zu reden.

Mir hatte der Kölner Dom am besten gefallen. Meine Familie dachte, dass die belarussischen Kinder am liebsten ins Phantasialand führen. Aber der Kölner Dom – der war wie ein Märchenschloss! Das sagten die anderen auch.

Ich war bis dahin noch nie in einer richtigen Kirche gewesen. Bei uns gab es zwar eine orthodoxe Kirche, aber die war zu weit weg – und wir hatten damals noch kein Auto. Dafür kam der Pope zu uns ins Dorf, vor allem an *Radonitza*, einem Freudenfest für die Toten. Er marschiert über den Friedhof und segnet die Gräber. Danach gibt es ein Picknick, mit *kotljety* und *bliny*, Gurken und Wodka. Auch die Toten bekommen ein Glas. Das wird neben das Metallkreuz gestellt. So etwas gibt es in Deutschland nicht. Überhaupt gehen da nur alte Leute auf den Friedhof. Mit dem Tod will keiner etwas zu tun haben.

Ich hatte Glück: Ich durfte öfter nach Deutschland fahren. Warum?

»Für Belarus! Für das Volk!«: Plakat der Regierung an einer Hauptstraße von Mogiljow, Belarus

Ich bin dem Chef der deutschen Gruppe aufgefallen, als dieser mit ein paar Leuten nach Belarus reiste, um zu sehen, wo die Kinder herkamen, die sie einluden. Das waren die ersten Westler in unserem Dorf, und wir hatten einen festlichen Empfang vorbereitet. Die Lehrer überreichten ihnen Brot und Salz, die Mädchen hatten Schleifen im

Haar und führten Volkstänze vor. Ich tanzte in der ersten Reihe – und ich tanze ziemlich gut. Der Chef – ein Professor – gratulierte meiner Mutter und mir für den gelungenen Auftritt, auf Russisch, das er extra für die Reise gelernt hatte. Ich bedankte mich auf Deutsch, denn ich hatte ein paar Worte behalten von meiner ersten Deutschlandreise. Das gefiel ihm, und er fragte mich, ob ich nicht zu seiner Familie kommen wollte. Natürlich wollte ich!

Bei dem Professor war es ganz anders als bei meiner ersten Familie. Der hatte so viele Bücher, dass ich dachte: Wie kann ein Mensch so viel lesen? Ich habe keine Geduld dafür. Aber auch seine Frau las ständig irgendetwas, und beim Essen diskutierten sie: über Politik, über Nahrung, über die Umwelt. Dauernd sagten sie: Das soll man nicht essen, das ist mit Gift gesprüht, das ist aus einer Hühnerfabrik, und Pilze? Oh nein! Wie kann man jetzt noch Pilze essen! Mein Gott, dachte ich, ihr wohnt doch gar nicht in Tschernobyl!

In meiner Schule haben wir über das, was wir in den Familien erlebten, nicht geredet. Es hat auch keiner gefragt. Das ist heute immer noch so. Ich weiß das, weil ich dort gerade ein Praktikum mache. Nicht, dass ich Lehrerin werden will. Das ist ein ziemlich nerviger Beruf, weil der Staat den Lehrern in Belarus alles vorschreibt – sogar, welche Lieder sie singen sollen. Und der Verdienst ist auch schlecht. Aber wer sich an meiner Uni zur Abschlussprüfung anmelden will, muss vorher irgendwo in der Praxis gearbeitet haben, in der Produktion, wie das früher genannt wurde.

Eigentlich studiere ich Betriebswirtschaft, mit Spezialisierung in Marketing. Leider gibt es in Narowlja keine Unternehmen, die solche Spezialisten einstellen. Marketing ist bei uns in der Planwirtschaft noch nicht so populär.

Also habe ich mich für ein Praktikum an der Schule angemeldet. Dort kenne ich wenigstens die Direktorin. Das hat sich am Ende als Glücksfall herausgestellt, denn sonst hätte ich diese Deutsche gar nicht getroffen. Als ich in die Kantine kam, stand sie an der Essensausgabe. Zuerst dachte ich, sie müsste ungefähr in meinem Alter sein, 25, höchstens 30 Jahre. Rote Turnschuhe trug sie und eine Mütze, auf der »St. Pauli« stand. Aber dann sagte sie: »*Ja sorok.*« Vierzig! Fast so alt wie meine Mutter! Deutsche Frauen sind schwer einzuschätzen, weil sie so dünn sind und sich wie Jungen anziehen.

Jedenfalls setzte sie sich an den Tisch der Direktorin. Ich bin hin und fragte auf Deutsch, ob ich mich dazusetzen dürfe.

»Sie sind Deutschlehrerin?«, wollte die Frau wissen.

»Darf ich vorstellen? Das ist Mascha, meine ehemalige Schülerin«, sagte die Direktorin, auf Russisch, denn sie konnte nur ein paar Brocken Deutsch.

Ich fragte einfach drauflos. »Warum sind Sie zu uns gekommen?« Sie antwortete, dass sie recherchieren will. Aber sie arbeitete weder für eine Universität noch für eine Zeitung. Was wollte sie dann recherchieren? So habe ich ihr einfach angeboten, sie nach Turow zu fahren. Das ist eine sehr alte Stadt, für deren Restaurierung sich Präsident Lukaschenko persönlich eingesetzt hat. Er selbst schwärmt von ihrem touristischen Potenzial. Doch die Deutsche interessierte sich überhaupt nicht für Turow. »Ich bin wegen Tschernobyl hier«, sagte sie. Es klang ein bisschen wie in einem Film, *Armageddon, Sin City* oder *Herr der Ringe.*

Da sie dazu noch eine Frisur trug wie *Lara Croft,* beschloss ich heimlich, sie »Lara« zu nennen. Wahrscheinlich ist sie auch so mutig. Ganz allein mit dem Bus hierherzukommen, für Wochen, ohne Ehemann oder Freund … ich würde das nicht tun!

Ich kann nicht so lange alleine sein, ohne Leute, die ich kenne. Vor allem kann ich nicht so lange ohne Denis sein. Seit ich mit ihm zusammen bin, fahre ich nur noch kurz nach Deutschland, höchstens zwei Wochen am Stück. Denis war selbst schon in Deutschland, als Jugendlicher, mit der gleichen Organisation wie ich. Danach hat er gesagt: In dieses Land fahre ich nur noch, um Autos zu kaufen.

Er hat im Gegensatz zu mir schon einen festen Job: bei der Feuerwehr der Ölgesellschaft Druschba, die eine Pipeline fast bis nach Deutschland betreibt. Aber das Öl gehört den Russen, bei uns wird es nur aufbereitet, damit es den Ansprüchen der Deutschen genügt, die ihren Mercedes oder BMW damit tanken.

Denis wohnt bei seinen Eltern in einer Siedlung für Ölarbeiter. Sie arbeiten schon sehr lange für die Druschba, wo es die besten Jobs der Region gibt. Erstens, weil man gut verdient, zweitens, weil die Druschba Wohnungen für die Mitarbeiter baut. Und dann kann man sich aus den Tanks auch noch Diesel abzweigen – das Zeug, das normalerweise nach Deutschland geliefert wird. An unseren Tankstellen bekommt man nur schlechten Diesel, der auf die Dauer den Motor kaputt macht.

Denis und ich kennen uns seit Schulzeiten. Ich war schon mit sechzehn in ihn verliebt, aber damals lachte er mich aus und sagte: »Mascha, du bist für mich wie eine kleine Schwester!« An der Uni in Gomel lernte ich dann einen anderen Jungen kennen. Als Denis das erfuhr, schenkte er mir eine Rose, als Liebeserklärung. Ich verließ den anderen Jungen, weil ich immer noch in Denis verliebt war, worauf er mir gestand, dass er übermorgen für zwei Jahre zum Militär musste. »Du willst wirklich auf ihn warten?«, fragten sie mich in Deutschland. »Du bist doch verrückt! Schau dich lieber noch ein bisschen um!« Denis ist nämlich auch noch eifersüchtig. Ich muss zwei Handys haben, damit er mich immer erreichen kann. Außerdem beklagt er sich ständig. Als Einzelkind hat er eben von seinen Eltern alles bekommen, was er wollte. Weil sein Bruder gestorben war, wegen Tschernobyl. So erzählt es jedenfalls seine Mutter. Mit Denis rede ich über solche Dinge selten. Mittlerweile geht es seiner Familie auch wieder ganz gut. Der Vater ist schon in Rente, weil er früher beim Militär war. Die Mutter fährt mit mir jeden Dienstag in die Banja und macht mir dort ein Peeling, aus Kaffee und Honig. Hinterher hat man eine Haut wie ein Baby. Denis' Mutter achtet auf ihren Körper. Sie macht Sport. Manchmal sieht sie aus wie ein Fotomodell – und das, obwohl sie schon zwei Kinder geboren hat.

Ich kaufe meine Sachen bei H&M und Deichmann, und Sport mache ich selten. Trotzdem bin ich mit meinem Aussehen ganz zufrieden. Nur meine Beine sind zu kräftig. Das Kräftige habe ich von meinem Vater, der hatte einen Körper wie ein Stier. Daran erinnere ich mich, aber ansonsten weiß ich nichts mehr. Ich habe ihn seit damals nicht mehr gesehen, als ihm mein Bruder Prügel angedroht hat, falls er sich noch einmal bei uns blicken lässt. Das ist jetzt ungefähr zehn Jahre her, vielleicht auch länger.

Jedenfalls hat uns meine Mutter allein groß gezogen, was nicht einfach für sie war. In Belarus gibt es nämlich für Alleinerziehende kein Geld vom Staat. Da ist man auf die Hilfe von Verwandten angewiesen. Zum Glück wohnen wir alle zusammen in einem Dorf: mein Onkel und meine Tante in Bauernhäusern aus Holz, meine Mutter und ich im Plattenbau, in einer Zweizimmerwohnung von der Kolchose.

Bei uns im Dorf arbeitet die Kolchose noch – und entscheidet, wann wir warmes Wasser bekommen: Dann, wenn sie etwas übrig hat! Wenn es aus dem Hahn nur noch tröpfelt, gehen wir zu meiner Tante, die hat eine Pumpe im Garten, wie die meisten Leute hier. Sie heizen ihre Häuser auch noch mit dem Petsch, einem Holzofen, der in der Küche steht. Die alten Leute schlafen sogar darauf. Das ist sehr gemütlich.

Eigentlich hat sich bei uns nicht viel verändert – nur, dass unser Dorf jetzt zur Stadt Narowlja gehört. Trotzdem kommt man ohne Auto nicht von hier weg, jedenfalls nicht im Winter. Im Sommer kann man mit dem Fahrrad durch den Wald fahren. Wenn man eines besitzt.

Ich habe keines, aber dafür habe ich mir in Deutschland ein Auto gekauft. Bei uns sind Autos zu teuer, die Importzölle treiben die Preise in die Höhe. Und die Wagen, die die Autoschieber aus Deutschland herschaffen, haben meistens irgendein Problem. Ich wollte unbedingt ein deutsches Auto, weil die eine gute Qualität haben sollen. Bei Autoscout bot jemand eine A-Klasse an, meine Mutter nahm einen Kredit auf, dann bin ich mit dem Bus rüber, um den Wagen abzuholen. Leider ist er nicht so gut für unsere Straßen geeignet. Am liebsten würde ich ihn verkaufen, aber seit der Finanzkrise haben die Leute kein Geld mehr.

Zum Glück hat meine Mutter noch den Job als Verkäuferin im *Belkoopsojus*. Das ist ein staatliches Geschäft, in dem es alles Mögliche zu kaufen gibt: Brot, Kaviar, Pralinen, sogar Fahrräder und Kinderwagen.

Fast jedes Dorf hat so ein Geschäft, und alle sehen gleich aus. Die Preise macht der Staat – damit auch die armen Leute Brot und Milch kaufen können, wie meine Mutter sagt. Kartoffeln haben ohnehin alle im Garten, Kohl auch.

Wir essen alles, was es im Laden zu kaufen gibt. Der Staat kontrolliert doch die Lebensmittel. Die selbst eingelegten Salzgurken, Tomaten und Paprika, die bei uns in der Speisekammer stehen, stammen allerdings aus dem Garten von meinen Verwandten. Im Herbst sammeln meine Mutter und ich Pilze, bis zu zehn Pfund am Tag. Eine staatliche Firma nimmt sie uns ab und verkauft sie weiter – ich glaube, auch nach Deutschland. Meine Mutter hat einen Geheimplatz, wo keine *radiazija* im Boden sein soll. Die Stelle hat ihr ein Bekannter verraten, der bei der Polizei ist, ein ganz wichtiger Mann. Er hat auch gesagt, dass wir keine Angst haben müssen. Unser Dorf sei sauber.

In ein paar Siedlungen in der Nachbarschaft haben sie allerdings damals die Leute weggebracht. Und das Dorf von Denis' Oma wurde mit Bulldozern plattgewalzt.

Normalerweise denke ich nicht an diese Dinge. Meine Tante sagt: »Zu viel Angst macht kaputt. Das mit Tschernobyl – das ist eben unsere Geschichte. Und das Leben geht weiter.«

Später will ich vor allem Geld verdienen, denn mit Geld kann man viele Probleme lösen. Aber es gibt bei uns wenig Chancen, einen gut bezahlten Job zu bekommen. Jetzt hat mir der Zufall so eine Chance verschafft: die Deutsche. Ich werde sie herumführen! Als ich erklärte, dass ich eine Vertretung in der Schule organisieren und diese selbst bezahlen müsste, sagte Lara nur: »Wie viel kostet das?« Da wusste ich: Diese Recherchen bringen mehr als jedes Praktikum.

Vielleicht kann ich sogar eine Bescheinigung bekommen, dass ich für ein ausländisches Projekt gearbeitet habe. Das verschafft einem später Vorteile bei der Bewerbung.

Als ich Lara am nächsten Tag mit meinem Mercedes abholte, legte sie gleich los: Ob ich weiß, wie man in die Sperrzone reinkommt … Ob ich jemanden kenne, dessen Dorf begraben wurde … der wegen Tschernobyl krank geworden sei, und so weiter und so weiter … Das hörte gar nicht mehr auf. So viele Fragen stellt hier niemand. Vor allem nicht über Tschernobyl.

»Ich verspreche, ich arbeite gut!«, sagte ich. »Aber ich muss überlegen, mit wem man sprechen kann. Ich kenne mich mit Tschernobyl nicht so aus, ich war 1986 doch noch … «

»Ein Kind?«

»Wie sagt man? Im Bauch von meiner Mutter!«

»Ein Tschernobyl-Baby!«, rief Lara. Und lachte.

Ich habe nicht gelacht. Bei uns sagt man, 1986 hätten nur *duraki*, nur Dummköpfe, Kinder gemacht.

Während wir durch den Wald fuhren – die Straße nach Narowlja führt fast die ganze Zeit durch Wald –, hörten wir »Fabrika« im Autoradio und andere aktuelle Sachen, die mir Denis aus dem Netz heruntergeladen hat.

Lara gefiel die Musik nicht: »Russischer Billigpop, klingt alles gleich!«, schimpfte sie und holte eine CD aus ihrem Rucksack.

»Was soll ich damit?«, fragte ich sie.

»Musik aus Deutschland. Habe ich gestern für dich aufgenommen.«

»Vielen Dank, aber meine Anlage funktioniert nur mit USB-Stick.«

Da spielte sie mir ein Lied von der CD auf ihrem Handy vor: *Leg dein Ohr auf die Schiene der Geschichte.* Den Text habe ich nicht verstanden. Aber ich höre sowieso nie richtig hin bei den Texten. Eigentlich mag ich am liebsten Tanzmusik, schnell und mit viel Bass. Als das Lied zu Ende war, sagte Lara, dass es mit Tschernobyl zu tun habe.

»Bitte erklären Sie mir: Warum machen Sie sich so viel Gedanken um Tschernobyl?«, habe ich gefragt.

»Tschernobyl ist ein Teil meiner Biografie«, hat sie geantwortet.

Wie kann ein Unfall in einem fremden Land Teil ihrer Biografie sein?

Der eiserne Heinrich

März 2008, Region Narowlja, Belarus

Lara … Ich habe mitbekommen, dass Mascha mich vor ihren Freunden so nennt. Wegen *Lara Croft*, der ich angeblich ähnlich sehe. Gut, ich habe die gleiche Frisur, ein Pagenschnitt mit schnurgeradem Pony. Aber sonst kann ich eigentlich keine Ähnlichkeiten feststellen. Wie kann man auch einer amerikanischen Comicfigur gleichen? Na ja, vielleicht kenne ich auch zu wenig Actionfilme – im Unterschied zu Mascha, die sich fast nur Action- und Fantasyvideos anschaut. Filme, die in einer anderen Wirklichkeit spielen.

Andere Genres werden an den belarussischen DVD-Kiosken auch kaum angeboten – vielleicht, weil das belarussische Fernsehen eine Überdosis der belarussischen Realität liefert: Lukaschenko-Besuche auf Kolchosen, im Hemd mit aufgekrempelten Ärmeln, im viel zu engen Anzug im Parlament, mit ernstem Gesicht auf Staatsbesuch in unbedeutenden afrikanischen und zentralasiatischen Republiken, die früher mit dem Sozialismus geliebäugelt haben. Dazu ein paar Militärsoaps, Schlagerrevuen und sowjetische Geschichtsdokus. Tschernobyl – das Wort fällt im belarussischen Fernsehen selten. Und wenn, dann nur, um zu zeigen, wie gut man die Situation unter Kontrolle hat.

Tschernobyl – das war für mich lange Zeit nur ein Gedanke, ein

Gefühl, verpackt in einen Song der Neunzigerjahre. *Leg dein Ohr auf die Schiene der Geschichte* stammte von einer netten, politisch korrekten Band aus dem Schwäbischen. Wenn ich früher an Tschernobyl dachte, dann rappte »Freundeskreis« in meinem Kopf:

> »Dreiundachtzig: Angst macht sich breit, drei Jahre später
> Tschernobyl,
> Seveso sowieso, weh' dem, der noch Atomstrom will.
> Wir spielten draußen Fußball, als der erste Regen kam,
> es ist ein Zufall, dass wir aus 'ner anderen Gegend war'n.
> Unsere Herzen glühten für die Riots in U.S.-Städten,
> unsere Wunderkerzen glühten für Asyl auf Lichterketten.
> Leg' dein Ohr auf die Schiene der Geschichte.«

Jetzt rausche ich in einer A-Klasse durch ebendiese »andere Gegend«, höre den Song aus dem Handy scheppern, und der Text, dieser bundesdeutsche naive Gutmenschentonfall, schläfert mich ein.

Die Erinnerung an die Nach-Tschernobyl-Stimmung in Deutschland, diese diffuse Mischung aus Wut, Hilflosigkeit und Weltverbesserungssehnsucht, wie sie »Freundeskreis« betextet hat, ist wie ausgelöscht – und das in dieser Region, die so eng mit »Tschernobyl« verknüpft ist, mit dem Reaktor, der nur ein paar Kilometer weiter hinter der ukrainischen Grenze liegt! So dicht dran an dem Ort, der jahrelang meine Gefühle besetzt hat, so nah am Zentrum meiner – wie es damals so schön hieß – Betroffenheit. Und ich empfinde: nichts. Es ist, als säße ich in einem Film; in einem Film über das Leben der anderen.

Vielleicht kann die reale Nähe auch gar keine gefühlsmäßige Nähe fördern, nicht dieses spezifische Tschernobyl-Gefühl erzeugen, weil das an das soziale Biotop gebunden war, in dem es sich in den friedensbewegten Achtzigerjahren entwickelt hatte?

Vielleicht aber bin ich auch noch nicht dicht genug dran? Vielleicht hätte ich zuerst den havarierten Reaktor besuchen sollen – und nicht die Region, die am meisten unter den Folgen der Havarie zu leiden hatte.

Natürlich, ich will diesen Reaktor eines Tages mit eigenen Augen sehen! Aber ich habe das Gefühl, dass ich mich ihm langsam annähern muss. Mit der Hilfe eines Katastrophenerfahrenen, der mich bei dieser Annäherung begleitet. Mit Unterstützung von Mascha, meinem Lotsen durch jene Welt, von der ich mir früher nicht hätte vorstellen können, dass ich mich einfach so in ihr bewegen könnte.

Tschernobyl – das war in meiner Vorstellung immer wie ein zweiter Eiserner Vorhang gewesen, der einen von den Staaten fernhielt, die damals im Münsterland kaum je mit Namen erwähnt wurden. Wir sagten nicht »Ukraine« oder »Belarus«. Wir sagten schlicht »Tschernobyl«.

Aber dann öffnete sich Ende 2007 dieser zweite Eiserne Vorhang in Form eines Belarus-Stipendiums. Was deutsche Kulturstiftungen finanzieren, kann nicht lebensgefährlich sein, dachte ich. Trotzdem besorgte ich mir vorsichtshalber einen Geigerzähler und eine Karte, in der die Gebiete mit der größten Verstrahlung markiert waren. Und beschloss dann, genau dorthin zu fahren, in den Südosten von Belarus, wo 1986 ein Großteil des radioaktiven Fallouts niedergegangen war. Wo die radioaktive Wolke abgeregnet war, die angeblich von Moskauer Spezialisten mit Silbernitrat beschossen worden sein soll, damit sie nicht bis in die sowjetische Hauptstadt treiben konnte. In den Oblast Gomel, wo ein Großteil des Bodens verseucht, Hunderttausende Menschen umgesiedelt, Dutzende Dörfer ausradiert worden waren.

An einem eisigen Januarmorgen 2008 traf ich auf einem Busbahnhof kurz vor der ukrainischen Grenze ein, wo ich mit einer Frau verabredet war, von der ich nicht viel mehr wusste als den Vornamen: Natascha.

Ich verließ den Bus, die Luft war so kalt, dass sie beim Einatmen in den Lungen brannte. Vor mir und hinter mir: leere weiße Flächen. Dazwischen ein dunkles Band: der Pripjat, auf dem sich Eisschollen zu gespenstischen Formationen aufgetürmt hatten. Am Horizont glimmten schwach ein paar Lichtpunkte. Es war unglaublich still, der Schnee schien jeden Laut zu verschlucken. Ein Winterland am gefühlten Ende der Welt.

Nach einer Ewigkeit schälte sich ein Lada aus der Dunkelheit, drehte

Leere Stallungen einer Kolchose in der 30-Kilometer-Sperrzone,
Kreis Narowlja, Belarus

eine Schleife um den Busbahnhof und blieb direkt vor mir stehen.
Auf dem Rücksitz hockte ein blasser Junge, der mich ansprach, als
würden wir uns schon Jahre kennen. »Bauen wir morgen zusammen
ein Haus?«, fragte er – auf Russisch. Ich entgegnete, ich hätte keine
Erfahrung im Hausbau, aber wie er denn heiße … »Lego«, unterbrach
er mich. »Das kennst du doch? Du bist doch aus Deutschland!«

»Passen Sie auf, wenn Sie mitbauen, er lässt sie nicht mehr weg!
Er hat nämlich selten jemanden, der mit ihm spielt«, sagte die Frau
auf dem Beifahrersitz, die ich mit ihren Fellstiefeln und sowjetrot
gefärbten Haaren auf Mitte fünfzig schätzte. Die Mutter des Jungen?
Könnte ein Nachzügler sein.

»*Sdravstwujte*, Natascha Grigorjewna«, sagte ich und streckte meine Hand nach vorne, damit sie sie vom Fahrersitz aus schütteln konnte. »Ich bin sehr froh, dass ich bei Ihnen wohnen darf!«

Natascha war, wie ich erfuhr, Direktorin an einer Dorfschule in einem Dorf bei Jelsk. An der Dorfstraße wurde hektisch gebaut, bei 18 Grad Minus, weiße Steinhäuser mit Fenstern und Dach aus Plastik – ein Bauvorhaben in Erfüllung des »Plans zur Entwicklung des ländlichen Raumes«, den Präsident Alexander Lukaschenko ein paar Jahre zuvor gefasst hatte. Das Planziel hieß, junge Leute in die dünn besiedelten Regionen des ohnehin ziemlich dünn besiedelten Landes zu locken.

Dafür wurden traditionelle belarussische Dörfer zu einer sogenannten *Agrogorodok*, »Agrarstadt«, umgebaut: Kolchosen wurden technisch aufgerüstet, mit neuen Melkmaschinen, Traktoren, Scheunen. Hinter den alten hölzernen Bauernkaten wuchsen Siedlungen mit zwanzig, dreißig geklonten Steinhäusern in die Höhe, dazu ein *Dom Kultury*, eine Schule, Post, *Medpunkt* (eine Art Arztpraxis, die von Feldschern – Hilfsärzten – und Krankenschwestern geführt wird), ein Belsojuskoop-Geschäft. Der Plan machte auch vor den radioaktiv belasteten Gebieten nicht halt – in denen Nataschas Dorf liegt.

Der Präsident liebe das Landleben und wolle sein Volk dafür begeistern, erklärte sie, »leider nicht mit großem Erfolg«. Denn in den Agrodorodoks gab es zwar Gasherde und Innentoiletten mit Spülung, aber weder Kneipen noch Fitnessstudios oder Theater, keinerlei Ablenkung an den langen Winterabenden.

Deshalb verpflichtete die Regierung Studienabgänger für fünf Jahre an einen staatlich zugewiesenen Arbeitsplatz – in der Hoffnung, dass die meisten von ihnen am Ort ihrer Zuweisung hängenblieben, ein Mädchen kennen lernten, heirateten. Wer in Belarus mit 25 nicht verheiratet ist, gilt als Problemfall.

Auch Natascha war in dem Dorf hängengeblieben, in dem sie vor 25 Jahren eine Stelle als Lehrerin zugewiesen bekommen hatte. Das Dorf liegt etwa 50 Kilometer vom Tschernobyl-Reaktor entfernt, am Rande der in den Strahlungskarten hellrot schraffierten Zone. Hellrot steht für »Zone mit bedingtem Aussiedlungsanspruch«. »Bei uns sind alle geblieben«, sagte Natascha. »Wieso sollte man auch von hier weggehen? Es gibt Arbeit, die Kolchose hat eine Auszeichnung für ihre Produkte bekommen, die Infrastruktur ist gut. Jetzt wird sogar noch die Schule renoviert!« Als Direktorin habe sie doch eine Mitverantwortung für das Dorf, und da könne man sich nicht einfach davonstehlen, wenn es schwierig würde. So dachte auch ihr Mann, der als Leiter der *Ptize Fabrika*, der »Vogelfabrik«, die gesamte Region mit Hähnchenschnitzel und Putenfilets versorgte.

Der Lada bremste vor einem Haus in der »Sozialistischen Straße«, das in einer langen Reihe identischer Steinhäuser stand. Es hat vier Zimmer mit Zentralheizung und Einbauküche – für Dorfverhältnisse ein Luxus. Zwei Kinder haben Natascha und Ruslan in diesem Haus großgezogen. Vital, der blasse Junge, der neben mir im Auto saß, ist der Sohn ihres Sohnes, der seit Jahren bei ihnen lebt. Sein Vater sei weg, flüsterte Vital mir zu; warum, wisse er nicht.

Einen Tag später stand ein Mann vor dem Haus und streckte Natascha eine Blechschüssel entgegen. Seine Kleider waren zerrissen, die Haut wächsern, das Gesicht von tiefen Furchen durchzogen. Man hätte ihn für sechzig halten können, aber Natascha sagte: »Einundvierzig.« Der Vater von Vital.

Seine Frau hatte das Leben im Dorf nicht ertragen. Und als er nach der Trennung richtig zu trinken begann – richtig Trinken bedeutet in einem Dorf, in dem bei jeder Gelegenheit die Wodkaflaschen geöffnet werden, sich in einem permanenten Vollrausch zu befinden –, verstieß ihn die Familie. Seitdem lebte er in einer Erdhütte am Rande des Dorfes. Jeden zweiten Tag wurde er von Natascha im Windfang mit Essen versorgt, *kascha*, »Buchweizengrütze«, Borschtsch und Brot. Weiter durfte er nicht ins Haus hinein. Vital sollte ihn nicht sehen.

»Unser Sohn ist tot«, sagte Ruslan, Nataschas Mann, als ich ihn nach dem dritten Begrüßungswodka auf den Mann im Windfang ansprach. Streng achtete Ruslan darauf, dass ich die Gläser bis auf den letzten Tropfen leerte, dass ich genügend aß: Frikadellen, Schnitzel, Sülze, Krautsalat, Kartoffeln, *bliny* mit Quark, alles bei einer einzigen Mahlzeit. »An einer Frau muss etwas dran sein«, mahnte Ruslan, »sonst will sie doch keiner anfassen!« Er selbst stocherte in einem Teller *kascha* herum.

Natascha schaute kurz zu mir herüber, schwieg. »Räum doch endlich ab, unser Gast will Tee! Hast du keine Augen im Kopf?«, fluchte er plötzlich. Warum ließ sie sich das bieten? Zehn Minuten später stand Ruslan wortlos auf und legte sich ins Bett. Um fünf Uhr nachmittags.

Ich blieb im Wohnzimmer, wo mich Vital für den Lego-Hausbau verpflichtete. Als ich mich nach zwei Stunden ins Gästezimmer begeben wollte, klammerte er sich an meinen Arm. Und als ich am nächsten Morgen erwachte, stand er schon vor meinem Bett und streckte mir ein frisch gepflücktes Schneeglöckchen entgegen. Ich richtete mich auf, dann schoss plötzlich ein Schwall Blut aus seiner Nase. Ich hielt ihm ein Taschentuch vor das Gesicht, doch die Blutung war nicht zu stoppen. »Natascha, hol einen Arzt!«, brüllte ich. Natascha kam mit einem Teller *bliny* aus der Küche. »Ach, Nasenbluten«, murmelte sie, als sie mich mit dem Taschentuch hantieren sah. »Das haben hier fast alle Kinder. Er soll eine von den Tabletten da drüben nehmen und sich eine halbe Stunde hinlegen!«

Nach dem Frühstück wollte sie ihrer Mutter, die im Nachbardorf als Selbstversorgerin lebte, ein paar Lebensmittel bringen. Ruslan schwang sich auf den Fahrersitz des Lada, platzierte eine Hand auf dem Lenkrad, legte den ersten Gang ein, ließ die Hand wieder vom Lenkrad sinken. Natascha sah ihn an. »Lass mich fahren, Ruslan, du hast Schmerzen!« »So ist das eben, wenn man alt wird!«, seufzte er.

Von einer Frau aus dem Dorf erfuhr ich, dass Ruslan Liquidator gewesen war: einer der Männer, die mithelfen mussten, die Spuren der Katastrophe von 1986 zu beseitigen, Menschen, Tiere und Maschinen aus der Tschernobyl-Sperrzone herauszubringen, Straßen, Plätze und Häuser zu dekontaminieren. Er habe eine Medaille für seine Dienste bekommen, hätte aber nie mehr richtig arbeiten können. Als ich Ruslan danach fragte, winkte er ab. »Man kann sich nicht ständig mit diesem Thema beschäftigen!« Doch als ich ihn auf die Medaille ansprach, öffnete er den Schrank und legte mir vorsichtig eine kleine Messingbrosche in die Hand. »Komm, ich zeige dir Fotos von früher«, sagte er dann. »Ich war Fallschirmspringer beim Militär. Die haben nur die Mutigsten genommen!« Ich blätterte mich durch sorgsam eingeklebte Schwarz-Weiß-Aufnahmen von jungen Männern, die mit aufgekrempelten Uniformärmeln die Muskeln spielen lassen, als wären sie dabei, die Welt zu erobern.

Natascha ließ den Motor an, drehte das Radio auf. Während wir durch einen endlosen Wald auf das Dorf ihrer Mutter zurollten, sang Alla Pugacheva *Kuda uchodit detstwo*, »Wohin ist die Kindheit verschwunden?«

Die Mutter lebte in einem Bauerndorf, vor dem Alexander Lukaschenkos Pläne halt gemacht hatten. Insofern sah es noch aus wie vor 50 Jahren: eine sandige Straße, an der ein paar Holzhäuser standen, mit Brunnen in den Gärten und Holzöfen in den Wohnstuben. Die meisten Bewohner waren weggezogen, übriggeblieben waren nur ein paar alte Frauen, die von dem lebten, was Garten und Stall hervorbrachten. »Jungen Leuten ist das Leben hier zu schwer«, sagte Natascha.

»Wegen der Strahlung?«

»Es gibt keine Arbeit.«

Dass das Dorf ihr Heimatdorf war, sagte sie nicht. Auch nicht, dass sie mehrmals in der Woche nach ihrem Dienst in Pumps und Perlonstrümpfen im Stall der Mutter stand, um die Kuh zu melken und die Schweine zu versorgen. Das erzählte die Mutter. Natascha würde manchmal am liebsten bleiben, meinte sie. Weil es »hier niemanden gibt, der einem sagt, was man zu tun oder zu lassen hat«.

Auf der Rückfahrt stoppte Natascha an einem halb verfallenen Gebäude. In dem ehemaligen Pionierheim am Ufer eines kleinen Sees würde sie gerne eine Ferienpension eröffnen, eine Art Naturfreundehaus für deutsche Öko-Urlauber. »Schau doch, diese Landschaft«, rief sie und breitete die Arme aus. »Die Deutschen lieben die Natur, das habe ich doch gemerkt, als ich dort zu Besuch war mit meinen Schülern! So wie wir Belarussen. Ach, ich glaube, dass es ihnen hier gefallen würde!«

Ich sah den silbernen Spiegel des Sees, der in der Wintersonne glitzerte, das sandige Ufer, den Wald, der wie ein Teppich zwischen den Dörfern lag. Und dachte an die Schilder, die wir am Waldrand passiert hatten. *Radiazonaja Opasnost!* »Radioaktive Gefahr!« An die Pläne, den See jetzt, wo das Dorf zur Agrogorodok ausgebaut werden soll, trocken zu legen; Pläne, von denen mir ein Mann aus dem Dorf erzählt hatte. Das Wasser in stehenden Gewässern sei immer noch so belastet, dass Kinder dort nicht baden dürften.

Ich stand da und nahm die stille, melancholisch-schöne Landschaft in mich auf, sog den würzigen Duft ein, der aus den Wäldern herüberwehte, und vergaß, wo ich mich befand. Vergaß, dass diese Landschaft ein Doppelgesicht hat.

»Ja, die Deutschen mögen die Natur«, sagte ich schließlich zu Natascha. »Aber ich fürchte, sie haben Angst.«

»Wovor? Wir leben doch auch hier!«

Ich sah zu Ruslan hinüber, der müde am Auto lehnte, zu Vital, zehn Jahre, blass und klein wie ein Sechsjähriger. Und zu Natascha, die mich erwartungsvoll anschaute. »Ich habe mir gedacht, dass du die Deutschen vielleicht hierher bringen kannst! Und wir werden Geschäftspartner!«

»Ich weiß nicht«, sagte ich. Was hätte ich sagen sollen? Ich hatte nur noch einen Wunsch: mich davonzumachen, weil ich mir so hilflos vorkam.

Am nächsten Tag bat ich Ruslan, mich zum Busbahnhof von Mosyr zu bringen. »Du kannst nicht wegfahren, meine Frau wird enttäuscht sein«, sagte er.

»Ich komme wieder!«

»*Sseriosno?* Wirklich?«

Ich streckte ihm meine Hand hin, er klopfte mir auf die Schulter. Dann zog er aus dem Schrankfach, in dem er den Liquidator-Orden aufbewahrte, eine Karte hervor. Eine kleinteilige Karte des Grenzgebiets Belarus/Ukraine, auf der jedes Dorf, jede noch so kleine Ansiedlung verzeichnet ist. Unter jedem Ortsnamen steht ein Wort: lebendig. Oder: tot. Die Bestattungskarte von Tschernobyl.

»Das ist die Militärkarte, die ich damals bekommen habe«, erklärte Ruslan. »Damit du dich vor deiner Abreise hier wieder blicken lassen musst – die Ausfuhr ist nämlich illegal.«

»Sserisono?«, fragte ich. Er lachte und klopfte mir noch einmal auf die Schulter.

Vier Stunden später saß ich in Gomel in einer Pizzeria, umgeben von sorgsam gestylten Menschen, die an bunten Cocktails nippten und gelangweilt auf den Flachbildschirm starrten, der über der Theke aufgehängt war. Über den Bildschirm stolzierten kindliche Models, die ab und zu ein Statement in ein Mikrofon absonderten: Wie stolz sie seien, für Donna Karan zu laufen, wie glücklich, für die Versace-Schau gebucht zu sein, wie froh ihre Eltern gewesen wären, dass sie bei Elite Models unter Vertrag stünden. Währenddessen wurden die Namen der Happy Girls eingeblendet: Svetlana. Valentina. Roxana. Natascha. Russische Vornamen.

In fast jeder neu eröffneten Bar in Belarus laufen diese Videos. Wer einen Kaffee trinken oder sich auch nur kurz irgendwo aufwärmen will, kann der Model-Mania nicht entgehen. Nicht auf dem Bildschirm und nicht in der Realität – es gibt kaum ein Mädchen in der Innenstadt, das nicht zumindest wie eine Laufsteg-Schönheit angezogen ist: Stiefel mit halsbrecherischen Absätzen, enge Tops, glänzende Lippen. Ist das der Traum vom Westen? Die Sehnsucht nach Schönheit inmitten dieser bröseligen Plattenbauten, dieser endlosen, lichtarmen Winter? Nach einem scheinbar mühelosen, scheinbar bedeutsamen Leben? Der brasilianische Fußballertraum von Belarus?

Ich muss ziemlich lange an meiner Pizza gesessen haben, denn plötzlich näherte sich eine ältere Frau meinem Tisch und fragte, ob sie schon saubermachen könne. »Oh, sicher«, antwortete ich, »ich bin gleich verschwunden.« Als sie meinen Akzent hörte, hielt sie für einen Moment inne – und sagte dann: »Wissen Sie, ich bessere hier nur meine Rente auf. Eigentlich bin ich Lehrerin.« In perfektem Deutsch.

Ich bat sie, mich in die Stadt zu begleiten, um mehr über sie zu erfahren. Sie hieß Svetlana und hatte in den späten Fünfzigerjahren in Russland Germanistik studiert. Danach wurde ihr eine Stelle als Übersetzerin in einem Industriekombinat im Ural angeboten, »Oblast Tscheljabinsk«.

»Doch nicht etwa in Majak?«

»Woher wissen Sie von Majak?«

»Ich beschäftige mich seit Längerem mit dem Thema Atomkraft.«

»Ach, die Deutschen sind immer so engagiert …«

»Svetlana, würden Sie mich in die Ausstellung begleiten?«, unterbrach ich ihre Lobeshymne. Vor uns an der Hauswand prangte ein Schild *Musej Tschernobyl*, »Tschernobyl-Museum«.

»Ich wusste gar nicht, dass es so etwas hier gibt«, murmelte Svetlana.

Im Hauseingang stand eine Frau in Uniform und rauchte. »Wollen Sie ins Museum? Normalerweise öffnen wir nur für Gruppen. Wir sind nämlich eigentlich keine Museumsleute. Wir sind die Feuerwehr.«

»Sehen Sie, das ist gar keine richtige Ausstellung«, raunte Svetlana mir zu. »Ich würde Sie lieber in die *Schokoladnaja* einladen!« »Gerne danach! Bitte, kommen Sie mit, Svetlana! Die Feuerwehrleute waren doch die Helden von Tschernobyl!«

Die Feuerwehrfrau nickte, drückte ihre Zigarette aus und schloss die Ausstellung auf. Über dem Eingangsportal hing die Brandglocke der Feuerwehr. Die Feuerwehrfrau läutete. Es klang wie eine dieser Beerdigungsglocken bei Seebestattungen. Ich bekam eine Gänsehaut, nicht zuletzt weil der Raum so dunkel war. Als einzige Lichtquelle diente eine Leuchttafel, auf der die Namen der begrabenen Ortschaften aufgelistet waren. *Tschornaja Pyl* stand darüber, »schwarzer Staub«, auf der gegenüberliegenden Seite *Belaja Rus*, »weiße Rus«. Der alte Name von Belarus.

Wir sahen eine Wachsfigur im ABC-Schutzanzug, Schautafeln mit den Fotos der Feuerwehrleute, die zum Löschen abkommandiert wurden, versehen mit der Bildunterschrift: *Oni byli perwymi*. »Sie waren die Ersten«. Darunter eine Tafel mit Beerdigungsbildern.

»Wussten Ihre Kollegen, dass die Strahlung auf dem Dach tödlich war?«, fragte ich die Feuerwehrfrau.

»Sie haben es geahnt. Ja, sie haben damit gerechnet, dass sie ihren Einsatz mit ihrem Leben bezahlen würden. Trotzdem hat sich keiner geweigert. Man hat sich für die Gemeinschaft geopfert. So war das damals im Sozialismus.«

»Vielleicht wurden sie auch geopfert?«

»Sie haben gehofft, noch etwas ausrichten zu können. Mein Vater hat gesagt, man braucht immer Hoffnung, wenn man in einen Einsatz geht, sonst kann man nicht Feuerwehrmann sein.«

In ihrer Stimme schwang etwas Sanftes mit, eine unaufdringliche Wärme. Der Vater dieser Frau wurde vor meinen Augen lebendig. Ich hörte sein Keuchen, als er über das Reaktordach hastete, spürte den Graphitstaub auf der Haut, sah ihn nach dem Einsatz, grau, ausgelaugt, zu Tode erschöpft. Und verstand: Es konnte in diesem Feuerwehrmuseum nicht darum gehen, wer Held und wer Opfer war. Es ging um Würde, darum, einen Sinn im Tod zu finden.

»Sind Sie deshalb zur Feuerwehr gegangen?«, fragte ich die Feuerwehrfrau.

»Wir haben eine wunderbare Gemeinschaft«, sagte sie stolz. »Wir schaffen vieles zusammen, so wie dieses Museum. Hat es Ihnen gefallen?«

Wahrscheinlich würden deutsche Ausstellungsexperten abwinken, wenn sie die wild verstreuten, vergilbten Exponate vorgeführt bekämen. Und doch hatte diese Museumsetage etwas, was wohl nur selten auf einer Profiausstellung anzutreffen ist: Nähe. Etwas Direktes, Persönliches – eine Ausstellung wie ein Familienalbum. Hier wurde nicht abstrakt Geschichte dokumentiert, hier trauerte man um Freunde und Bekannte.

»Sie beschäftigen sich nicht so gerne mit Tschernobyl, oder irre ich mich?«, fragte ich Svetlana, als wir bei Käsekuchen und Kakao in der *Schokoladnaja* saßen. Svetlana sagte zuerst nichts, trank ihren Kakao, bestellte noch eine zweite Tasse. »Wissen Sie … ich hatte doch schon einen Atomunfall hinter mir! Nach Majak bin ich hier in die Gegend gekommen, habe mich bemüht, gesund zu leben: kein Alkohol, keine Zigaretten, viel Bewegung. 1983 habe ich Krebs bekommen. Als ich wieder bei Kräften war, explodierte der Reaktor in Tschernobyl. Ich wollte nichts davon hören. Ich konnte mich einfach nicht noch einmal mit so etwas auseinandersetzen. Mein Gehirn hat sich geweigert. Ich wollte einfach nur leben!«

Von Gomel aus fuhr ich im Februar mit dem Zug weiter nach Mogiljow, eine Industriestadt am Dnjepr im Osten des Landes, über der die radioaktive Wolke 1986 ebenfalls kräftig abgeregnet war. Das Stadtzentrum galt inzwischen als »sauber«, aber viele Dörfer außenherum lagen nach wie vor in der »roten Zone«.

Ich hätte es ahnen können, dass »ökologische Bewegungen« nicht unbedingt das Thema war, mit dem man in dieser Stadt reüssieren konnte.

Eine Professorin der pädagogischen Universität hatte mich gefragt, ob ich nicht ein Seminar für Germanistikstudenten geben wollte: »Wir haben nämlich selten Muttersprachler hier.« Kennen gelernt hatte ich sie über einen Frauenverein, der mich nach Belarus eingeladen hatte – jeder, der ein Visum für dieses Land beantragen will, benötigt eine von den Behörden beglaubigte Einladung. Und da man sich, wenn man nicht in einem Hotel wohnte, unter einer Privatadresse bei der Polizei registrieren lassen musste, hatte ich gleich nach meiner Ankunft in Mogiljow noch ein Zimmer gemietet, in der Anderthalbzimmerwohnung einer Rentnerin, die heimlich an Ausländer vermietete, um das Geld für die Medikamente zusammenzubekommen, die ihr nach einer Operation verschrieben worden waren. Eigentlich muss man sich an jedem Ort in Belarus, an dem man sich länger als drei Tage aufhält, registrieren lassen. Aber das hatte ich mir bei meinem Besuch bei Natascha und Ruslan gespart. Ich wollte nicht, dass sie stundenlang mit mir bei der Polizei herumsitzen mussten.

Am ersten Morgen in der Uni in Mogiljow fragte mich die Germanistikprofessorin nach meinen literarischen Vorlieben, ich sagte: »Janka Kupala.« Sie lachte. Janka Kupala war ein Heimatdichter, der Freiheitsgedichte in belarussischer Sprache verfasst hatte. Ich beherrschte gerade einmal fünf Worte Belarussisch, aber die Kenntnis dieses Namens schien mir einen Vertrauensvorschuss an der Uni zu verschaffen, an der Ausländer normalerweise nicht so einfach unterrichten durften.

Jedenfalls war ich verwundert, dass ich meinen Job ohne große Bürokratie antreten konnte. Und was mir noch seltsamer erschien: ohne inhaltliche Vorgaben. Ich nannte einen Seminartitel: »Soziale Bewegungen im Nachkriegsdeutschland.« Das war's.

»1968 und Studentenunruhen«, der erste Teil der Veranstaltung, ging problemlos über die Bühne. Auch bei der »Friedensbewegung« passierte nichts. Nach dem dritten Teil – »die Grünen und die Anti-AKW-Bewegung« – wurde das Seminar plötzlich von der Veranstaltungsliste gestrichen. Ein anderer, dringender Termin sei dazwischengekommen, lautete die Begründung.

Eine Seminarteilnehmerin, die mir zufällig in einer Bank im Stadtzentrum von Mogiljow über den Weg lief, raunte mir zu, dass sie von zwei Männern befragt worden sei. »Manche Dinge ändern sich nur langsam in diesem Land«, flüsterte sie – auf Deutsch. Die meisten Studenten würden sich bemühen, nicht aufzufallen, weil sie wüssten, dass sie unter Beobachtung stünden. Dieses Beobachtetwerden – das sei ein großer Druck, der auf einem laste. Aber sie habe sich daran gewöhnt; nein, sie habe auch keine Angst mehr.

»Es ist wie in diesem Märchen, wissen Sie, das mit diesem Mann, dem man ein eisernes Band um die Brust geschmiedet hatte?«

Froschkönig oder der eiserne Heinrich, das Märchen, das in deutschen Grundschulen und Kindergärten zum festen Repertoire gehört und mir immer ein bisschen rätselhaft geblieben war. Dieser seltsame Dialog am Schluss:

»Heinrich, Heinrich, der Wagen bricht!«

»Nein, Herr, der Wagen nicht. Es ist ein Band von meinem Herzen!«

Hier, in der fahl erleuchteten Innenstadt von Mogiljow, war das Rätselhafte verschwunden. »Dieses Band«, sagte die Studentin, »das ist bei mir gesprungen. Ich komme doch aus einer verstrahlten Kleinstadt, und wir haben nie darüber geredet. Alle hatten Angst. Aber wenn die Oberen merken, dass du Angst hast, machen sie mit dir, was sie wollen.«

»Warum gehst du nicht weg von hier?«, fragte ich sie.

»Jeder geht weg! Die einen heiraten den erstbesten Ausländer, der ihnen über den Weg läuft, und verlassen das Land. Die, deren Eltern Geld haben, kaufen sich frei, damit sie nach der Uni nicht in die Provinz geschickt werden. Tja, wenn man Beziehungen hat … Wer geht denn noch nach Krasnoje Polje, Choiniki oder Narowlja? Doch nur die, die keine Wahl haben! Wie soll es denn mit den Leuten da weitergehen? Wie sollen sie je wieder auf die Beine kommen?«

Anfang März, als die Tage wieder heller wurden und das Eis, das die Bürgersteige monatelang in Schlitterbahnen verwandelt hatte, zu tauen begann, löste ich mein Versprechen ein und fuhr zurück in die Provinz. Zurück zu Natascha, Ruslan und Vital.

Natascha hatte viel zu tun, ein Schulinspektor hatte sich angekündigt, und »der darf keinen Fehler bei uns finden«, wie sie sagte. »Fehler« bedeutete zum Beispiel, dass das Kantinenessen nicht genau das enthielt, was die Pläne für die Schulspeisung vorschreiben. In denen war aufgelistet, wie viel Gramm von welchem Lebensmittel dem einzelnen Schüler serviert werden mussten. Wie viel Eiweiß, Fett, Vitamine und Mineralstoffe jede Portion zu enthalten hatte.

Und so saß Natascha Tag für Tag in der Kantine, kontrollierte die Lebensmittellisten – 100 Gramm Fischfilet, Eiweißgehalt xy, 80 Gramm Püree, xy Kalorien, 80 Milliliter Saft, Vitamine C, B, E –, unterschrieb und brachte die abgezeichneten Bögen zur Schulbehörde in der Kreisstadt. Und jetzt noch diese zusätzliche Inspektion! »Der Präsident hat einen Plan zur Verbesserung der Volksgesundheit verabschiedet«, erklärte sie mir, während sie mich in der Kantine herumführte. »Es wurde festgestellt, dass der Gesundheitszustand unserer Kinder schlecht war. Viele Eltern wissen nichts über Ernährung. Sie kochen zu fett, zu vitaminarm, oder zu selten, weil sie kein Geld haben. Deswegen gibt es jetzt die staatlich kontrollierte Schulspeisung, vier Mahlzeiten pro Tag.«

»Und die ist für alle kostenlos?« Belarus' Staatskasse war, soviel ich wusste, noch viel leerer als die deutsche.

»Für die Kinder in den Gebieten: ja!«

»In welchen Gebieten?«

»Den belasteten.«

»Also, dann ist das Dorf doch nicht so sauber?«

»Wir haben Anweisung, für die Kinder Lebensmittel aus anderen Regionen zu beschaffen.«

An der Essensausgabe warteten Mädchen mit langen, geflochtenen Zöpfen und Jungen mit Seitenscheitel und viel zu großen Jacketts. Natascha zeigte auf den Fisch, den die Köchin ihnen auf den Teller schaufelte. »Der wurde beispielsweise im Ausland eingekauft. Viktoriabarsch, aus Afrika! So etwas Feines hätte man sich früher nicht geleistet!«

»Patriotische Tafel« mit Lukaschenko-Porträt, Nationalflagge und -hymne in einem Klassenzimmer in Mosyr, Belarus

Ich dachte an *Darwin's Nightmare*, einen Dokumentarfilm über die massive Zucht dieser Fische am Viktoriasee, die in eine ökologische und soziale Katastrophe mündete.

Eine kräftig gebaute Köchin streckte ihren Kopf aus der Küche, entdeckte Natascha und winkte uns herein. Auf dem Küchenboden standen fünf Eimer mit Kartoffeln, eine riesige Milchkanne, auf einem Tisch lag ein kleines Schälmesser und ein Kartoffelstampfer. »Heute Abend gibt es Kartoffelpüree«, sagte die Köchin, »alles frisch und handgemacht.« Sie krempelte die Ärmel hoch und rückte die turmhohe Kochhaube gerade. Dann sagte sie irgendetwas, das ich nicht verstand, ich zuckte die Schultern. Wir ließen uns ein Glas »Kompott« geben, was im Russischen schlicht eingedickter Fruchtsaft ist, und setzten uns in den Speisesaal.

Während ich mit dem Viktoriabarsch kämpfte, näherte sich eine junge Frau unserem Tisch, wahrscheinlich eine Referendarin. »Das ist Mascha, die bei uns ein Praktikum macht«, erklärte Natascha. »Früher war sie unsere Schülerin, jetzt studiert sie in Gomel. Außerdem war sie schon oft in Deutschland.«

»*Otschen prijatno*«, sagte ich. »Sehr angenehm.« Dann begann diese Praktikantin auf einmal, Fragen auf Deutsch zu stellen – wo ich herkäme, was ich hier wolle, nicht gerade höflich, weil Natascha, ihre Chefin, kein Wort verstand. Ich antwortete knapp und kühl. Doch sie ließ nicht locker, und so entwickelte sich nach und nach ein richtiges Gespräch zwischen uns. Schließlich kamen wir auf das Thema Tschernobyl zu sprechen.

»Aber Sie haben nichts mit den Kindern von Tschernobyl zu tun, oder?«, fragte Mascha.

»Nein, ich sammele Geschichten. Von Tschernobyl.«

»Einfach so?« Es klang verständnislos. Aber sie sprach wirklich gut Deutsch. Vielleicht könnte sie mich begleiten.

»Und was machen Sie hier an der Schule?«, fragte sie.

»Ich besuche Natascha.«

Natascha hörte ihren Namen. »Was ist mit Natascha?«, fragte sie auf Russisch.

»Ich habe erzählt, dass ich zu Besuch bei Ihnen bin«, gab ich auf Russisch zurück.

Mascha wiederholte meinen Satz, offensichtlich hatte er einen Grammatikfehler enthalten. Sie übernahm das Ruder – und ruderte mich in kürzester Zeit von Natascha weg, die immer einsilbiger wurde. »Ich könnte Sie herumfahren«, bot Mascha an. »Zum Beispiel nach Turow.«

»Aber Sie müssen doch Praktikum machen!«, entgegnete ich. »Außerdem will ich nicht nach Turow, sondern in die Sperrzone!«

»Ich finde eine Lösung. Geben Sie mir Ihre Handynummer?«

Ich schrieb die Nummer meines neuen belarussischen Handys auf einen Zettel, Mascha erhob sich. Zwischen Natascha und mir breitete sich ein unangenehmes Schweigen aus. »Natascha, seien Sie nicht böse«, murmelte ich schließlich. »Sie sind doch den ganzen Tag in der Schule, und was soll ich ohne Auto auf dem Dorf machen? Ich würde gerne ein paar Interviews führen.«

»Meine Tochter könnte Sie fahren, sie hat ein Auto.«

»Aber sie arbeitet doch den ganzen Tag!«

»Es ist wegen dem Deutsch«, schimpfte Natascha. »Ich wünschte, ich hätte das auch gelernt. Aber in meiner Generation hatte man andere Sorgen.«

»Sorgen? Meinen Sie Tschernobyl, Natascha?«

»Ich meine die Sowjetunion. Da ist doch nicht nur ein Staat zerfallen! Da ist … ach, was soll ich jammern! Das Leben ist weitergegangen, und ich muss zurück ins Büro.«

Am nächsten Morgen, als ich mit Vital gerade die dritte Ebene einer Raumstation gebaut hatte, rief Mascha auf dem Handy an. »Ich habe eine Frau gefunden, die mich als Praktikantin ersetzt«, sagte sie. »Aber diese Frau will Geld. Wenn Sie das Geld vorstrecken könnten, dann … Ach, übrigens, ich habe ein Auto aus Deutschland. Heißt A-Klasse.«

Ich fragte mich, woher eine belarussische Studentin das Geld für einen Mercedes hatte? Und wenn sie so ein Auto fuhr – was erwartete sie dann von mir? Und warum wollte sie mit mir herumreisen? Für Tschernobyl schien sie sich offensichtlich nicht zu interessieren.

Dabei wohnte sie doch quasi mitten im Katastrophengebiet! Na ja, vielleicht war es gerade das. Vielleicht funktionierte das nach dem Prinzip Ehe: Ständig von einer Person umgeben zu sein kann deren Gegenwart so selbstverständlich machen, dass man ihr keine Aufmerksamkeit mehr widmet. Schließlich kostet Aufmerksamkeit Energie, und die braucht man hier wahrscheinlich eher für andere Dinge. Zum Beispiel zum Überleben.

Ich musste an Nataschas Satz über den Zerfall denken, an Vital, der sich nach einer Ersatzmutter sehnte. Aber ich war neugierig geworden, wie dieser Gewöhnungsmechanismus funktionierte. Wollte wissen, wie Mascha lebte, was sie dachte – auch über Tschernobyl. Was sie über die deutsche Tschernobyl-Obsession dachte. Kurz: Ich wollte *ihr* Tschernobyl verstehen. Deswegen sagte ich: »Morgen um zwölf warte ich an der Schule.«

Zone der Entfremdung

April – Mai 2008, Landkreise Mosyr und Narowlja, Belarus

Es ist, als ob die Natur über Nacht explodiert sei. Die Knospen der Bäume, die sich in den letzten Tagen wie Schmetterlingskokons gedehnt haben, sind aufgeplatzt; eine Woge von Grün ergießt sich über das Land. Der Himmel ist von einem sanften Blau, Schäfchenwolken segeln über den Pripjat, der, von den letzten Eisresten befreit, aus seinem Bett drängt und sich in breiten Strömen in die Ebene ergießt. Schlüsselblumen und Anemonen leuchten aus den Auenwäldern. In einem Dorf stehen Frauen mit Kittelschürzen und Körben voller Blumen am Gartenzaun. Die Luft riecht nach Blüten, süßlich und schwer. Ein Kribbeln geht durch den Körper, ein Prickeln, eine süße Sehnsucht. Das Leben ist schiere Gegenwart. So ist der Frühling in Belarus.

Wir fahren mit heruntergekurbelten Fenstern. Die Straße schlängelt sich durch flaches Land, vorbei an Wiesen mit knietiefem Gras, Wäldern, aus denen blaue Tümpel wie Augen leuchten, an Bauernhäusern mit pastellfarbener Fassade und geschnitzten Fensterrahmen. Die A-Klasse ist das einzige Auto weit und breit, wir sind die einzigen Menschen – eine Leere, die so unvertraut und gleichzeitig so anrührend wirkt, dass es mir vorkommt, als seien wir aus der Zeit gefallen.

Die Zeitmaschine gleitet durch die Wälder von Jelsk, die sandige Ebene von »Rosa Luxemburg«, einem stillen Dorf nahe der ukrainischen Grenze, durch die überfluteten Pripjat-Niederungen bis hinein in das Nest, das vor etwas über zwei Jahrzehnten noch eine blühende Kleinstadt war: Narowlja.

Wir passieren Holzhäuser mit bunten Fassaden und Blumengärten, ein paar niedrige Plattenbauten, ein *Belkoopsojus*, Fabriken mit verfallenen Schornsteinen und quer über die Straße gespannten Leitungsrohren, Autowerkstätten, in einem Birkenhain versteckte Verwaltungsgebäude, alles unorthodox zusammengewürfelt, wie zufällig in der Landschaft abgestellt. Es gibt nichts Verbindendes, nichts, was auf eine planerische Hand hindeutet; keine lauschigen Plätze, keine Cafés, keinen architektonischen Stil, der als solcher zu erkennen wäre.

Wie kann man in einem solchen Provisorium heimisch werden? Indem man sich der Natur zuwendet, die hier auf den ersten Blick so heil, so vollkommen erscheint? Und wie sieht diese Hinwendung nach Tschernobyl aus? Nach der radioaktiven Wolke, die über dem Landkreis abgeregnet ist? Ist die Liebe zur Natur nun zu einer romantischen Schwärmerei geworden, einer krampfhaften Fiktion, wie sie nicht zuletzt die Plakate mit den Losungen aufrechtzuerhalten versuchen, die an die Hausfassaden genagelt wurden: »Unsere Natur – unser Dom?«

Wir parken am Ende der pappelgesäumten Hauptstraße. Auf der großen Wiese am Flussufer, in Sichtweite von Verwaltung und Geschäften – dort, wo sich einmal das städtische Leben abgespielt haben muss – steht jetzt ein Denkmal aus Granit: Eine Hand, die ein rundes Atomzeichen hält, wird von einer Mauer und drei spitzgiebeligen Türmen mit der Jahreszahl »1986« überragt. Die Hand ist auf einem Sockel befestigt, im Stil einer Grabplatte, in die die Namen der ausradierten Dörfer eingraviert sind, 45 belarussische Namen, die wie Märchenschauplätze klingen: »Weißes Ufer«, »Eschen-Hain«, »Margariten-Dorf«.

Hinter dem Denkmal senkt sich die Uferböschung zum Strand hinab, einem Uferstreifen mit feinem weißen Sand, in dem ein Yorkshireterrier nach einem Stöckchen gräbt. »Mach dich nicht schmutzig«, ruft eine Frau mit weißer Hose und Sling-Pumps, die sich auf einem ausgebreiteten Taschentuch niedergelassen hat, um sich die Lippen nachzuziehen.

Am Ende des Strandes baut ein Trupp Arbeiter ein Zelt auf, eine grüne Plastikhülle mit gelbem Dach, die mit Biertischen ausgestattet werden soll – ein Bierzelt für den Tschernobyl-Jahrestag am 26. April, wie einer der Arbeiter erzählt. Der Bürgermeister werde wie immer eine Rede halten, und man habe die Erfahrung gemacht, dass die Leute nur kämen, wenn Bier ausgeschenkt würde. Ja, wenn es Bier gebe, würden alle kommen: die alten Männer, die jungen Männer, sogar die Mädchen von der Mittelschule. »Hier gibt es doch sonst nichts, wo man mit Freunden hingehen könnte. Und ist das nicht ein schöner Platz, hier unten am Ufer? Gerade für junge Paare!«

In der Tat könnte man sich kaum einen romantischeren Platz für ein Feierabendbier vorstellen: Vom Fenster des Partyzeltes aus fällt der Blick über das Wasser, auf die Landzunge in der Flusskehre, die in dutzenderlei Grüntönen leuchtet, die Holzhäuser am Ufer, aus deren Schornsteinen Rauch kerzengerade in die Höhe steigt, die Storchennester auf den Dachfirsten.

Hundert Meter vom Bierzelt entfernt werkelt ein junger Mann an einem morschen Bootssteg. Ein anderer schmirgelt den Rumpf eines Kajaks ab, ein Rennboot aus Sowjetzeiten, kippelig wie ein Schwebebalken. »Ist es nicht gefährlich, hier ins Wasser zu fallen?«, frage ich Mascha. In der Spree läuft man wenigstens nur Gefahr, sich eine Erkältung zu holen, aber im Pripjat … »Die werden schon wissen, was sie tun! Das Kraftwerk ist ja weiter flussabwärts«, sagt Mascha, und: »Mir ist langweilig! Lass uns Chips kaufen gehen.«

In dem kleinen Supermarkt kaufen wir Pringles und Sprite für Mascha und Kefir aus der örtlichen Kolchose für mich. »Wieso trinkst du so was?«, fragt sie.

»Ist gesund«, sage ich. »Und ist vor allen Dingen nicht über Hunderte von Kilometern hertransportiert.«

»Bei uns kaufen das nur alte Leute, die wenig Geld haben. Allein diese Verpackung, weißer Karton mit einer Bäuerin drauf – primitiv!

Wir nehmen lieber das von Danone, das gibt es in der Plastikflasche mit Vitaminzusätzen.«

»Das wäre in Deutschland genau umgekehrt! Jedenfalls heutzutage, wo die Leute der Industrie misstrauen. Weißt du, Bio ist in Deutschland beliebt, besonders in der Großstadt. Bei mir im Viertel gibt es vier Bioläden! Und die sind ganz schön teuer!«

»Bei uns ist fast alles bio. Wir essen doch sowieso meist das, was bei uns im Garten oder Wald wächst«, entgegnet Mascha.

Ich lästere: »Also bio mit Cäsiumzusatz?«

»*Uch ty*, was du immer denkst!« Ich hatte ihr das Du nicht angeboten, sie fing einfach an, mich zu duzen. Aber wahrscheinlich sah ich nicht nach einer Frau aus, die man in dieser Gegend mit »Sie« anreden würde. Eine Frau, die hier ernst genommen werden will, hatte auszusehen wie eine Frau, oder besser gesagt: wie eine *Femme fatale*. Die Bluse musste eng, das Dekolletee tief, der Rock kurz sein. Und die Absätze halsbrecherisch hoch, trotz der ungepflasterten Nebenstraßen und der Sandwege zwischen den Häusern.

In Deutschland würde man mit einer solchen Aufmachung auffallen – negativ. »Da kommt eine Russin!«, würde es heißen, vielleicht sogar: eine russische Schlampe. Selbst wenn die so Aufgemachte über Quantenmechanik oder Zwölftonmusik parlierte – man würde sie nicht ernst nehmen.

In der belarussischen Provinz ist es genau umgekehrt: Hier falle ich mit meinen Vintage-Jeans, ungefärbten Haaren und Turnschuhen unangenehm auf. Die deutschen Frauen gäben sich keine Mühe mit ihrem Aussehen, bekomme ich zu hören; ob wir nicht das Selbstbewusstsein hätten, unseren Körper zu zeigen; und, ja, ob wir uns nicht als Frauen fühlen würden?

In der Sowjetunion waren weibliche Schnitte, grelle Farben und glänzende Stoffe – eine Mode, die als *Sekretarnaja Odeshda* bezeichnet wird – populär geworden, weil sie den Westen zu repräsentieren schienen. Die ersten Privatunternehmer in den späten Achtzigerjahren hatten entdeckt, dass die Geschäfte besser liefen, wenn sie junge Frauen an den Empfang setzten, deren Erscheinungsbild bei den Kunden und

Geschäftspartnern Neid erweckte. Weil »Privatindustrie« nach Geld roch, wollten bald alle Frauen so aussehen wie die Empfangsdamen der neuen Unternehmer. So wurde die *Sekretarnaja Odeshda* zum Symbol des Westens, zur Verkörperung eines neuen Lebensgefühls.

Ein Lebensgefühl, das sich im von der Perestroika nur sanft gestreiften Belarus wahrscheinlich besonders lange gehalten hat.

Unangenehm ist es auf jeden Fall, ständig angestarrt zu werden, auch wenn es meist mitleidige Blicke sind. »Jeder Mensch ist ein Ausländer – fast überall«: Dieser Spruch, der eine Zeit lang von multikulturell engagierten Deutschen auf T-Shirts spazieren getragen wurde – hier hätte er wirklich gepasst. Manchmal verlieren Sätze erst im Ausland ihre peinliche Konnotation.

Im Gegensatz zu mir erfüllt Mascha dieses weibliche Rollenbild perfekt. Selten geht sie ungeschminkt aus dem Haus. Absätze sind auch im Wald ein Muss. Und die platinblonde Mähne ist stets haarspraygestärkt.

Mit der knisternden Chipstüte auf dem Schoß steuert sie die A-Klasse vorbei an rosa gestrichenen Plattenbauten, frisch renovierten Wohnstätten für die Arbeiter der Pralinenfabrik, dem größten Arbeitgeber Narowljas. Die meisten kämen aus dem Ausland, Zentralasien, den ehemaligen Sowjetrepubliken, wo es keine Arbeit mehr gebe, erzählt der Mann, der die Pforte bewacht. Es sei nämlich schwierig, in dieser Stadt genügend einheimische Mitarbeiter zu finden. Wer eine gute Ausbildung habe und Chancen, anderswo einen Job zu finden, sei weggezogen. Wegen der *radiazija*. Aber etwas Gutes habe dieser Arbeitskräftemangel auch: Die Produktion würde endlich automatisiert.

Dann will er uns noch zwei Pralinenkästen verkaufen. Mascha rät ab. »Die Schokolade klumpt im Mund«, flüstert sie mir zu. »Lass uns lieber eine Milka aus dem Supermarkt nehmen.«

»Schokolade? Bei diesem warmen Wetter?«

»Wir brauchen doch noch ein Gastgeschenk!«

»Geschenk für wen? Hast du jemanden gefunden, den wir wegen Tschernobyl interviewen können?«

»Ich dachte, wir fahren in die Sperrzone und schauen, ob wir jemanden finden.«

»In die Zone? Aber dafür braucht man doch eine Genehmigung!«

»Ich dachte, wir versuchen einfach mal so reinzukommen!«

Wir fahren an den Rand von Narowlja, biegen ab auf eine Schlaglochpiste, sehen ein Schild »Radioökologisches Naturschutzgebiet«, holpern durch einen Wald, über einen Sandweg, und dann sind wir da: in der Sperrzone.

Mascha kennt offensichtlich jeden Schleichweg. Sie wohnt ja auch nicht weit weg von hier, ein Fingerbreit auf Ruslans Karte, die ich auf dem Schoß ausgebreitet habe. Die »Sperrzone« in Belarus ist ein kompliziertes Gebilde. Anders als in der Ukraine liegt sie nicht im hintersten Winkel des Landes, einem Wurmfortsatz, der sich wie ein entzündeter Blinddarm vom Rest des Landeskörpers abtrennen ließe. Nein, die belarussische Sperrzone zieht sich quer durch den Südosten des Landes, versperrt Zufahrtswege, trennt Gemeinden, die früher eng zusammengearbeitet haben, hat eine ganze Region in ein Zonenrandgebiet verwandelt.

In Narowlja am Sperrzaun zu stehen, der »drinnen« und »draußen« voneinander trennt, erinnert mich an das Gefühl, das ich hatte, wenn ich früher irgendwo im hessischen Bergland an der deutsch-deutschen Grenze stand, vor mir der Stacheldraht, dahinter die Männer, die Hunde, in der Ferne ein thüringisches Dorf. Zwar gibt es hier, in Belarus, keine Selbstschussanlagen, keine Minen und keinen Todesstreifen. Aber dieses Gefühl von »drinnen« und »draußen« ist das gleiche.

Drinnen, das ist die düstere Terra incognita, um die sich die wildesten Mythen ranken: Dort sollen Hirsche mit Riesengeweihen geboren werden, Wölfe mit sechs Beinen und Fische, die ein Angler aus eigener Kraft gar nicht aus dem Wasser ziehen kann.

Doch es ist nicht nur der kleine, eingezäunte Teil im Südosten, der vom normalen Leben abgeschnitten ist. Nicht nur die *Zona Otschushdenija*, die »Zone der Entfremdung«, wie sie genannt wird. Und auf Landkarten als »Radioökologisches Naturschutzgebiet« ausgewie-

Ortsschild »Belabereshskaja Rudnja« und Verbotsschild »Einfahrt verboten! Radioaktive Gefahr«, Kreis Narowlja, Belarus

sen ist. Nicht nur das Naturparadies, in dem alle Siedlungen dem Erdboden gleichgemacht wurden und sich Tiere wie wild vermehren, die anderswo nur noch im Zoo zu finden sind: Wildpferde, Luchse und Bisons. Und das den belarussischen Teil der – länderübergreifenden – »Tschernobyl-Sperrzone« darstellt.

Neben dieser großen Zone existieren noch zahlreiche weitere kleine Sperrzonen: einzelne, weit im Land versprengte Areale, die nur mit Sondergenehmigung betreten werden dürfen, weil dort der Boden verseucht, das Obst aus den Gärten und die Milch von den Kühen radioaktiv belastet, der Aufenthalt gesundheitsschädlich ist – und die insgesamt ein Viertel der belarussischen Landesfläche ausmachen.

Ein Viertel, das wiederum in mehrere Kategorien eingeteilt ist: Da gibt es eine »ausgesiedelte Zone«, eine »Zone der Aussiedlung« und eine »Zone mit bedingtem Aussiedlungsanspruch«. Äußerlich unterscheiden sich diese Zonen kaum: In allen finden sich zugenagelte Häuser, zertrümmerte, ausgeplünderte Gebäude, verwaiste Geschäfte und Warnschilder am Ortseingang: »Einfahrt verboten! Strafe: 20 Monatsgehälter.« Der einzige Unterschied zur *Zona Otschushdenija* besteht darin, dass die anderen Zonen nicht mit Stacheldraht abgeriegelt sind. Ab und zu fährt die Polizei dort Streife, um Plünderer davon abzuhalten, Baumaterial herauszuschaffen, und Fremde, den letzten verbliebenen Bewohnern einen Besuch abzustatten, Obst zu ernten oder sich gar dort niederzulassen.

Ich weiß nicht, in welche Zone wir gerade einfahren. Mascha meint: »Zone der Aussiedlung.« Jedenfalls passieren wir zwei Schilder »Einfahrt verboten! Strafe: 20 Monatsgehälter«, sehen Häuser mit zugenagelten Fenstern, einen Friedhof und halten an. Erschreckend einfach war es, hierher zu kommen. Man musste nur den Schleichweg über die Sandpiste kennen. Auf dem ist uns weder eine Wachmannschaft noch ein KGB-Agent begegnet, der uns gestoppt hätte. Ein russischer Fotograf, der über die gepflasterte Straße in Richtung ukrainische Grenze gefahren war, wurde allerdings von einem Trupp Uniformierter festgenommen, konnte sich aber mit ein paar Hundert Dollar freikaufen. Solange ein Vorfall nicht nach Gomel oder nach Minsk, in die belarussische Hauptstadt, gemeldet wird, solange er nicht über die Provinzbehörden hinausdringt, wird dir nicht viel passieren, hatte er mir erklärt. Das sei heute nicht anders als zu Sowjetzeiten. »Der Apparat braucht lange, bis er sich in Bewegung setzt. Solange niemand petzt, ist alles gut!«

Vor dem Friedhofseingang von Werbowitschi steht ein Trupp Arbeiter mit Äxten und Baumscheren in den Händen. Überrascht von diesem Menschenauflauf frage ich Mascha:

»Weißt du, warum die hier arbeiten? Ich dachte, wir sind hier in der Zone!«

»Aber das heißt doch nicht, dass hier nichts mehr passiert! Die Leute sollen wahrscheinlich Bäume beschneiden. Die treiben dann nach dem langen Winter besser aus.«

»Und wer hat ihnen den Auftrag gegeben?«

»Vielleicht die Kolchose? Wenn du willst, frag ich nach!«

»Bitte! Mein Akzent würde sie doch nur misstrauisch machen.«

Die Arbeiter, drei Männer und zwei Frauen, starren uns feindselig an. »Was ihr hier wollen? Ihr verschwinden!«, knurrt einer von ihnen in fehlerhaftem Russisch, ein Mann mit dunklen Haaren und olivfarbener Haut, der sich auf seiner Axt abstützt.

Bevor wir heute Morgen losgefahren waren, hatten wir uns eine Legende zurechtgelegt. Deswegen sagt Mascha nun: »Wir sind Studenten der Humanistischen Universität Minsk. Wissen Sie, wir schreiben eine Semesterarbeit, für die wir mit Menschen in entsiedelten Dörfern sprechen sollen.«

»Ich bin für so was nicht zu haben«, schimpft der Mann. »Sucht euch einen Einheimischen!«

»Ach, Sie sind nicht von hier?«, fragt Mascha, scheinbar verwundert.

»Lasst ihn, er ist aus Tschetschenien«, schaltet sich eine der Arbeiterinnen ein. »Er hat Angst, weil er noch nicht die belarussische Staatsangehörigkeit hat.«

»Was macht ein Tschetschene in dieser Gegend?«, bohrt Mascha.

»Ich mache Banditengeschäfte, wie alle Tschetschenen!«, spottet der Mann. Dann hebt er mit drohendem Gesichtsausdruck seine Axt und marschiert auf Mascha zu.

»Hör auf, Baschir! Wir sind hier nicht im Kaukasus!«, schimpft die Frau und schiebt den Tschetschenen zur Seite. Dann sagt sie zu uns: »Wisst ihr, hier sind ein paar Ausländer ins Dorf gekommen, weil die

Kolchose Arbeitskräfte brauchte. Die meisten alten Bewohner sind doch weggezogen nach Tschernobyl.«

»Die Kolchose?«, fragt Mascha. »Die wurde nicht geschlossen?«

»In diesem Dorf nicht. Das war doch die größte in der ganzen Gegend.«

»Aber können sich ausländische Arbeiter einfach so hier bewerben?«, frage ich.

»Ich glaube, man braucht Papiere von den Behörden. Das hat mir Baschir wenigstens erzählt.«

»Und wie bekommt man diese Papiere? Man kann doch nicht einfach so in die Zone ziehen!«

»Das kann ich Ihnen nicht beantworten. Mich hat noch nie jemand nach Papieren gefragt. Ich bin hier aufgewachsen.«

Der Tschetschene hebt die Axt. »Ihr immer noch nicht weg, Spione!«

Mascha drängt mich ins Auto, lässt den Motor aufheulen und rast auf die Hauptstraße zurück. Nach 200 Metern sehen wir einen Schulhof, auf dem zwei Jungen Fußball spielen. »Bei uns war das verboten«, sagt Mascha und ruft über den Schulhof: »Hey, ist die Schule hier wieder geöffnet?« Die beiden nicken. »Und wo wohnen eure Eltern?« Sie zeigen auf eine Siedlung am Waldrand.

Mascha steuert die A-Klasse im Schritttempo dorthin. Vor einem pastellrosa gestrichenen Holzhaus halten wir an. Im Garten werkelt eine dicke Frau mit Kopftuch und Kittelschürze. Mascha öffnet das Gartentor, marschiert auf sie zu und erzählt unsere Studentenlegende. Gleichzeitig zieht sie die Milka aus der Tasche. Die Frau lehnt ihren Spaten an die Hauswand, lockert das Kopftuch unter dem Kinn. »Chotitje tschai?«, fragt sie in akzentfreiem Russisch. »Wollt ihr einen Tee?«

Als sie auf den Hauseingang zugeht, sehe ich, dass sie nicht dick ist, fett, wie man es von Bildern Fastfood in sich hineinstopfender, unglaublich übergewichtiger amerikanischer Frauen kennt. Nein, die Frau hat einen seltsam unproportionierten Körper: rund wie ein Fass in der Mitte, zu den Schultern immer schmaler werdend. Der Hals sieht aus wie der eines Puters, auf die dreifache Größe angeschwollen, mit weit überlappenden, faltigen Hautpartien. Darauf sitzt ein Kopf mit zwei Gesichtshälften, die nicht zueinander passen wollen. Ein Gesicht, ja, ein Gesicht wie von einem Mutanten: Die Haut ist weiß und mit knotigen Lipomen übersät, die Nase zu einem Sektkorken angeschwollen, der Mund zu einem Z verschoben. Die Augen, klein und grau, liegen unter fleischigen Hautwülsten verborgen.

Als der Tee auf dem Tisch steht, greift die Frau gierig nach unserer Schokolade aus Narowlja, die wir auf einen Untersetzer gebröckelt haben. »Ach, wie haben wir gehungert! Ich konnte an nichts mehr denken außer an Essen, Essen, Essen!«, sagt sie wie entschuldigend. »Als wir vor acht Jahren hier angekommen sind, gab es kaum Lebensmittel. Die Kolchosen haben nur wenig produziert, die meisten Felder lagen brach. Das Wenige haben sich die Einheimischen genommen, obwohl wir genauso viel gearbeitet haben.«

»Hier angekommen? Sie sind also gar keine Belarussin?«

»Wir sind aus Kasachstan. Aber da gab es nach dem Ende der Sowjetunion gar nichts mehr: keine Arbeit, kein Brot, keine Ärzte. Und wir mussten doch die Kinder durchbringen!«

»Und wieso sind Sie ausgerechnet hier in diese Gegend gezogen? Hat man Ihnen nicht erzählt, was hier passiert ist? Dass es hier ein Atomunglück gegeben hat?«

»Aber das war doch schon lange her! Und hier haben doch auch noch Leute gewohnt!«

»Ja, vielleicht wussten die nicht, wie gefährlich … Und Sie? – Haben Sie keine gesundheitlichen Probleme? Haben Sie keine Angst, krank zu werden?«

Ich muss an die Studien der »Ärzte gegen den Atomkrieg« denken, an die Artikel der Ärzte der zahllosen deutschen Tschernobyl-Initiativen, die ich vor meiner Abreise gelesen hatte. Strahlung könne nicht nur zu Krebs führen, sondern auch Schilddrüsen- und Herzerkrankungen, Knochenentkalkung, Stoffwechselstörungen und Immunschwäche hervorrufen.

Ein Arzt in Deutschland, dem ich nach meiner Rückkehr ein Foto der Frau gezeigt habe, diagnostizierte: »Schilddrüsenunterfunktion,

Diabetes, Ödeme, vielleicht auch Elefantiasis.« Nein, sagt die Frau, eigentlich gehe es ihr gut. Nur diese Kopfschmerzen, die seien manchmal schwer auszuhalten.

»Glauben Sie«, frage ich sie, »dass Ihre Kopfschmerzen etwas mit der Strahlung zu tun haben?«

»*Nu sto.* Na ja, vielleicht. Wir haben doch in der Nähe von Semipalatinsk gewohnt! Wissen Sie, da war doch dieses Raketentestgelände! Ständig hat bei uns der Boden gewackelt. Und im Nachbardorf sind Kinder mit gespaltenen Köpfen zur Welt gekommen.«

»Haben Sie sich überhaupt schon einmal untersuchen lassen?«

»Von einem Arzt? Wovon sollte ich den denn bezahlen?« Und nach einer Pause: »Kommt mit! Ich zeige euch etwas! Ach, so ein Skandal, so ein Unglück! Dass Gott uns so etwas antun konnte!«

Sie führt uns durch das Haus: drei Zimmer, Küche, Plumpsklo auf dem Hof. Die Zimmer sind niedrig, dunkel, selbst jetzt bei den sommerlichen Temperaturen müsste man eigentlich ein Feuer im Ofen anfachen. Das hinterste Zimmer ist am kältesten. »Es wird ja auch nicht mehr benutzt«, sagt die Frau. »Der hier gewohnt hat, ist für immer weg.« Dabei wirkt es, als würde er gleich wiederkommen: Das Bett ist frisch bezogen, mit gestärkten geblümten Laken, auf dem Schreibtisch liegt ein aufgeschlagenes Buch, auf der Fensterbank wachsen Tomatensetzlinge in Joghurtbechern. Die Wand neben dem Fenster ist mit Postern zugepflastert: Christina Aguilera, ein japanisches Motorrad, das Bild eines Mädchens mit langen, blonden Haaren. Daneben hängt ein Bilderrahmen mit zwei Fotos: dem eines Babys und dem eines männlichen Teenagers. Quer über den Rahmen ist ein schwarzes Band geklebt. Das Band der Toten.

»Das war das letzte Foto von meinem Sohn. Er ist in einer Scheune verbrannt, zusammen mit einem kasachischen Freund«, murmelt die Frau. »Die Polizei sagt, dass es ein Unfall war. Aber die haben gar nicht ermittelt. Das hat sie gar nicht interessiert, weil … ja, weil wir Flüchtlinge sind. Kasachische Flüchtlinge in einem Dorf in dieser …«

»… verschissenen Gegend!«, rutscht mir heraus. Der Stoizismus der Frau, ihr monströser Körper, die Geschichte ihres Sohnes – all das ist schwer zu ertragen. Schwer, nicht in Melancholie zu verfallen, in eine hilflose, ohnmächtige Wut.

»Hey, ich wusste gar nicht, dass du so auf Russisch fluchen kannst«, wundert sich Mascha. Auf Deutsch.

Da bricht etwas aus der Frau heraus, ein gurgelndes Geräusch, ein unterdrücktes Schluchzen. Sie streckt ihre Hände aus, klammert sich an Maschas Arm wie eine Ertrinkende. »*Pomogite, djewuschki, poshalujsta*! Helft mir, bitte! Wie soll ich nur weiterleben ohne meinen Jungen? Sagt mir: Wie soll ich weiterleben an diesem Ort, der mir meinen Sohn genommen hat?«

Mascha streicht ihr kurz über den Kopf, windet sich dann mit einer hastigen Bewegung aus der Umklammerung. »*Usspokojtes, babuschka*! Beruhigen Sie sich, Mütterchen! Das mit ihrem Sohn – das war ein Unglück. Und Sie haben doch noch einen zweiten!«

Schafe schächten

April – Mai 2008, Landkreise Narowlja und Jelsk, Belarus

Lara war ganz schön fertig wegen der Geschichte von dieser Frau, die aus Kasachstan weg ist, um ihrem Sohn eine Zukunft zu bieten. Und dann ist der Sohn hier gestorben, und das Weggehen war umsonst. Mir tat sie auch leid. Ein Kind zu verlieren ist das Schlimmste, was einer Frau passieren kann, hat meine Mutter immer gesagt.

Aber solche Geschichten mit Krankheit und Unglück haben bei uns viele, das ist hier nichts Besonderes. Besonders war nur, dass die Frau dazu auch noch so schlimm ausgesehen hat, gar nicht mehr wie ein Mensch. Sie konnte ja kaum sprechen, so schief war ihr Mund! Und dann dieser Körper ... wie eine Matrjoschka! Ich mochte sie gar nicht richtig anschauen.

Ich wusste auch nicht, dass in Werbowitschi so viele Ausländer wohnen. Sogar Tschetschenen! Ich hatte vorher noch nie mit einem Tschetschenen geredet. Der, den ich für Lara ansprechen sollte, war ganz schön aggressiv – genau das, was man bei uns den Kaukasiern nachsagt. Wenn Lara mich nicht gedrängt hätte, wäre ich niemals auf den zugegangen.

Ich kann mich auch nicht erinnern, je in Werbowitschi gewesen zu sein. Vielleicht als Kind? Eigentlich ist das nicht weit weg von meinem

»Nur wegen ihm sind wir in dieses Land gezogen«: Foto des toten
Sohnes mit Trauerrand, Werbowitschi, Belarus

Dorf, höchstens 20 Minuten mit dem Auto. Aber was hätte ich da
auch machen sollen? Ich kannte ja keinen, der da wohnt, und sich einfach so, weil man ein bisschen cruisen will, von der Polizei erwischen
zu lassen wäre blöd. Wenn die einen von hier fangen, lassen sie ihn
nicht mehr so schnell frei. Mit einer Ausländerin im Auto passiert

einem wahrscheinlich nicht so viel. Außerdem könnte die im Notfall Geld bezahlen, Dollar.

Woher ich wusste, wie man ins Sperrgebiet reinkommt? Mein Cousin hat mir den Schleichweg erklärt, als ich ihm erzählt habe, dass Lara gerne einmal dorthin fahren würde. Und so kompliziert ist das auch gar nicht, man muss bei der Tankstelle am Ende von Narowlja nur den richtigen Abzweig finden. Und gut Auto fahren können, denn der Weg hat viele Schlaglöcher, später muss man sogar durch eine Wiese fahren.

Von Werbowitschi sind wir dann weiter nach Süden gefahren, weiter auf die ukrainische Grenze zu. Das ist auch nicht ganz ohne, denn eigentlich ist es verboten, sich im Grenzgebiet aufzuhalten. Zehn Kilometer vor der Grenze ist jedenfalls Schluss für Leute, die da nicht wohnen, damit sie keine Sachen aus dem Land rein- und rausschmuggeln können.

Was aber soll man überhaupt aus unserem Land herausschmuggeln? Oder hereinschmuggeln? Es hat doch niemand Geld, um teure Sachen zu kaufen! Und so viele teure Sachen gibt es auch in der Ukraine nicht. Im Prinzip muss man ja von der Ukraine aus einfach nur durch die Wiesen laufen, vielleicht an ein paar Stellen durch den Pripjat schwimmen. Man muss nur wissen, wo. Es wurden schließlich nicht überall Mauern und hohe Zäune gebaut. Wofür auch? Ist eine ziemlich tote Gegend hier – Sperrzone eben!

In Gruschewka, dem nächsten Dorf, habe ich eine alte Frau auf der Straße angesprochen, ob hier auch irgendwelche Ausländer wohnen. Lara wollte das wissen, sie hat sich auf einmal sehr für diese Leute interessiert.

Ich spreche eigentlich ganz gerne mit Leuten. Meistens schaffe ich es auch, von den Leuten das zu bekommen, was ich will. Ich bin einfach besonders nett zu ihnen, sage, dass ich Hilfe brauche oder etwas in der Art. Der Frau von meiner deutschen Gastfamilie passte das damals nicht. »Mascha, spiel hier nicht das Weibchen!«, schimpfte sie. Was ist ein Weibchen? Kleine Frau? Den Männern passt meine Art, besonders hier bei uns. Meine Mutter sagt immer: »Mascha, ich weiß nicht, von wem du das Talent hast, so gut mit Leuten zu reden!« Aber eigentlich weiß sie: Ich hab's von ihr.

Gruschewka kommt von *gruscha*, »Birne«. Den Namen hat das Dorf wahrscheinlich wegen der vielen Birnenbäume, die in den Gärten an der Hauptstraße wachsen. Eigentlich schade – die erntet jetzt bestimmt niemand mehr ab! Die Häuser stehen fast alle leer. Nur ganz hinten am Ortsausgang, wo früher eine Kirche war, da sollen wieder ein paar Leute hingezogen sein. Ausländer.

Wir sind an so einem Holzhaus ausgestiegen, das nach frischer Farbe aussah, ein grünes Haus mit blauen Fensterläden. Es hatte sogar Scheiben in den Fensterrahmen. Ja, und davor waren Vorhänge, in auffälligem Rot. So einen Stoff würde in unserem Dorf niemand für Vorhänge nehmen. Bei uns nimmt man Weiß oder Silber, vielleicht noch Beige. Aber Rot?

Weil das Gartentor offen stand, gingen wir direkt hinein. So ist das auf dem Dorf üblich. Türklingeln gibt es nicht. Wenn die Leute allein sein wollen, sperren sie das Tor ab.

Im Korridor kam uns ein dunkelhäutiger Typ entgegen, der fragte, was wir wollen. Ich habe wieder die Geschichte von den Studenten erzählt, aber er hörte gar nicht richtig hin, kochte gleich Tee, mit solchen Gewürzen drin, die auf der Zunge brennen. Hat er wohl aus seiner Heimat mitgebracht. Russe ist er sicher nicht, so wie er aussieht. Aber er war anscheinend richtig glücklich, dass wir da waren. Bekommt wohl nicht so oft Besuch in diesem Zonendorf. Und dann tauchen gleich zwei Frauen in seiner Küche auf!

Wir haben den Rest der Schokolade aus Narowlja ausgepackt, und dann sind wir mit ihm in das Zimmer mit den Vorhängen gegangen, weil er nur einen Stuhl in der Küche hat und es im anderen Zimmer wenigstens das Bett gibt, auf das wir uns setzen konnten. Die Vorhänge in dem Zimmer hat er selbst genäht, auch die Möbel sind selbst gemacht, eine richtig schöne Truhe mit Schnitzereien, ein Küchenregal mit einer weißen Bordüre, ein schwerer Tisch, ein Stuhl und das Bett, alles aus Holz, das er in den verlassenen Häusern im Dorf gefunden hat.

Er hat uns dann ungefragt von seiner Heimat erzählt: Tadschikistan. Das ist irgendwo in Asien. Mehr weiß ich nicht von diesem Land, obwohl es früher zur Sowjetunion gehört hat. Lara bat dann, den Fernseher leiser zu stellen, in dem die ganze Zeit irgendwelche *sserialy* liefen, Serien über Liebe, die im russischen Fernsehen den ganzen Nachmittag über laufen. Den Strom für den Fernseher zapft er sich irgendwo ab – wo genau, habe ich nicht verstanden. Er spricht ein komisches Russisch, ganz hart und mit vielen Grammatikfehlern, und zwischendurch benutzt er immer wieder Worte aus seiner eigenen Sprache. Wie die heißt, weiß ich nicht. Für mich klingt sie wie Arabisch, mit einem heiseren Räuspern, tief aus der Kehle.

Was ich verstanden habe, ist, dass er Nazyr heißt und vor zwölf Jahren nach Gruschewka gekommen ist. Ein Mann aus seinem Heimatdorf hat ihm erzählt, im Südosten von Belarus gäbe es Arbeit und Wohnung, und da fuhr er erst mit dem Zug, dann mit verschiedenen Bussen, und ging dann ziemlich weit zu Fuß, bis er hier war mit seiner Tasche, in der alles drin war, was er noch besaß.

Ich dachte am Anfang, dass er vielleicht so ein Wanderarbeiter ist, wie sie in Moskau auf den Baustellen jobben – er hat so ein faltiges Gesicht und ist ganz klein und sehnig. Außerdem hat er diese Billigjeans getragen, die bei uns nur Leute tragen, die keine Bildung haben.

Aber er hat Ingenieurswissenschaften studiert und kommt aus einer hochstehenden Familie: der Bruder war ein berühmter Maler, der Vater Geschichtslehrer, sie hatten ein Auto und ein Haus und wollten eigentlich nie weg aus Tadschikistan. So eine unglaubliche Landschaft gab es bei uns, sagte Nazyr. Alles wuchs von alleine, ganz ohne Dünger!

Dann wurde die Sowjetunion abgewickelt, und es gab Krieg in Tadschikistan, das plötzlich auf eigenen Beinen stehen sollte. Aus Afghanistan kamen Krawallmacher über die Grenze und forderten Männer wie Nazyr auf, zu den Waffen zu greifen. Nazyr wollte das nicht. »Warum sollte ich gegen irgendjemand kämpfen? Ich hatte doch keine Feinde!«, hat er gesagt. »Ich wusste gar nicht, wer diese

Feinde waren, die wir vernichten sollten. Die einen haben gesagt: Nieder mit den Kommunisten! Die anderen meinten, die Demokraten seien schuld, dass es mit dem Land bergab ginge. Wieder andere haben vor Muslimen gewarnt.«

Eigentlich hat er noch viel mehr erzählt, eine lange, komplizierte Geschichte, die mit Religion und Politik zu tun hatte. Ich habe von Religion keine Ahnung, und Politik interessiert mich nicht. Von dem Krieg in Tadschikistan habe ich auch nichts gewusst. Im Fernsehen wurde darüber jedenfalls nicht berichtet. Dabei war das wohl ein sehr schlimmer Krieg. Hunderttausende Tadschiken flohen über die Grenze, die meisten nach Afghanistan, wo früher die Russen einmarschiert sind. Die Usbeken ließen die Tadschiken nicht ins Land, weil sie dachten, sie würden den Krieg mit ins Land bringen.

Die Tadschiken, die blieben, haben derweil ihr eigenes Land zerstört, Häuser, Fabriken und Straßen, alles zerlegten sie in Schutt und Asche, hat Nazyr erzählt. Auch das Haus, das er für sich und seine Familie gebaut hatte. Deswegen wohnten sie in einem Zeltlager, das die UNO an der afghanischen Grenze aufgebaut hatte. Nach einem Jahr hielt er es da nicht mehr aus, und als ihm dann dieser Bekannte von Belarus erzählte, fragte er einen UNO-Mitarbeiter, ob er da nicht hingehen könne, um Geld zu verdienen. »Ich wüsste nicht, was dagegen spricht«, sagte der und beschaffte ihm Geld für die Fahrt.

Als Nazyr in Gruschewka ankam, stand das Korn auf den Feldern, und in den Gärten leuchteten die Früchte an den Bäumen. Die Kolchose war in Betrieb, obwohl im Dorf kaum noch jemand wohnte. »Nehmen Sie sich einfach ein Haus, das Ihnen gefällt«, haben sie ihm gesagt. Er nahm das grüne Haus, weil das der Besitzer gerade erst renoviert hatte, bevor er wegging. Dem war das nicht geheuer mit der Radioaktivität hier, obwohl sie sagten, im Dorf wäre es nicht so schlimm.

Nazyr ist jedenfalls geblieben und gleich am nächsten Morgen mit den anderen Arbeitern zur Ernte aufs Feld gezogen. Aber nach einiger Zeit zahlte die Kolchose kein Geld mehr und Nazyr konnte seiner Familie nichts mehr über Western Union nach Tadschikistan schicken. Das Haus dort war doch immer noch nicht repariert, und Nazyrs Kinder sollten wieder regelmäßig zur Schule gehen.

Deswegen hat er angefangen, mit Nüssen und Trockenfrüchten zu handeln. Die bringt ihm irgendwer aus Tadschikistan mit, und er versucht dann, sie auf dem Markt zu verkaufen – in Narowlja, manchmal auch in Minsk. Aber das Fahrtgeld für den Bus kann er sich im Moment nicht leisten. Deswegen hab ich ihm versprochen, mit meiner Mutter zu reden. Sie könnte ein paar Kilo in Kommission nehmen und bei uns im Laden verkaufen. Getrocknete Aprikosen aus Tadschikistan – das ist was Besonderes!

Als wir unseren Tee ausgetrunken und die Schokolade gegessen hatten, fragte Lara Nazyr, ob er eine Aufenthaltsgenehmigung für Belarus habe. Sie fragt oft solche Sachen, weil sie Recht studiert hat. Nazyr ist doch ein Flüchtling, der sich hier bei den Behörden registrieren lassen muss, hat sie erklärt. »Natürlich habe ich Papiere!«, sagte Nazyr fast beleidigt, und zeigte uns seine Aufenthaltsgenehmigung. Als Wohnort war das Haus in Gruschewka eingetragen. Eine Adresse in einem ausgesiedelten Dorf!

Dass er dort einfach so wohnen kann, hängt wahrscheinlich damit zusammen, dass unser Präsident Lukaschenko die Zone wiederbesiedeln will. Neulich hat er im Fernsehen gesagt, es sei nicht gut, wenn Ackerboden so lange unbestellt bliebe. Er ist auf einer Kolchose aufgewachsen und liebt das Landleben. Immer, wenn er Zeit hat, fährt er auf seine Datscha und arbeitet da im Garten. Die Datscha ist gar nicht so weit weg von hier. Es gibt Leute, die behaupten, er will, dass die Leute Tschernobyl vergessen. Immer mehr Dörfer lässt er für sauber erklären, und die Renten und die Kuren für Leute, die Probleme haben mit ihrer Gesundheit, hat er gestrichen. Meine Mutter hat früher jedes Jahr ein paar Tage Sonderurlaub bekommen – auch das wurde vor ein paar Jahren abgeschafft! Ich glaube, das war kurz nach dem 20. Jahrestag von Tschernobyl. Aber aufgeregt hat sie sich nicht. »*Jisn kakaja*, was für ein Leben!«, hat sie gesagt.

Wer richtig wütend war, als er von den Präsidentenplänen hörte, war Denis' Oma. Ihr Dorf haben sie doch vor ein paar Jahren plattgemacht – und jetzt wollen sie auf einmal ein neues Dorf bauen, gleich nebenan. »Für was haben sie mir meine Heimat genommen?«, schimpfte sie. Lukaschenko würde sie nicht mehr wählen, selbst wenn man sie zwänge. Wir brauchen jemanden wie diesen Medwedew in Russland, hat sie gesagt. Der hat von den Sowjetmethoden nichts mehr mitgekriegt.

Ich glaube, sie würde noch mehr schimpfen, wenn ich ihr das von den Ausländern erzählen würde, die jetzt in Gruschewka wohnen – wo sie doch vorher die Belarussen aus den Nachbardörfern herausgetrieben haben, weil das Leben dort angeblich zu gefährlich war. Chiltschiki, Belyj Bereg, Antonowka, Bela Bereschskaja Rudnja – alle leer, unbelebt, wie man bei uns sagt. Wenn ich mir Laras Karte anschaue, dann liegt Gruschewka wie eine Insel in einem toten Meer.

Ja, wenn ich das von den Ausländern in Gruschewka erzählen würde … Nazyr ist nämlich nicht der Einzige, der da wohnt. Nach ihm sind noch ein paar Kasachen und Usbeken gekommen. Sogar Kinder haben die mitgebracht! Die gehen natürlich nicht in Gruschewka zur Schule, denn die Schule haben sie ein paar Jahre nach Tschernobyl geschlossen. Es gibt dort eigentlich gar nichts mehr, außer den Leuten und den Häusern, die sie für sich hergerichtet haben.

Mit den Usbeken aus Gruschewka ist Nazyr befreundet, obwohl er zu Hause von diesem Volk nicht so gut behandelt wurde. Die wollten ihn doch nicht in ihr Land lassen, als er aus seinem fliehen musste! Das spiele jetzt keine Rolle mehr, hat Nazyr gesagt. Im Krieg sind die Menschen anders als im Frieden.

Oh, Nazyr hat so schlaue Sachen gesagt, dass es mir peinlich war, selbst Fragen zu stellen. Ich hab einfach Lara reden lassen, über die Sowjetunion, den Islam und die UNO, über die er mit uns diskutieren wollte. Nur wenn Lara etwas nicht auf Russisch wusste, habe ich meinen Mund aufgemacht.

Es wurde Nachmittag, dann Abend; obwohl die Vorhänge zugezogen waren, merkte ich, dass es schon spät war, weil – mein Magen war so leer. Eigentlich bietet man Gästen etwas zu Essen an. Egal, wann sie kommen. Ohne Essen ist man kein guter Gastgeber. Aber Nazyr konnte nicht aufhören zu reden. Ich glaube, er hat sonst niemanden, der sich für seine Geschichte interessiert.

Als die Sonne untergegangen war, sagte ich: »Wir müssen jetzt fahren!« Ich dachte, dass ich den Schleichweg nach Narowlja im Dunkeln vielleicht nicht mehr finden würde. Außerdem könnte uns die Polizei dann viel besser auflauern, denn sie sehen schon von Weitem die Lichter von meinem Auto, weil die besonders hell sind. Mercedes-Lichter eben.

Ein bisschen Angst hatte ich auch, in der Nacht in der Zone zu sein. Da sieht man nicht, wo man seinen Fuß hinsetzt. Natürlich kann man die *radiazija* nicht sehen – nur hören, wenn man einen Geigerzähler dabei hat, wie Mascha, die sich in Deutschland extra einen ausgeliehen hatte. Bei uns kann man so etwas nicht ausleihen, auch nicht kaufen. Laras Apparat war überhaupt der Erste, den ich gesehen habe. Deswegen wusste ich am Anfang auch gar nicht, was ich damit machen sollte. Zum Beispiel, dass man ihn auf den Boden legt und eine Weile wartet. Die Anzeige muss sich nämlich erst einpendeln.

Auch Nazyr hatte keine Ahnung, wie so ein Geigerzähler funktioniert, ließ es sich dann aber genau erklären. Wir haben dann seinen Garten vermessen, und er lachte, als das Ding unter dem Birnbaum piepste. Bei jeder Messung fragte er Lara: »Ist das viel?« »Es geht«, sagte sie. Ich weiß nicht, ob das stimmt. Vielleicht wollte sie ihm einfach keine Sorgen machen.

Mir könnte Lara erzählen, was sie wollte. Ich weiß nicht, ob ein Wert hoch ist oder nicht. Ich kenne nicht einmal diese Einheit: »Millisievert pro Stunde«. Wahrscheinlich habe ich mich deswegen auch mehr erschrocken als Lara, wenn der Apparat piepste. Sie blieb ziemlich ruhig, obwohl sie vorher dauernd davon geredet hatte, wie sehr man heute noch aufpassen müsse mit der Strahlung und wie schädlich das auf lange Sicht sei.

Deswegen sagte ich dann einfach: »Lara, wir müssen jetzt wirklich gehen! Meine Mutter wartet mit dem Abendessen.« Nazyr hat sich geschämt, weil er dachte, dass wir dachten, dass er ein schlechter Gastgeber sei – und er wollte uns unbedingt das Gegenteil beweisen. »Bitte verzeiht!«, sagte er immer wieder. »Wenn ich gewusst hätte, dass ihr kommt, hätte ich mir Lebensmittel aus der Stadt mitbringen lassen!«

Lara hat versucht, ihn zu beruhigen. »Nazyr, wir sind eigentlich nur zum Reden gekommen!« Aber es nützte nichts. Er lief durch seine Küche wie so eine Maus, die man aufziehen kann. Irgendwann holte er sein Handy aus dem Schlafzimmer und rief jemanden an. Wir haben uns gewundert, dass er hier Empfang hat. Der Mast von Beltelekom steht in Narowlja, und bis dahin sind es mindestens zwölf Kilometer. Vielleicht hat Nazyr aber auch irgendwas gebastelt, damit es funktioniert – so wie mit der Fernsehantenne auf seinem Dach. Die hat er sich aus Altmetall zusammengeschweißt und dann so ausgerichtet, dass man mindestens sechs Programme empfangen kann.

Jedenfalls telefonierte er bestimmt fünf Minuten mit einem Freund. Verstanden habe ich nichts, er redete ja in seiner Sprache, nur das russische Wort, das er zwischendurch einschob: *baran*. *Das* heißt »Hammel«, und hinterher stellte sich heraus, dass Nazyr dem Freund einen abkaufen wollte, um für uns *schaschlyki* aus dem Fleisch zu machen. Aber der Freund hatte nur noch ein Schaf, und das war schwanger. Sie haben sich dann geeinigt, das morgen Abend zu schlachten.

Tschort, habe ich gedacht, Scheiße! *Schaschlyki* bedeutet, dass man auch viel trinken muss. Und das heißt, dass wir morgen wohl in der Zone übernachten müssen.

»Könnt ihr morgen um fünf hier sein?« Nazyrs Stimme klang ganz stolz.

»*Bjes woprossa*«, hat Lara geantwortet. Hey, das ist ein Zitat aus einem Film, den jeder Russe auswendig kennt: *Ironie des Schicksals*. Ein Klassiker, in dem viel getrunken wird. Aber das eine Deutsche den kennt! Jedenfalls bedeutet das Zitat »ohne Frage«, oder einfach: »Klar!«

Am nächsten Tag haben wir erst einmal in Narowlja eingekauft, weil man bei einer Einladung nicht mit leeren Händen kommen darf: Gemüse, Kartoffeln, Brot, Cola, Wodka. Aber wir hatten auch Angst, dass sie uns sonst Tomaten und Gurken aus ihrem Garten servieren. Die Produkte in den staatlichen Geschäften werden doch immerhin gemessen! Deswegen hat meine Mutter mir auch eingeschärft, kein

Gemüse von irgendwelchen Babuschkas zu kaufen, die an der Straße stehen.

Als wir in Gruschewka ankamen, wartete Nazyr schon vor dem Haus auf uns, damit wir sofort zu seinem Freund weiterfahren konnten. In seinem Haus hatte er keine scharfen Messer und kaum Geschirr. Der Freund heißt Anatoli und ist auch ein Flüchtling aus Tadschikistan. Aber Nazyr hat ihn erst in Belarus kennen gelernt, hier in der Zone.

Anatoli hat drei Kinder, die er alleine durchbringen muss. Was mit seiner Frau passiert ist? Ich weiß nicht. Nur, dass er jetzt eine Freundin hat, eine Einheimische, die auf die drei aufpasst, wenn Anatoli unterwegs ist. Er ist nämlich so etwas wie ein Wanderarbeiter, der immer gerade da anpackt, wo ein Maurer gebraucht wird. »Auf Montage«, nennt Lara das. Doch viel zu montieren gibt es hier wahrscheinlich nicht – die Kolchosen machen alles selbst, die sind dazu verpflichtet, die Gebäude in Stand zu halten!

Anatoli sieht jünger aus als Nazyr, und er ist viel lustiger. Dauernd hat er mit mir geflirtet, und wenn Lara etwas erzählte mit ihrem komischen Akzent, machte er einen Witz darüber – besonders, als sie meinte, wir sollten die Wiese messen, auf der das Schaf geweidet hat. Und am besten auch noch das Schaf selbst. »Huuuh, ich würde vorschlagen, lieber hinterher eure Mägen zu messen!« Anatoli lachte.

Das Schaf stand gar nicht auf einer Wiese, sondern in der hintersten Ecke vom Stall, und es hatte Angst. Nazyr ist rein und hat ihm ganz schnell einen Strick um die Hinterbeine gebunden. Das Schaf kippte um wie ein Baum, und Anatoli krempelte die Ärmel von seinem weißen Hemd hoch. Besuch aus dem Westen, hat er gesagt, da muss man sich fein anziehen! Dann beugte er sich über das Schaf und schnitt ihm ganz langsam mit dem Messer die Kehle auf. Das Blut lief raus, eine dicke, träge Brühe. Lara murmelte: »Eine muslimische Schächtung in der Zone, unglaublich!« »Wieso muslimisch?«, fragte ich. »So wird das bei uns immer gemacht!«

Nach drei, vier Minuten war das Schaf eigentlich tot, aber der Körper zuckte weiter, selbst als sie ihm die Haut abgezogen hatten. Sogar die Fleischstücke in der Schüssel bewegten sich noch.

Lara fotografierte die ganze Zeit, ganz cool, sogar als ein Hund den blutigen Schafskopf packte und damit rumspielte. Normalerweise sind die Deutschen empfindlich, wenn es um Tiere geht. Tieren darf man nicht wehtun in Deutschland. Wie das Fleisch gemacht wird, das man im Supermarkt kauft, will keiner sehen.

Anatoli hat sicher schon viele Tiere geschlachtet – so, wie der das Schaf zerlegt hat! In 20 Minuten waren die *Schaschlyk*-Spieße fertig, mit Marinade. Jeder von uns bekam so einen Metallstab, auf dem sicher ein Pfund Fleisch aufgespießt war. Den legten wir auf einen Rost, der auf einer Eisenwanne mit Holzkohle befestigt war. Währenddessen machte die Frau eines anderen Freundes von Nazyr einen Salat aus den Tomaten, die wir mitgebracht hatten. Die Frau wohnte früher in Kasachstan, aber da war ihr der Winter zu lang, sie war immer depressiv, und deswegen ist sie nach Belarus gekommen. Sie deckte für uns den Tisch, ein paar Teller, ein paar Gläser und ganz viel Essen, hinter dem Haus, wo man in die Sterne sehen konnte.

Dann waren die *schaschlyki* fertig, wir haben das Fleisch mit den Zähnen vom Spieß abgezogen und gegessen. Lara hat ihr Glas hochgehoben und einen Toast auf die Gastgeber gemacht, auf Russisch. Sie redete die ganze Zeit Russisch, eigentlich hätte ich gar nicht zum Übersetzen mitkommen müssen. Na ja, aber ohne mich hätte sie Nazyr und Anatoli gar nicht erst gefunden. Die beiden haben übrigens mit Cola angestoßen, wegen ihrer Religion. Das war gut, weil ich dann auch nichts trinken musste – ganz anders, als wenn ich mit Denis ausgehe. Der schenkt mir Wodka ein, bis mir schwindelig wird.

Die Einzige, die an dem Abend getrunken hat, war Lara, und die fing dadurch an zu singen. *Imet ili ne imet,* »Haben oder nicht haben«, ein Scherzlied, das jeder kennt, und *Ja sprosil u jasenja,* »Ich fragte die Esche«, eine traurige Romanze aus dem Film, aus dem sie schon das Zitat mit der Frage kannte: *Ironie des Schicksals.* Anatoli tat so, als hätte er eine Gitarre umhängen, und Nazyr blies beim Rauchen Kringel aus seinem Mund.

Eigentlich war es ein schöner Abend in der Zone, mit den Sternen und dem Feuer. Nur ein bisschen kalt. »Hier kann man ganz ungestört leben«, sagte Nazyr. »Zu Hause hätte ich nicht gedacht, dass es so einen Ort noch gibt.«

Am nächsten Tag war mein Hals angeschwollen, und Lara hatte Kopfschmerzen. Meine Mutter hat uns sofort geraten, zu Jewgenij zu fahren. Das ist ein Heiler, der meiner kleinen Cousine half, als sie nicht mehr einschlafen konnte. Meine Tante sagt, dass er auch die Leute aus der Zone behandelt. Die können sich doch keinen Arzt leisten, und Jewgenij nimmt nur das von ihnen, was sie geben können.

Als wir in sein Haus kamen, legte er gerade einem kleinen Jungen die Hände auf den Kopf. Der Junge war ganz blass; seine Mutter saß im Hintergrund mit Tränen in den Augen.

Jewgenij war früher der Chef einer Kolchose, aber die gibt es nicht mehr, wegen Tschernobyl. Jetzt wohnt er in einem dieser neuen Dörfer, die die Regierung für die Umsiedler gebaut hat. Jewgenij ist groß und kräftig wie ein Bär. Wenn er deinen Rücken massiert, fühlt sich das an, als würde er dir die Knochen brechen.

Als die Mutter mit dem Jungen weg war, habe ich ihm von meinem Hals erzählt, er hat ihn abgetastet und gesagt, dass meine Schilddrüse nicht richtig arbeitet. Da habe ich einen Schreck gekriegt. Schilddrüse hat mit Tschernobyl zu tun, und wenn eine Krankheit mit Tschernobyl zu tun hat, dann kriegt man sie nicht so einfach wieder weg.

Jewgenij hat mir auch die Hände auf den Kopf gelegt und das Wasser gesegnet, das wir unterwegs an einer heiligen Quelle abgefüllt haben. Er ist ein sehr gläubiger Mann. Von dem Wasser soll ich jetzt jeden Morgen einen Schluck trinken. Dann hat er mir noch geraten, dass ich mich von einem Arzt untersuchen lassen soll, oder am besten gleich in einer Klinik, wo sie moderne Maschinen haben.

Lara wollte sich nicht von ihm behandeln lassen. Sie hat ihn nur ausgefragt: wo er aufgewachsen ist, was er früher gearbeitet hat, wie er Heiler geworden ist.

Jewgenij kommt aus Dworischtsche, einem Dorf, das sie abgerissen haben. Er hat ein künstliches Herz und seine Frau so schlechtes Blut, dass sie ständig im Krankenhaus liegen muss. Als sie sich im Korridor die Schuhe anzog, schaute er zu ihr rüber und sagte ganz leise: »Ach, wie war ich stark und leidenschaftlich damals! Wenn Tschernobyl nicht gewesen wäre, dann würde ich heute noch jeder Babuschka hinterherlaufen.« Danach starrte er minutenlang an die Decke. Ich glaube, er war mit dem Kopf in Dworischtsche.

Irgendwann stand er auf und humpelte auf seine Frau zu, die im Eingang wartete und schimpfte: »Dass jetzt Fremde in die Zone ziehen, ist kein Zufall. Das ist Politik! Der Präsident hat doch verkündet, dass es an der Zeit sei, das Land wieder nutzbar zu machen.«

Wie *er* das findet, hat Lara Jewgenij gefragt, das mit dem neuen Leben in der Zone? Er gab keine Antwort, jedenfalls nicht so direkt: »Wofür haben wir dieses Leid getragen? Die Sowjetunion ist tot, unsere Dörfer begraben. Und jetzt soll auch noch unsere Geschichte ausgelöscht werden.«

Spiel nicht mit den Schmuddelkindern

Mai 2008, Südost-Belarus, und 1983–1987, Münsterland, BRD

»Ich wollte mal wissen, ob du noch lebst?«, fragt der Anrufer. »Hast du noch alle Haare? Zähne? Und deine Haut – hat die sich schon aufgelöst?«

Beinahe jeden Abend höre ich sie durch den Telefonhörer, diese Stimmen aus Deutschland, die sich scheinbar ironisch nach meinem Gesundheitszustand erkundigen. Die Scherze machen über mutierte Zellen, Verwachsungen, über Krebs und Panikattacken – nur um nicht zu zeigen, wie beunruhigt sie sind, für wie unheimlich sie dieses Land, diese Strahlung, diese ganze Reise halten. Wie sehr der Gedanke daran sie an ihre eigene Tschernobyl-Angst erinnert. Wie präsent diese Angst noch in Deutschland ist – präsenter als in diesem Dorf am Rand der Sperrzone, wo ich unter einem dicken Federbett liege, im ehemaligen Kinderzimmer von Maschas Mutter, in einem grünen Holzhaus mit Blick auf die Obstbäume, die in voller Blüte stehen. Im Haus von Maschas Großeltern, die jung verstorben sind, und in das vor Kurzem Maschas Bruder mit seiner zweiten Frau gezogen ist.

Ein Haus, das weder Heizung noch fließendes Wasser hat. Wer sich waschen will, stellt sich mit nacktem Oberkörper an die Pumpe, die zwischen den Kohlbeeten aufragt. Zum Baden wird das Wasser

—95—

mit Eimern in die Küche gehievt, auf dem Herd erhitzt und in einen Metallzuber gefüllt. Dreißig Meter hinter dem Haus steht ein Büdchen mit windschiefer Tür und einem Brett, das über einem stinkenden Loch befestigt ist. Das ist die Toilette.

Rückkehrerinnen im ausgesiedelten Dorf Ilinitsy, 30-Kilometer-Sperrzone, Ukraine

Vor dem Eingang wachsen Gurken, Tomaten, Kohlköpfe, hinter der sandigen Zufahrtsstraße, über die zwei alte Frauen mit baumelnden Milchkannen radeln, beginnt der Wald. Die Sonne hat die letzten Tautropfen aus dem Gras verdunsten lassen. Es ist still, eine dösende, träumerische Stille, die sich wie ein Schleier über das Dorf gelegt hat.

Eine Kulisse wie aus einem dieser Russland-Filme, die zur Zeit im deutschen Fernsehen populär sind; aus einer dieser pathetischen Dokus, in denen alte Männer mit Märchenerzählerbariton von der »russischen Seele« fabulieren, während im Hintergrund ein Akkordeon *Kalinka* oder *Katjuscha* näselt. Eine Kulisse, in der ich die letzte Woche verbracht habe und Mascha ihr ganzes Leben.

Im Zimmer ihres Bruders, der meinetwegen zu Verwandten ausquartiert wurde, döse ich vor mich hin. Im Halbschlaf ziehen sie an mir vorüber, die Bilder aus der Zone: der wütende Tschetschene, die Frau mit dem aufgeschwollenen Leib, die Bürgerkriegsflüchtlinge, die für uns ihr einziges Schaf geschlachtet haben.

Doch so sehr diese Bilder mich auch ergreifen, ich kann sie nicht mit Tschernobyl in Verbindung bringen, mit dem GAU, der für mich vor allem mit einem bestimmten Gefühl verbunden war.

Mit einem Gefühl, das ich in der Zone kaum gespürt habe, weil es dort niemanden gab, der es geteilt hätte. Weil alle, denen wir in der Zone begegnet sind, gleichmütig waren. Weil alle, die uns in ihre Häuser eingeladen haben, so beschäftigt mit dem Überleben waren, dass sie keine Kapazität mehr frei hatten für dieses in Deutschland so vertraute, so populäre Gefühl, dass es ständig in den Zeitungen thematisiert wird, in Popsongs, in Filmen: der alte Affe Angst.

Auch die Leute in Maschas Dorf, in dem ich nun unter der Wasserpumpe stehe und mir das kalte Wasser über den Kopf rinnen lasse, sind mit dem Überleben beschäftigt. Der Kampf ums Überleben – vielleicht ist das der Grund, warum Mascha sich bisher nicht für Tschernobyl interessiert hat. Ein Alltag, der so aufreibend ist wie der im Südosten von Belarus – in einem von Armut, Krankheit und Hoffnungslosigkeit gezeichneten Landstrich –, lässt keinen Raum für die Vergangenheit.

Die Vergangenheit: Das war eine Akte, die in einem staubigen Archiv vor sich hin moderte und demjenigen, dem sie gehörte, wieder in die Hände fiel, wenn er am wenigstens damit rechnete.

»Es hat Wichtigeres gegeben nach dem Krieg«, hatte auch in Deutschland der Bruder meiner Großmutter erklärt, als ich ihn nach seinen Jahren in einem sibirischen Lager fragte. »Wir mussten das

Kind groß kriegen«, sagte meine Großmutter, und: »So etwas hatten doch Tausende erlebt«, sagte schließlich mein Vater, der als kleiner Junge 1945 von Westpreußen an die Ruhr geflüchtet war. »Was sollte man darüber erzählen?«

Ich habe dieses scheinbare Desinteresse zuerst für Ignoranz, später für Scham gehalten. Die Scham eines Tätervolkes.

In der Schule hatte man uns eingeimpft, dass man niemals vergessen dürfe. Es gebe eine moralische Verpflichtung, die Erinnerung wachzuhalten. *You're a part of it / get to the heart of it*, heißt es in dem Tschernobyl-Lied, das ich Mascha vorspielen wollte. Wir wollten so viel wie möglich über die Katastrophe wissen, in dem Glauben, so verhindern zu können, dass sie sich wiederholt. Es war, wie Ulrich Beck es in *Gegengifte – Die organisierte Unverantwortlichkeit*, seinem viel zitierten Essay über die Industriegesellschaft formulierte, die »Angst einer Generation, dass aus ihren Handlungen oder Unterlassungen in anderen Formen und auf anderen Wegen wieder ein Wahn Normalität wird«.

Und so vermuteten wir hinter allem einen Wahn: Hinter dem Wettrüsten, der Atompolitik der CDU, der Kalten-Kriegs-Rhetorik von Franz Josef Strauß. Die Welt wurde für uns zu einem riesigen Bedrohungsszenario, über das wir besorgt diskutierten, das uns ansonsten aber wie paralysiert in den durchgesessenen Sofas des Raucherraums in unserer Schule zurückließ – die einen mit Leinenhemden und Hornbrillen, die anderen mit verschlissenen Chucks und einem Päckchen Drum-Tabak, das aus der Brusttasche der Cordjacke ragte.

Wir lasen Endzeit-Gedichte, Jakob van Hoddis' *Weltende* und Ingeborg Bachmanns *Gestundete Zeit*, und ließen abends im elterlichen Wohnzimmer die *Tagesschau* mit dem Gefühl an uns vorüberziehen, dass all das sowieso nicht mehr lange Bestand haben würde, diese ganze irre Welt, weil dort draußen alte Männer ruchlos mit Dingen hantierten, mit denen man ganze Völker ausrotten konnte. Bei meiner ersten Redaktionssitzung der Schülerzeitung stellte ein Mitschüler trocken fest: »Es sieht so aus, als ob wir nicht alt werden, und es scheint, als ob wir nichts dagegen ausrichten können.« »Aber gegen diesen atomaren Irrsinn muss man doch was unternehmen können?«, sagte ich. »Was denn? Willst du dich etwa mit diesen ganzen Kirchen-fritzen in die Lichterkette vor der Lambertikirche einreihen?«

Nein, wir wollten nicht demonstrieren. Die Demonstrationen, in die wir zufällig hineingerieten, erschienen uns so gestrig in ihrer Aus-drucksweise, so unkonkret in ihren Zielen, dass wir uns lieber auf einem Punk-Konzert die Wut aus dem Leib brüllten. Wir wollten auch an keiner Sitzblockade mehr teilnehmen, bei der wir, eingeklemmt zwischen Müttern mit selbst gebatikten Unterhemden und rotem Achselhaar, stundenlang die gleichen Mantras herunterbeten muss-ten: »Kei-ne Ra-ke-ten auf deut-schem Bo-den!« oder »Pet-ting statt Per-shing!« Das konnten diese Männer mit den Birkenstocks machen, die im Wendland in den Wäldern campierten oder sich hühnerbrüstig und halbnackt an die AKW-Tore ketten ließen.

Nein, das hieß nicht, dass wir BWL studieren und im Golf GTI dem Elend davonbrausen wollten – so wie wir es den Typen ein paar Jahrgänge unter uns unterstellten, die mit Lacoste-Hemd und Tennis-schläger unter dem Arm durch die Gegend stolzierten. Wir wollten uns auch nicht aus der Gesellschaft ausklinken wie die Punks, die sich kurz vor dem Abi mit ihren »No future«-Lederjacken und ein paar gestohlenen Bassgitarren nach Berlin abgesetzt hatten.

Wir waren dieser seltsame Zwischenjahrgang, der mental zwischen 1968 und dem »Man gönnt sich ja sonst nichts«-Konsumismus der Achtzigerjahre eingeklemmt schien, die Normalos, die nirgendwo so recht einzuordnen waren.

Sicher, wir fühlten uns schon irgendwie links; nicht zuletzt weil wir für Willy Brandts Ostpolitik waren und gegen Nazis, Pershings und Atomkraft. Aber wir hatten eine Distanz aufgebaut zu der Welt da draußen, die uns so wahnsinnig, so absurd und unwirklich erschien, dass man sich nur lächerlich machen konnte, wenn man versuchte, sie umzukrempeln.

Und dann passierte etwas, das dieses ganze banale, beschauliche Gefüge ins Wanken brachte: Am 28. April 1986 meldete die *Tagesschau*, dass es in einem sowjetischen Kraftwerk zu einem schweren Störfall gekommen sei. Einen Tag später fiel das Wort »GAU« – »größter anzunehmender Unfall«.

Ich hatte es mir gerade mit einem Studenten und einer Tüte Erdnussflips auf dem Sofa gemütlich gemacht, hörte, was die *Tagesschau*-Sprecherin sagte, aber der Sinn ihrer Worte wollte nicht bis in mein Gehirn vordringen. »Was heißt das: Die haben den Brand immer noch nicht unter Kontrolle?«, fragte ich den Studenten, der mit seinen Gedanken offensichtlich ganz woanders war. »Was fragst du mich?«, nuschelte er und machte Anstalten, mich zu küssen. Ich sprang vom Sofa auf. Über den Bildschirm flimmerten die Bilder des Reaktors. Langsam dämmerte mir, dass etwas Schlimmes passiert war. »Hast du gehört? Das Ding hat die halbe Welt verstrahlt!« Er blieb westfälisch gelassen. »Jau, dann hatten diese Müslis wohl doch recht mit ihrem Gerede!«

Ich habe ihn nicht mehr auf mein Sofa gelassen. Es war, als habe der GAU den Nebel in meinem Kopf vertrieben; als wolle er mich zwingen, der Welt da draußen endlich selbstbewusst gegenüberzutreten. Am Kiosk neben der Schule kaufte ich mir die erste *taz* meines Lebens – die einzige Zeitung, die angesichts der Katastrophe weder in Panikgeschrei noch in Beschwichtigungslitaneien zu verfallen schien. Noch im Gehen las ich: »Mehrere hundertfache Strahlenintensität der Hiroshima-Bombe.« »Menschen in der Nähe des Kraftwerks müssen mit Strahlenkrankheiten, viele von ihnen mit ihrem baldigen Tod rechnen.« »Zehntausende evakuiert.« »Verseuchtes Wasser gelangt über die Flüsse Pripjat und Dnjepr nach Kiew und in die Industriezentren.« Und: »Grüne fordern, AKWs in BRD abschalten, CDU fordert: AKWs in UdSSR abschalten.«

Der Ton, in dem die Texte gehalten waren, machte mich seltsam wach. Direktheit und Ernsthaftigkeit, gepaart mit Ironie und Verspieltheit – das entsprach exakt der Gefühlslage meines seltsamen Zwischengenerationsdaseins. Zum ersten Mal fühlte ich mich zugehörig, durch etwas, von dem ich nicht geahnt hätte, dass es einem ein Zugehörigkeitsgefühl vermitteln konnte: eine Geisteshaltung.

Seit kurzer Zeit schrieb ich für eine Lokalzeitung, über die Treffen der Kolpingjugend, die Spendenaktionen der Landfrauen, die neuen

Erdbeerfelder zum Selberpflücken. Das Leben auf den Dörfern, die zu meinem Einsatzgebiet gehörten, bewegte sich zwischen zwei Koordinaten: Landwirtschaft und katholischer Kirche. Die Höfe waren seit Generationen im Familienbesitz, wurden vom Vater an den ältesten Sohn vererbt, nie geteilt, nie verändert, nie dem Zeitgeist angepasst mit Zierputz, Plastikdächern oder schmiedeeisernen Grundstückszäunen wie in anderen Gegenden. Eine wohlhabende, eine traditionsbewusste Gegend. Ein Hort der bürgerlichen Selbstvergessenheit. Ein *Home Run* für die CDU.

Doch die CDU hielt sich in den ersten Wochen nach Tschernobyl vornehm zurück. Im Münsterland bestehe keine Gefahr, weder für Mensch noch Tier, ließ sie in den Ortsvereinen verlauten. Vielleicht lasse man die Kühe in den ersten Tagen besser im Stall, und das Freilandgemüse … das könne man ja zur Sicherheit unterpflügen. Aber eine offizielle Empfehlung gebe es nicht. Das Land werde keine Entschädigungszahlungen leisten, schließlich bewegten sich die Messwerte noch im Rahmen.

»In welchem Rahmen?«, fragte der Bauer süffisant, den ich anlässlich seiner Goldenen Hochzeit für die Zeitung porträtieren sollte. »Junge Frau, ich würde mal sagen: die Herrschaften haben keinen Plan! Jeder erzählt etwas anderes, einen Tag heißt es hü, den anderen hott. Keiner will Verantwortung übernehmen!«

Dann ließ er seinen Sohn bei den Grünen anrufen, die ein Tschernobyl-Infotelefon eingerichtet hatten. Bei den Grünen, die er auf der letzten Landwirtschaftsmesse noch als Naivlinge und Schmuddelkinder beschimpft hatte, weil sie ihm weismachen wollten, dass Schweinehaltung auf Spaltenboden Tierquälerei sei – und die Qualität des Fleisches verschlechtere.

»Schmuddelkinder« – das Wort kannte ich bisher nur aus dem Gemeinschaftskundeunterricht, wo uns der Lehrer dieses peinliche Lied von Franz Josef Degenhardt vorgespielt hatte: *Spiel nicht mit den Schmuddelkindern / sing nicht ihre Lieder.* Und nun holte sich der Bauer bei diesen Schmuddelkindern Rat – den er auch noch befolgte: Die Kühe blieben den ganzen Sommer über im Stall!

Auch seine Nachbarn verloren nach und nach ihre Berührungs-ängste. Einer von ihnen besorgte sich eine Liste mit Messwerten von einer Umweltinitiative, ein anderer fuhr mit seinem Traktor in Green-peace-Manier bei der Bezirksregierung vor, um dort das Gemüse ab-zukippen, das angeblich unbelastet war.

Und beim Frühschoppen nach der Sonntagsmesse entspann sich eine ungewöhnlich erregte Diskussion, bei der es weniger um den GAU ging – der war ein Machwerk der Sowjets, und dass die gewis-senlose Gesellen waren, stand sowieso fest –, sondern um das Ver-halten der eigenen Politiker, der Parteien und Organisationen, denen man jahrzehntelang vertraut hatte. Die sich dem Schutz von Scholle und Schöpfung verschrieben hatten und nun, wo es um ebendiesen ging, herumdrucksten. »Wo sind sie denn mit ihrer starken Hand, wenn es drauf ankommt, die Herren?«, polterten die Landwirte. »Die Einzigen, die einem vernünftige Auskünfte geben, sind diese Grünen! Das muss man sich mal vorstellen!«

Ich nestelte nervös an meinem Aufnahmegerät, weil ich das Gefühl hatte, einem historischen Ereignis beizuwohnen.

Als ich kurz darauf in einem *taz*-Kommentar las: »Desinforma-tion, Ablenkung und Irreführung in Ost und West: Die Reaktion auf die Atom-Katastrophe verhindert die offene Diskussion der Kon-sequenzen. Sich dieser Art von Desinformationspolitik nicht weiter zu unterwerfen, wird die Aufgabe der Zeit nach der Bewältigung der Katastrophe von Tschernobyl sein«, schossen mir pathetische Sätze durch den Kopf wie: Wir sind die Davide, die es den Goliaths zeigen werden.

Wir. Als ob ich plötzlich das Dagegensein, den Protest entdeckt hätte. Als ob er sich von seinem kraftlosen Müsli-Image befreit und eine neue Rolle übernommen hätte: der eines Motors, der mich aus der Distanz hinaus in die Welt beförderte.

Tschernobyl: ein medial vermitteltes Ereignis, das sich Tausende von Kilometern entfernt abgespielt hatte, befreite mich von meiner Leidenschaftslosigkeit.

Das Tschernobyl, das mich über 20 Jahre später nach Belarus geführt hat, in das Land, dessen Name für mich so eng mit der Katastrophe verbunden war. Ich wollte deren Puls spüren – so, wie ich als ein von Angstlust getriebener Reporter zuvor den Puls von Grosny, von Pristina, von Pjöngjang gespürt hatte. Doch je länger ich mich in Belarus aufhielt, desto schwächer spürte ich diesen Puls. Desto weiter entfernte ich mich von Tschernobyl. Von meinem deutschen Tschernobyl-Gefühl.

Jewgenij, der Heiler, hatte recht. Es war nicht nur sein Dorf, das ausgelöscht wurde. Auch seine Geschichte würde in Vergessenheit geraten, weil niemand hier die Kraft hatte, sich zu erinnern. Weil niemand den Mut besaß, die Erinnerung zu bewahren.

Sawtra budjet lutsche. Das war das große Versprechen der Sowjetunion: »Morgen wird es besser.« So beteten es die *Prawda* und das Moskauer Politbüro vor, so versprach es später Alexander Lukaschenko, der belarussische Präsident, nachdem er 1994 die Macht übernommen hatte. »Morgen wird es besser« – deshalb müssen wir heute die Zähne zusammenbeißen. Nur dass für alle, die die Zähne zusammenbissen, nichts besser wurde. Und sie den Glauben an die Zukunft verloren. Am Ende wurden sie von einer Gefühllosigkeit ergriffen, die alles umsonst erscheinen ließ: das Leiden und die Hoffnung, dass dieses Leiden belohnt, in irgendeiner Form aufgewogen werde, das Verdrängen der Lüge, den Blick nach vorne und das Verzeihen. Jegliche Initiative erlahmte, ganze Dörfer und Städte fielen in eine depressive Starre, aus der sie sich kaum aus eigener Kraft befreien konnten.

Der Pumpenschlegel schwingt durch die Luft. Ich fühle, wie mir das Wasser in den Nacken rinnt, über den Rücken, bis hinab zu den Fußsohlen. Es ist so kalt, dass mir ein Schauer über die Haut läuft. Plötzlich steht Mascha neben mir im Garten, mit frisch blondierten Haaren und grünem Lidschatten, und fragt mit einem Blick auf meine Gänsehaut: »Sehnsucht nach Zuhause?«

»Na, vielleicht nach meinem Badezimmer. Aber ich habe gerade darüber nachgedacht, wie Tschernobyl bei uns so war.«

»Ich denke, bei den Deutschen ist immer sofort Panik!«

»Und ihr seid anders?«

»Als meine Lehrerin damals das erste Mal mit einer Klasse in Deutschland war, hat sie hinterher zu uns gesagt: Wir leben in einem Land, wo man unvergleichlich größeren Gefahren unvergleichlich gelassener begegnet. Ich finde auch: Wieso sollte man sich auch aufregen? Man kann ja selbst sowieso nichts ändern.«

»Und wie haben deine Eltern reagiert?«

»Ich kann mich nicht erinnern.«

»Hast du nie gefragt?«

»Meine Mutter hat einmal von selbst erzählt, dass sie in ein Dorf zum Helfen geschickt wurde.«

»Und dein Vater?«

»Du meinst, weil er so viel getrunken hat? Weiß nicht, habe ihn seit zehn Jahren nicht mehr gesehen.«

»Aber du weißt, wo er wohnt?«

»Seit Kurzem«, sagt sie. »Seit Kurzem habe ich eine zweite Familie.«

Eine Tochter aus der ersten Ehe ihres Vaters hat ihren Nachnamen auf *Adnoklassniki*, entdeckt, einer Art russischem *StudiVZ*. Pastuschok – das ist ein Name, der nicht so häufig vorkommt in Belarus. Beim Chatten haben sie dann herausgefunden, dass sie Halbgeschwister sind. Kurz darauf hat die Halbschwester sie zur Beerdigung ihrer Mutter, der ersten Frau von Maschas Vater, eingeladen. Auf dem Friedhof haben sie beide zum ersten Mal ihren Vater wiedergesehen und vereinbart, sich bald bei ihm zu Hause zu treffen.

Ich bin neugierig, Maschas Vater kennen zu lernen, und frage, ob wir ihn nicht einmal spontan besuchen könnten.

»Ich weiß nicht«, sagt sie. »Er wohnt mit einer Frau zusammen.«

»Du meinst: unverheiratet?«

»Ja, die ganze Verwandtschaft hat sich aufgeregt. Aber er hat gesagt, dass seine Freundin es nicht anders wollte. Sie ist älter als er und sieht wohl nicht mehr so gut aus. Aber sie ist Tierärztin, und sie hatte viel mit Tschernobyl zu tun. Sogar auf der Beerdigung hat sie davon erzählt.«

Ich hake nach: »Also, wann fahren wir?«

Mascha zückt ihre beiden Handys, blättert im Adressbuch des einen, wählt mit dem anderen die Nummer. Am anderen Ende ist eine energische Stimme zu vernehmen. »Mascha? Du willst mit dieser Deutschen kommen? Also gut, aber dann nur übermorgen um sechs, zum Abendessen!«

»Ich muss Lara erst fragen«, entgegnet Mascha.

»Übermorgen, hörst du! Ich habe sonst keine Zeit.«

»Aber du musst nicht extra für uns kochen!«

Mascha hatte meinen besorgten Ausdruck gesehen. Ich war bereits von der belarussischen Gastfreundschaft traumatisiert, von 5000-Kalorien-Portionen, XXL-Schnitzeln, Mayonnaise-Salaten und *pelmeny* mit *ssalo*, weißem Speck – Gerichte, die nur mit sehr viel Wodka zu verkraften sind. Und den konnte ich ebenfalls nicht mehr sehen.

»Das geht nicht, dass ihr einfach nur so kommt!«, raunzt die Tierärztin ins Telefon. Mascha versucht zu beschwichtigen: »Wir wollen dir nur nicht so viel Arbeit machen!«

Nach ihrem Vater fragt sie nicht. »Er hat unser Leben zerstört«, sagt sie zu mir. »Warum sollte ich mich am Telefon erkundigen, wie es ihm geht?«

Trotzdem sei sie froh, wieder Kontakt mit ihm zu haben, schließlich sei er ihr Vater. Und anscheinend habe er sich geändert, sonst würde es so eine Frau nicht mit ihm aushalten. Ich habe das Gefühl, sie hat nicht nur meinetwegen eingewilligt, zu ihm zu fahren. Sie will ihm zeigen, wie gut sie Deutsch spricht. Was sie für Kontakte hat. Dass sie für eine Ausländerin arbeitet, die sogar noch bei ihr wohnt.

Zwei Tage später rauschen wir durch endlose Wälder nach Narowlja, in die Kleinstadt, in der wir vor unserer Fahrt in die Sperrzone eingekauft hatten. Seltsam – hier lebt ihr Vater, und sie hat es damals nicht mit einem einzigen Wort erwähnt!

Wir kreuzen das Zentrum, fahren vorbei an Werkshallen und Einkaufsmärkten, bis wir eine Reihe niedriger Holzhäuser sehen, die sich am Stadtrand in die Wiesen ducken. Vor einem grünen Zaun hält Mascha an. Hinter dem Zaun bellt ein Hund.

Tauwetter in den Pripjat-Niederungen, Kreis Mosyr, Belarus

»Hier gibt es keine Hausnummern, aber der Beschreibung nach müssten wir richtig sein.« Das Holzhaus ist frisch gestrichen, in Pastellgelb. An der Treppe wartet eine Frau, schätzungsweise Mitte fünfzig. Sie trägt einen Wollpullover, Clogs und kurze, hennarote Haare. »Willkommen, ihr *Nemzy*, ihr Deutschen!«, ruft sie und schiebt uns in die Küche, in der es bedenklich brutzelt.

Aus dem Wohnzimmer steuert eine riesige Gestalt mit raspelkurzen grauen Haaren auf uns zu; ein Bulle von Mann, dessen Schultern den Türrahmen komplett ausfüllen. Sein Händedruck fühlt sich an, als wolle er mir jeden Finger einzeln zerquetschen. Mascha klopft er wortlos auf die Schulter. »*Kak dela?*«, fragt Mascha. »Wie geht's?« Sie sagt nicht *otez*, »Vater«, sie schaut ihn nicht an. Sie lächelt und betreibt Konversation. Sein Blick ist verlegen, unsicher.

Er zeigt uns das neu gekachelte Bad. »Mit Boiler«, betont er. »So sind wir nicht mehr auf das heiße Wasser vom Staat angewiesen.«

»Du meinst: wie damals von unserer Kolchose?«, fragt Mascha. Es klingt gereizt.

»Nein, nein!«, sagt er beschwichtigend. »Ich meine nur, dass wir jetzt wenigstens beim Wasser ...«

»Jetzt essen wir erst einmal etwas!«, unterbricht seine Freundin.

Nach dem wieder einmal mehr als reichhaltigen Essen trinken wir. Und als Maschas Vater uns mit dem fünften Glas zuprostet, frage ich nach Tschernobyl. Er schweigt, ich wende mich an seine Freundin: »Gibt es etwas, das Ihnen besonders in Erinnerung geblieben ist?«

»Oh, an was ich mich noch erinnere? Meine Güte, da müssten wir die ganze Nacht hier sitzen!«

»Da hat er sich ja eine Frau zugelegt!«, raunt Mascha auf Deutsch. »Die redet, als käme sie aus Deutschland!«

Die Freundin steht auf und windet Maschas Vater das Glas aus der Hand. »Igor, du hast genug getrunken. Jetzt kannst du den Mund auch mal zum Reden aufmachen!«

Er zögert, stürzt das noch halb volle Glas in einem Zug herunter, kratzt sich am Kopf, sagt dann: »Was wollt ihr denn wissen?«

»Können Sie sich noch an den 26. April 1986 erinnern?«, frage ich.

»An den Morgen schon. An den Abend nicht. Ich war betrunken.«

»Sie haben sich betrunken, als Sie die Nachricht von dem Unfall bekommen haben?«

»Welche Nachricht?«, fragt er verwundert. »Ach was, gefeiert haben wir! Unser Glück haben wir gefeiert!« In Pripjat sei eine Einheit Soldaten stationiert gewesen, die ganz plötzlich die Stadt verlassen und in der Eile ein Fass mit Wodka vergessen hätte. »Hundert Liter Wodka, *rebjata*!«, habe er zu seinen Bekannten gesagt. »Lasst uns trinken! So etwas passiert einem nur ein Mal im Leben!«

Was wollen wir trinken, sieben Tage lang?

Mai 2008, Südost-Belarus, und April – Mai 1986,
ukrainische und belarussische Sowjetrepublik

So eine wahnsinnige Geschichte, hat Lara gesagt. Mit mir hat mein Vater früher nie über seine Zeit in Pripjat geredet; wahrscheinlich hat er gedacht, dass es mich nichts angeht. Ist ja alles in der Zeit passiert, bevor er mit meiner Mutter zusammen war!

Ich glaube, sie kennt die Geschichte auch nicht. Dann hätte sie nämlich gewusst, dass er ein Trinker ist. Vielleicht hätte sie die Finger von ihm gelassen, obwohl … vielleicht hätte sie das auch für normal gehalten. Ein *mushik*, ein echter Kerl – der muss eben was vertragen können!

Seit Putin im Fernsehen gezeigt hat, dass ein *mushik* auch nüchtern sein kann – er hat sich doch beim Angeln mit nacktem Oberkörper filmen lassen und sah dabei ziemlich männlich aus! –, seitdem sagen viele Männer, dass Säufer keine *mushiki* sind, sondern Schwächlinge. Denis, mein Freund, redet auch immer so: Der Typ da ist ein Säufer, der kriegt es nicht geregelt und hängt ständig an der Flasche. Aber wenn wir samstags ausgehen, dann ist er der Erste, der eine Flasche Wodka bestellt. So sind die meisten Männer hier in der Gegend.

Jedenfalls trinken sie hier mehr als in Deutschland. Härtere Sachen: Wodka, Samagon, ein selbst gebrannter Schnaps aus Zucker, Hefe und Eichenrinde, der schnell betrunken macht. Mit Bier gibt sich niemand ab, höchstens nachmittags, zur Erfrischung beim Arbeiten.

Ob er ein *mushik* ist, ein Schwächling oder ein Säufer – darüber hat sich mein Vater damals wahrscheinlich keine Gedanken gemacht. Er hat einfach gern getrunken. Trinken hat ihm Spaß gemacht. Jedenfalls vor Tschernobyl.

An dem Tag, an dem der Unfall passierte, wollte er seine ehemaligen Kollegen von der Armee besuchen. Er hatte auch in Pripjat gearbeitet, aber aus irgendeinem Grund damit aufgehört – angeblich weil ihm die Lust vergangen war. Aber das kann nicht der Grund gewesen sein. Lust hat keiner auf die Armee, aber die zahlt wenigstens Geld. Vielleicht war es auch einfach nur der normale Wehrdienst, der zu Ende war, und er hat es so komisch erzählt. Jedenfalls war er dann Liftführer in einem Hochhaus und fuhr den ganzen Tag die Chefs und Arbeiter rauf und runter.

Eigentlich ist das kein Job für einen jungen, kräftigen Mann. Mein Vater ist so ein Typ, der nie wusste, wohin er mit seiner ganzen Kraft sollte. Der hätte eine Arbeit gebraucht, wo er sie rauslassen konnte. Aber als er später mit meiner Mutter zusammenzog, gab es auf der Kolchose nicht viel zu tun. Andere Jobs gab es auch nicht. Vielleicht hat er deswegen meine Mutter so oft verprügelt.

Als er an dem Tag – ich glaube, es war der 26. April 1986 – auf das Gelände kam, wo die Soldaten untergebracht waren, war niemand da. Komisch, denn die Soldaten mussten doch in Pripjat für Sicherheit sorgen, mit dem Kraftwerk und den vielen Menschen, die in der Stadt wohnten.

Mein Vater wusste ja nicht, dass in der Nacht der Reaktor explodiert war und die Soldaten wahrscheinlich mit anpacken mussten. Und er wusste auch nicht, dass es draußen auf der Straße gefährlich war, wegen der Strahlung. Die Schilddrüse, das Blut … man konnte doch alle möglichen Krankheiten bekommen!

Es war Markt und ein Wetter wie im Sommer. Die Kinder spielten im Sand, der große Platz war voll mit Leuten in feinen Kleidern, die auf die Brautpaare warteten, die im Standesamt geheiratet hatten. Mein

Vater konnte sich so gut an die Hochzeitsgesellschaften erinnern, weil er damals Liebeskummer hatte. Seine Frau war mit den Kindern ausgezogen und wollte sich scheiden lassen; also, die Frau, mit der er vor meiner Mutter verheiratet war. Wegen der war er auch in Pripjat geblieben, obwohl er Städte eigentlich nicht mag. Er hatte eben noch Hoffnung, dass sie zu ihm zurückkommen würde.

Aus Langweile schaute er, ob er auf dem Armeegelände irgendetwas Interessantes finden konnte. Etwas, was man selbst gebrauchen oder zu Geld machen konnte. Und dann fiel ihm dieser Kanister in die Hände. Oder war es ein Fass? Jedenfalls war eine Flüssigkeit drin, an der er gerochen hat. Wodka!

Natürlich hat er sofort seine Bekannten geholt, um zusammen den Kanister vom Hof zu schleppen. Hundert Liter sind schwer. Weil sie nicht genug Platz in ihren Wohnungen hatten, setzten sie sich am Stadtrand unter einen Baum. Zu essen hatten sie auch was dabei: Eier, Wurst, Brot, genug für ein langes Picknick. Pripjat ist sehr grün, weil es ja praktisch in den Wald hinein gebaut wurde.

Persönlich kenne ich Pripjat eigentlich nur von Fotos, weil es nun hinter der Grenze in der Ukraine liegt und so umständlich zu erreichen ist. Man kann ja nicht mitten in der Sperrzone über die Grenze, da gibt es keinen Übergang. Und warum sollte ich überhaupt dorthin fahren? Da wohnt ja niemand mehr!

Am Stadtrand haben mein Vater und seine Freunde in Ruhe das Fass geleert; mehrere Tage hat das gedauert. Sie haben immer so viel getrunken, bis sie voll waren, haben dann ein bisschen geschlafen, ein bisschen gegessen, und weitergemacht. So viel Wodka umsonst! Das musste man ausnutzen!

Sie haben gar nicht bemerkt, wie die Stadt geräumt wurde, wie die Männer mit Megafonen durch die Straßen fuhren und die Pripjater aufforderten, sich auf den Marktplatz zu begeben. Lara sagt, die Stadt sei nach wenigen Stunden geräumt gewesen. Hat sie bei YouTube gesehen.

Nur mein Vater und seine Bekannten waren noch in der Stadt. Und er ist am längsten geblieben, weil er am meisten vertragen hat. Als der

Kanister leer war und er nach Hause laufen wollte, war niemand mehr auf der Straße, keine Menschen, keine Autos, nichts! Er dachte zuerst, dass er Halluzinationen hätte.

Irgendwann kam er an einen frisch gezogenen Zaun, vor dem ein Soldat stand.»Was machen Sie denn hier? Warum sind Sie nicht längst weg?«, schrie der ihn an. Die Stadt sei doch zur verbotenen Zone erklärt worden!»Ich weiß gar nicht, was los ist!«, sagte mein Vater, und da erzählte ihm der Soldat von dem Unfall im Reaktor.

Mein Vater schrie nicht und jammerte nicht. Er setzte sich einfach auf sein Motorrad, eine Ural mit Seitenwagen, und fuhr zu seinen Eltern aufs Dorf. Eingepackt hat er nichts, obwohl er Platz genug gehabt hätte. Aber das hat er nicht getan, weil er dachte, er könne bald zurück – so wie die anderen Leute. Mein Vater wollte ein neues Leben anfangen.»Als ich durch die leere Stadt gefahren bin«, sagte er,»da hab ich verstanden, dass es mit meiner Frau nichts mehr wird.«

Draußen vor der Stadt sah er den Pripjat in der Sonne leuchten. Ich meine: den Fluss. Der heißt nämlich so wie die Stadt, und fließt bis nach Belarus. Weil es 1986 noch keine Grenze gab, konnte er einfach am Ufer entlangfahren, bis zum Dorf seiner Eltern.

Das heißt Verchnyj Mlynok, ich war oft da, weil ich mit meinen Großeltern auch noch Kontakt hatte, als mein Vater längst weg war. Leider sind sie gestorben. Sie waren richtige Bauern, die nur von dem lebten, was in ihrem Garten und auf den Feldern wuchs. In Verchnyj Mlynok gibt es keine Kolchose, keine Steinhäuser wie in meinem Dorf, nur Isbas aus Holz mit riesigen Gärten, in denen die Leute Kartoffeln und Gemüse anbauen. Ja, und Bienen werden da gezüchtet; die Leute kommen von weither, um den Honig aus Verchnyj Mlynok zu kaufen, weil er gegen Krankheiten helfen soll.

Als mein Vater dort ankam, standen alle draußen, denn es war der Tag, an dem die Kartoffeln gepflanzt wurden. Die Menschen vor Verchnyj Mlynok hatten viel früher von dem Reaktorunfall erfahren. Ein Mann war ins Dorf gekommen, völlig fertig, und hatte erzählt, dass die *Elektrostanzija* explodiert war, dass es Tote gegeben hatte und dass die Strahlung den Körper von innen auflösen könnte. Meine

Großeltern und die Nachbarn standen nun da mit offenem Mund und starrten meinen Vater an.

»Habt ihr einen Geist gesehen, oder was ist los?«

»Wir dachten, du bist tot! Die Stadt wurde doch schon vor Tagen evakuiert.«

»Mir fehlt nichts! Ich habe nur ein paar Tage gefaulenzt! Jetzt will ich Kartoffeln pflanzen.«

Mein Vater setzte den Helm ab, nahm die Hacke und den Kasten mit den Setzlingen und ging in den Garten. Seine Mutter flehte ihn an: »Hör auf! Denk an deine Gesundheit!« Aber er hörte nicht auf. Er arbeitete wie ein Wahnsinniger, bis ihm die Sonne das Gesicht verbrannt hatte. Meine Oma ließ ihn. Sie ging ins Haus, kochte Kohlsuppe und *schkwarki* für ihn, »Schweineschwarten«, weil die besonders viel Energie geben.

Als er mit dem Essen fertig war, holte er sich was zu trinken aus dem Dorfladen. In Pripjat hatte man ihm geraten, viel zu trinken, Sachen, die mindestens so stark sind wie Wodka, weil das gegen die Strahlung im Körper helfen soll. Ich weiß nicht, wer ihm das geraten hat und ob das stimmt. Aber hier machen es die Leute bis heute so: Wenn sie in die Sperrzone müssen, trinken sie ein paar Gläser.

Im Laden stand eine neue Verkäuferin hinter der Theke. Die war zur Aushilfe da, sollte mithelfen, Lebensmitteltransporte in die Zone zu organisieren, für die Leute, die da aufräumen mussten. Das heißt: Sie hat sich freiwillig gemeldet, wie die meisten ihrer Kolleginnen. Damals waren die Leute doch so erzogen. Außerdem war das aufregend, mit einer Gruppe irgendwo hingebracht zu werden, ein bisschen wie Zeltlager mit den Pionieren. Aber die Verkäuferin war eigentlich Köchin, und sie wollte in einer Stadt arbeiten oder zumindest in einem größeren Dorf. Doch so etwas konnte man sich natürlich nicht aussuchen. Man hatte keine Wahl. Man wurde einfach so zum Liquidator gemacht, zu einem Tschernobyl-Katastrophenhelfer.

In Deutschland würde man dafür nur ausgebildete Leute nehmen, vom Technischen Hilfswerk oder der Bundeswehr. Die anderen würden sich weigern. Viel zu gefährlich, würden sie sagen, wir haben ja nicht einmal eine Versicherung, die solche Gefahren abdeckt!

Mein Vater aber war sehr froh, diese Frau in seinem Dorf zu sehen, denn sie war sehr hübsch, mit großen blauen Augen und einer guten Figur. Er hat sich sofort in sie verliebt. Er hat diese blauen Augen gesehen und an nichts mehr denken können. Er hat sie einfach nur angestarrt, bis sie ihn gefragt hat: »Genosse, was darf ich Ihnen geben? Milch? Brot? Smetana?«

»Guten Tag, mein Name ist Igor. Sind Sie jetzt immer hier?«

»Ich heiße Olga, und ich bin hier, weil es diesen Unfall gab. Wenn alles vorbei ist, fahre ich zurück in mein Dorf.«

»Was soll vorbei sein? Steig auf, Olga, ich bring dich nach Hause!«

Mein Vater zeigte auf den Beiwagen von seinem Motorrad, das er vor dem Laden geparkt hatte. Ein paar Tage später stieg Olga wirklich in diesen Beiwagen, und vor der Scheune, auf der »Hundert Jahre Lenin« steht, haben sie sich dann geküsst. Dann fuhr er mit ihr nach Hause, in ihr Dorf. Mein Dorf. Denn diese Frau ist meine Mutter geworden.

»Verrückt«, hat Lara mir auf Deutsch zugeflüstert. »Da ist dieser Mann gerade der Katastrophe entronnen, und das Erste, was ihm einfällt, ist, eine neue Familie zu gründen!«

Ich finde das gar nicht verrückt. Er wollte ein neues Leben anfangen, und meine Mutter war die Chance dazu. Sie war verliebt in ihn, mein Vater sah damals ziemlich gut aus, das weiß ich von den alten Fotos. Sehr männlich, ein Typ, der eine Frau beschützen kann.

Sie zogen zu ihren Eltern, er suchte sich Arbeit auf der Kolchose, sie im Geschäft, und war dann auch bald schwanger. Mit mir. Lara fand das unverantwortlich, direkt nach Tschernobyl ein Kind zu zeugen, noch dazu mit einem Mann, der so viel Strahlung abbekommen hatte. Aber meine Mutter hat sich darüber wohl nicht so den Kopf zerbrochen. Mein Vater sah gesund aus, und ein Kind gehört hier in unserem Dorf einfach dazu.

Trotzdem gab es damals viele Abtreibungen. Doch darüber wurde nur heimlich gesprochen. In der Zeitung stand das nicht, meine Mutter hörte es in der Klinik. Der Arzt hat mich nach der Geburt ganz aufgeregt untersucht, aber bis auf eine Sache mit dem Blut war alles in

Ordnung. Meine Mutter hat sich gefreut, denn sie wollte immer eine richtige Familie.

Nur mein Vater war kein guter Ehemann. Er trank immer mehr; im Winter konnten wir kein Gemüse mehr kaufen, weil er das ganze Geld verbraucht hatte. Im Sommer sammelte meine Mutter mit mir Pilze, um sie zu verkaufen, und auf der Wiese vor unserem Plattenbau haben wir eine Hütte für Touristen gebaut. Wir stellten uns vor, dass eines Tages Deutsche bei uns Urlaub machen würden. »Bei euch ist es wie früher bei uns in Deutschland«, haben die Deutschen von den »Kindern von Tschernobyl« dann auch gesagt, als sie das erste Mal in unserem Dorf waren. »Hier kann man richtig zur Ruhe kommen.«

Leider hat mein Vater die Hütte zertrümmert, als er betrunken war. Er ist mit dem Bulldozer von der Kolchose auf das Grundstück gefahren, hat die Wände umgestürzt, ist in unseren Hausflur rein, hat eine Axt genommen und alles zerschlagen, was wir besaßen: Möbel, Kleider, Herd, Kühlschrank. Sogar den Fernseher hat er zerlegt. Das hat sich natürlich sofort im Dorf herumgesprochen; monatelang haben die Leute geredet, sogar in der Zeitung stand etwas darüber. Die Nachbarn haben uns bedauert, aber geholfen hat keiner, die hatten ja selbst nichts zu verschenken.

»Wenn du dich noch einmal in diesem Dorf blicken lässt, schlag ich dich tot!«, schrie mein Bruder den Vater an. Er ist zwar mindestens einen Kopf kleiner, kann aber ziemlich wütend werden – vielleicht weil er so viel Pech hatte im Leben. Die Frau, mit der er verheiratet war, ist abgehauen, in ein Bordell in Moskau. Und getrunken hat sie auch. Ihr Kind wohnt im Moment bei meiner Mutter und mir. Mein Bruder muss sich Arbeit suchen. Jetzt bekommt er schon wieder ein Kind, von einer anderen Frau. Die hat er in der gleichen Disco getroffen wie die alte. Aber sie trinkt nicht und arbeitet in der Stadt.

Meine Mutter hat gleich gedrängt, dass die beiden zusammenziehen und eine Familie gründen. Sie glaubt, ein Kind festigt die Beziehung. Doch seitdem sie zusammenwohnten, fehlte die Frau meines Bruders öfter bei der Arbeit, weil vom Dorf morgens kein Bus in die Stadt fährt. Also musste mein Bruder ein Auto kaufen und dafür einen

Kredit aufnehmen, einen sehr hohen. Autos sind bei uns teurer als in Deutschland, weil der Zoll so viel Geld nimmt. Außerdem wollte mein Bruder ein größeres Auto, weil – er findet kleine Autos unmännlich.

Meine Mutter hat Lara gefragt, ob sie meinem Bruder einen Job in Deutschland beschaffen kann, ein paar Wochen in den Sommerferien, um den Kredit abzubezahlen. »Normalerweise schon«, sagte Lara. »Aber wieso muss er sich ein dickes Auto zulegen, wenn er kein Geld hat? Und gleich wieder ein Kind in die Welt setzen? War doch abzusehen, dass das Probleme ...«

Ich habe sie unterbrochen: »Das ist hier nicht wie in Deutschland. Hier geht nichts ohne Familie.«

Lara hat darauf nichts entgegnet, dafür aber meine Mutter gefragt, ob sie das Gefühl habe, dass Tschernobyl auch die privaten Beziehungen zerstört habe. Lara glaubt nämlich, dass mein Vater das mit Tschernobyl nicht verkraftet hat und deswegen so durchgedreht ist. Aber das glaube ich nicht. Er hatte doch keinen Grund! Ihm war nichts passiert, und ich und meine Mutter waren gesund! Er selbst hat heute ein paar Sachen, Gicht und morsche Knochen und etwas mit dem Magen. Aber das haben hier alle, und er ist ja auch schon Ende vierzig.

Vor den Strahlen hat er immer noch keine Angst. Präsident Lukaschenko lässt jetzt wieder ein Atomkraftwerk bauen, im Westen bei Grodno. Das sollte es schon viel früher geben, aber wir hatten lange ein Gesetz, dass Kraftwerke in Belarus verbot. Das setzten damals die Leute durch, die wegen Tschernobyl in Minsk demonstrierten. So hat es die Freundin von meinem Vater erzählt. Jetzt will Lukaschenko, dass wir von Russland unabhängig werden, und hat das Gesetz beseitigt. Für den Kraftwerksbau muss er sich aber erst einmal bei den Russen Geld leihen und Ingenieure. Ein paar von denen, die uns jetzt helfen sollen, haben wohl schon in Tschernobyl gearbeitet.

Mein Vater findet es gut, wenn wir dieses Kraftwerk bekommen. Er will dort sogar arbeiten. Er sei eben für den Job besonders geeignet, weil seinem Körper die Strahlung nichts ausmache! Weil er besondere Gene habe, die ihn vor *radiazija* schützen. Aber seine Freundin will nicht nach Grodno. Sie ist gegen das Atomkraftwerk. »Wieso fordern wir das Schicksal heraus? Wir haben doch am eigenen Leib gespürt, was passieren kann!«

Sie redet ganz anders über Tschernobyl als er. »Die haben uns alle betrogen!«, sagt sie über die Politiker. Damals arbeitete sie in einem

Frisch gestrichener Zaun in einem ausgesiedelten Dorf, Kreis Jelsk, Belarus

Labor, wo man Tiere auf Krankheiten untersucht, deswegen hatte sie auch ein bisschen Ahnung von Medizin. Und sie machte sich große Sorgen um ihre Tochter. Sie wäre am liebsten weggezogen aus Narowlja, aber in der Sowjetunion hat man nicht so einfach eine Wohnung bekommen, die wurde einem vom Staat zugeteilt. Natürlich konnte man versuchen, mit anderen Leuten zu tauschen, doch wer wollte damals schon nach Narowlja?

Ein paar Tage nach dem Unglück wurde sie in die Sperrzone geschickt, um den Leuten zu erklären, warum ihr Vieh abtransportiert werden sollte, sie selbst aber erst einmal bleiben müssten. »Steig nicht ohne den Anzug aus dem Auto!«, hatte man ihr eingeschärft. Der Anzug war ein Strahlenschutzanzug und sah aus wie … »wie die Raumanzüge, die Astronauten tragen, wenn sie einen anderen Planeten betreten«. Sie ließ den Anzug im Auto, weil sie sich schämte vor den Leuten, die in ganz normalen Kleidern herumlaufen mussten. Bevor sie durchs Dorf ging, zog sie sich schnell noch in einem Gebüsch ein Sommerkleid an.

Die Freundin von meinem Vater ist eine, die immer das tut, was sie für richtig hält, und sich dabei von niemandem hereinreden lässt. Deswegen vertrauen ihr die Leute auch, wenn sie die Tiere in ihren Ställen untersucht und sagt: Das Tier dürft ihr nicht essen, das hat *radiazija* abbekommen, das sollte besser nicht stillen, das hat Krebs. Auch meine Großeltern glauben ihr. Bei ihnen hat sie vor ein paar Jahren meinen Vater kennen gelernt. Er lebte da, nachdem ihn mein Bruder weggejagt hatte.

Ich weiß nicht, warum sie sich für ihn entschieden hat. Ich weiß auch nicht, was sie mit ihm gemacht hat. Aber er ist jetzt ruhiger und trinkt weniger. Ich glaube, sie hat ihn besser im Griff als meine Mutter. Und sie traut sich eine ganze Menge.

Als Lara wissen wollte, ob es heute noch Invalidenrenten für Tschernobyl-Geschädigte gibt, wie sie damals in der Sowjetunion eingeführt wurden, rief sie sofort ihren Chef an, um Mitternacht! »Die meisten wurden von Lukaschenko gestrichen, mit der Begründung, es stehe ja gar nicht fest, dass die Krankheiten mit der Havarie zu tun haben«, sagte sie trocken, nachdem sie aufgelegt hatte. »Meine Rente gibt es auch nicht mehr. Die Regierung will das Kapitel Tschernobyl endgültig schließen.«

»Richtig so! Wir können uns nicht ewig mit dieser Sache befassen! Das Land hat genug andere Probleme!«, meinte mein Vater.

»Du Dummkopf! Aber was will man auch von einem Dörfler erwarten? Du hast deinen Kopf wohl nur zum … Siehst du, Mascha? So ist das mit uns! Wir kommen nie zu einem Ende!«

Beide lachten. Ich wusste nicht, was ich sagen sollte. Ich dachte an meine Mutter, die uns allein durchbringen musste. Und dann, als mein Vater mit uns anstoßen wollte, machte ich endlich den Mund auf. »Ich kann nicht mehr trinken, und ich glaube, du hast auch genug!« Plötzlich war ich doch ein bisschen wütend auf ihn geworden.

Lara versuchte, mich abzulenken, und zeigte mir, was sie in ihren Block gekritzelt hatte: »Was wollen wir trinken, sieben Tage lang?« Das ist ein Lied, das sie in ihrer Jugend gehört hat. Ich hab den Text laut ins Russische übersetzt: »Was sollen wir trinken, so viel Durst! … Wir trinken zusammen, roll das Fass mal rein! … Jetzt müssen wir streiten, keiner weiß, wie lang. Ja, für ein Leben ohne Zwang!«

Alle haben angefangen zu lachen, und da musste ich mitlachen. Vielleicht besuche ich meinen Vater und seine Freundin ja doch einfach mal so. Ich meine: ohne dass Lara mich dazu überredet.

Zu Hause fragte meine Mutter gleich, wie es gewesen war. Sie hat meinen Vater doch seit damals nicht mehr gesehen! Ich erzählte, von der Geschichte in Pripjat, die sie noch nicht kannte, aber vor allem davon, wie er davon geschwärmt hat, wie schön sie damals in Verchnyj Mlynok war.

Sie fing wie wild an, Zwiebeln zu hacken, bis ich aufhörte mit meinen Erzählungen. Sie will einfach nichts Gutes von ihm hören. Für sie hat er unser Leben zerstört, und damit Schluss! »Ich habe immer Pech mit den Männern!«, jammerte sie Lara vor, und: »Ich habe überhaupt nur Pech im Leben. Aber so ist es nun einmal, man kann sich sein Schicksal nicht aussuchen!«

Damit stellte sie Lara einen Teller mit Borschtsch hin, den die gar nicht wollte, weil sie doch noch so satt war von den Schnitzeln, die meine Mutter vor einer Stunde für uns gebraten hatte. Aber meine Mutter blieb stur: »Lara, du musst essen! Da ist doch nur Gemüse drin und ein bisschen Sahne!« Lara wurde richtig wütend, weil sie wirklich satt war und meine Mutter keine Ruhe gab.

Eigentlich will meine Mutter Lara nur etwas Gutes tun. Sie will eine gute Gastgeberin sein, weil es doch deutsche Leute waren, die uns unterstützt haben, als mein Vater bei uns alles zerschlagen hat.

Ein paar Wochen, nachdem das passiert war, wurde ich zum zweiten Mal nach Deutschland eingeladen. Erst wollte ich gar nicht von zu Hause weg, weil ich meine Mutter nicht allein lassen wollte, aber dann hat sie mich ermahnt, dass man sich Chancen nicht entgehen lassen darf.

Als ich bei der Gastfamilie ankam, fragten sie mich, ob alles in Ordnung sei bei mir. Ich schüttelte den Kopf, und als sie die Geschichte mit meinem Vater hörten, sammelten sie bei Bekannten einen kompletten Hausstand für uns zusammen und luden ihn in ihren alten Renault. Dann schickten sie meiner Mutter eine Einladung und besorgten ihr einen Job als Aushilfe in einem italienischen Restaurant. Das war ein Erlebnis, davon spricht meine Mutter bis heute! Sie war doch vorher noch nie im Westen! Dann diese ganzen neuen Gerichte: Pizza und Spaghetti und Straciatella-Eis! Und am Ende haben die Italiener sie bezahlt wie eine richtige Köchin, den vollen Lohn, mit dem wir zum Einkaufen zu Aldi gefahren sind, und dann mit dem voll beladenen Renault über die Grenze. Den hat uns meine Gastfamilie auch noch geschenkt.

Außerdem ist der Mann von meiner Gastfamilie mit einem Cousin nach Belarus gekommen, um uns Baumaterialien zu bringen. Mit denen hat der Cousin unsere Eingangstür ausgebessert, im Bad eine neue Wanne eingebaut und in der Küche Hängeschränke und eine Eckbank. Die haben sie von unserer Kolchose gekauft, die auf Holzverarbeitung spezialisiert ist.

Von morgens bis abends haben sie bei uns in der Wohnung gearbeitet und wollten anfangs nicht mal, dass meine Verwandten für sie kochen. Die hatten sich selbst Sachen mitgebracht; ich glaube, aus Angst, dass unsere Lebensmittel verstrahlt waren. Nicht einmal Wodka haben sie genommen. Und als mein Onkel abends ein Lied auf der Gitarre gespielt hat, haben sie nicht mitgesungen. Bei uns hat damals jeder gesungen, wir hatten doch kein Radio. Deswegen hielten meine Verwandten die Deutschen am Anfang für langweilig. Reden konnten sie ja nicht mit ihnen; die Deutschen konnten kein Russisch, und ich war die Einzige, die ein bisschen Deutsch sprach. Aber ich musste früh ins Bett, ich war ja noch ein Kind, und meine Mutter war sehr streng.

Nach ein paar Tagen hat mein Cousin den Deutschen den kleinen See im Wald gezeigt, und die Stelle am Fluss, wo die Leute am liebsten angeln. Oh, sind die auf einmal aufgetaut! Ach, wie ursprünglich diese Gegend noch ist, wie in einem alten Heimatfilm, haben sie gerufen! Und diese Holzhäuser! Zum Glück mussten sie nicht so lange wie meine Verwandten in so einem wohnen. Holzhäuser haben nämlich weder Zentralheizung noch Badezimmer.

Am nächsten Wochenende sind wir mit ihnen in die Pripjat-Niederungen gefahren, da starben viele Deutsche damals im Krieg, als sie bei uns einmarschiert sind. Heute ist es einfach nur eine schöne Landschaft mit seltenen Pflanzen und Tieren. Mein Onkel machte Feuer für *schaschlyki*. Das Fleisch, die Marinade, das Feuerholz – alles war selbst gemacht, anders als in Deutschland, wo man das alles fertig im Supermarkt kauft. »Und wenn Sie sonst noch irgendwelche Fragen haben, auch über sich selbst«, hat mein Onkel gesagt und gegrinst: »Ich kann Ihnen alle beantworten. Ich weiß alles, ich war beim KGB.«

Mein Onkel arbeitete wirklich für den KGB, aber er machte auch gerne Witze. Die Deutschen verstanden wenig und lachten trotzdem. Gegessen haben sie dann auch, jede Menge Fleisch aus unserem Dorf, und Wodka und den Samagon von meinem Onkel dazu getrunken. Das haben sie mir so erklärt: »Wahrscheinlich haben wir draußen eh' so viel Strahlung abbekommen, dass uns das bisschen zusätzlich schon nicht umbringen wird!«

Was sie beim Abschied sagten, habe ich dann für meine Verwandten übersetzt: »Es ist komisch – zu Hause haben wir uns so viele Sorgen gemacht wegen Tschernobyl. Und hier bei euch, so dicht dran, fühlen wir uns auf einmal wie im Urlaub!«

Sie sind dann noch einmal wiedergekommen, zum Helfen. Und ich bin fast jedes Jahr nach Deutschland gefahren, so dass die Leute im Dorf mich schließlich *Mascha Germanija,* »Deutschland-Mascha«, genannt haben.

Ohne Tschernobyl, ohne diesen Unfall hätten wir so etwas nicht erlebt. Unsere Länder waren doch Feinde, wegen des Vaterländischen und des Kalten Krieges. Ohne Tschernobyl würde ich auch nicht so gut Deutsch sprechen.

Und dann ist es jetzt auch noch eine Deutsche, der meine Eltern zum ersten Mal von Tschernobyl erzählt haben, und durch die ich zum ersten Mal unsere Geschichte kennen lerne – das ist schon komisch! *»Ironija sudby«,* hat Lara dazu gesagt. »Das ist die Ironie der Geschichte!«

In der *Ssrednjaja Schkola,* der Grundschule, haben die Lehrer uns vor Kontakten mit dem Westen gewarnt. Im Westen will man euch umdrehen, haben sie gesagt. Die meinten wohl so eine Art Gehirnwäsche. Aber sie haben sich geirrt. Natürlich ist im Westen etwas mit uns passiert. Aber nicht so, dass wir danach gegen unser Land eingestellt waren. Wir mögen jetzt einfach beides: Belarus und Deutschland.

Fast alle in meinem Alter waren schon mal in Deutschland – zumindest die, die aus den Bezirken Gomel und Mogiljow kommen, wo es am meisten *radiazija* gibt. Einige von ihnen waren auch in Italien oder in Irland, die nehmen auch Tschernobyl-Kinder in den Ferien auf.

Aber zu Deutschland haben wir die besten Beziehungen. Mit Deutschland hat alles angefangen. Für mich, für die Leute in den verstrahlten Gebieten, und für die aus Minsk, die diese Organisation aufgebaut haben: »Kinder von Tschernobyl«.

Hier bei uns heißt es, sie hätten sich als Einzige um uns gekümmert. Ich kann nicht sagen, ob das stimmt – ich bin ja erst nach der Katastrophe geboren worden, und als ich das erste Mal nach Deutschland fuhr, hatten sie schon Hunderte von Kindern in den Westen geholt. Für mich sind sie einfach ein Teil von meinem Leben, wie mein Dorf, wie Denis oder wie ... ja, so wie Tschernobyl. Ein Teil, um den man sich normalerweise keine Gedanken macht.

Aber Lara – die hat sich viele Gedanken darüber gemacht. Sie hat Bücher über Gorbatschow und die sowjetische Geschichte gelesen und meint, dass Tschernobyl die Perestroika gefördert hat. *Perestroika* heißt auf Russisch »Umbau«, und wenn Tschernobyl den gefördert hat, dann sind die »Kinder von Tschernobyl« die Kinder des Umbaus. Mir sind solche Theorien zu kompliziert. Ich kann nur sagen, dass man sich anders fühlt, wenn man im Ausland war. Besonders im Westen, den wir eigentlich gar nicht sehen sollten.

Bei uns in der Schule hängt ein Bild: *Most drushby*, die »Brücke der Freundschaft«. Das hing schon vor Tschernobyl da, für unsere Freundschaft mit der Sowjetunion; es hing einfach so herum und verstaubte, und niemand hat es beachtet. Wir waren doch ein Teil dieser Sowjetunion, wofür brauchten wir da ein Freundschaftsbild? Als wir dann das erste Mal nach Deutschland fuhren, haben die Lehrer das CCCP einfach durch *Germanija* ersetzt: »Deutschland«. Seitdem wird jeder, der unsere Schule zum ersten Mal besucht, zu dem Bild geführt. Auch Lara musste es sich ansehen, und als sie anerkennend nickte, war Natascha, die Direktorin, richtig stolz.

Natascha war es auch, die mir erklärt hat, dass es nicht so sehr die Organisation war, nicht die »Kinder von Tschernobyl«, die uns nach Deutschland geführt hatte. Sondern Tschernobyl selbst. »Tschernobyl hat uns mit den Deutschen zusammengebracht«, sagte sie ganz feierlich, und da habe ich mich wieder einmal gefragt, ob ich sie wirklich mag. Kann man jemanden mögen, der niemals lacht?

Natascha ist so ernst, so anstrengend! Und dann ermahnt sie mich ständig, vorsichtig zu sein! Ich soll nicht einfach so gedankenlos daherreden, ich soll aufpassen, was ich sage, auch über Tschernobyl. Natürlich, sie hat viel erlebt. Sie ist ja auch schon alt, viel älter als meine Mutter. Aber wie sie redet: Wir haben dies verloren, wir haben das verloren! Dies ist zerstört, das kann niemand ersetzen. Wenn ich sie treffe, habe ich hinterher ihre Worte noch lange im Kopf. So wie sie redet heute keiner mehr. Nicht so. Sie ist einfach ein Mensch aus einer anderen Zeit.

Glasnost
made in Germany

Frühjahr 2008 und Winter 2010, Berlin, Deutschland; 1988 bis 2010,
Minsk, Belarus, und Ibbenbüren und Lohmar, Nordrhein-Westfalen

Ich war schon wieder in Deutschland, als Mascha mich anrief und bat,
wir sollten aufhören mit unseren Erkundungstouren. Sie wolle sich
nicht länger mit Tschernobyl beschäftigen. Sie habe an ihrer alten
Schule Natascha getroffen, und die habe ihr geraten, vorsichtig zu
sein; vorsichtig mit ihrer Geschichte, mit der ihrer Familie. Vor allem
solle sie aufpassen, wem sie diese anvertraue.

»Aber deine Eltern wollten mir doch eure Geschichte erzählen!«,
entgegnete ich. »Ja, ich hatte sogar den Eindruck, dass sie geradezu
darauf gewartet haben, dass sie jemand danach fragt.«

»Vielleicht! Aber schreib besser nichts auf!« Maschas Stimme klang
besorgt, zum ersten Mal, seitdem ich sie kennen gelernt hatte, ihre
Sprache so, als falle es ihr plötzlich schwer, Deutsch zu sprechen;
als wüsste sie nicht mehr, wie sie sich in dieser Sprache ausdrü-
cken sollte. »Natascha meint, bei uns sind Leute, die Wahrheit nicht
gerne lesen«, radebrechte sie ins Telefon. »Wahrheit ist gefährlich wie
Tschernobyl.«

Ich versuchte, sie zu beruhigen – ich hätte Erfahrung mit solchen
Situationen, ich sei doch schon in Russland gewesen, in Nordkorea,
auf dem Balkan. Ich versprach, mit ihrer Geschichte vorsichtig um-

zugehen, ihren Namen zu verändern, den ihres Dorfes nicht zu erwähnen. Sie sagte: »Wenn du meinst.«

Das Dorf ist klein, und wenn es stimmt, was mir diese Frau aus Minsk erzählt hat ... Wenn das stimmt, dann arbeitet jeder Dritte in Belarus für den Geheimdienst, und wer von dem verschont bleiben will, tut gut daran, mit seiner Meinung hinter dem Berg zu halten, mit niemandem über seine Schwierigkeiten, Zweifel, Ängste zu reden, seine Gedanken für sich zu behalten.

Wenn es stimmt, was diese Frau aus Minsk mir gestern Abend in Berlin erzählt hat, dann darf Maschas Familie nicht unter ihrem wirklichen Namen in einem Buch auftauchen. Dann ist es besser, wenn niemand erfährt, dass sie ihre Geschichte einer Deutschen erzählt haben; wenn niemand sie mit »Tschernobyl« in Verbindung bringen kann, mit diesem Kapitel, das die Regierung offenbar so gerne beenden würde. Mit diesem Teil der sowjetischen, der belarussischen Geschichte, der vergessen werden soll. Mit dieser Katastrophe, um deren Verdrängung sich Politiker und Atomlobbyisten so krampfhaft bemühen. Seit 1986, fast einem Vierteljahrhundert.

Die Frau aus Minsk, die mich gewarnt hat, vorsichtig zu sein, heißt Irina Gruschewaja und war dort Germanistikprofessorin an der Staatlichen Linguistischen Universität, bevor sie 1997 vor dem KGB nach Deutschland flüchtete, zusammen mit ihrem Mann Genadij, mit dem sie acht Jahre zuvor in Minsk die »Kinder von Tschernobyl« gegründet hatte.

Die »Kinder von Tschernobyl« waren anfangs eine kleine Hilfsorganisation, die sich nach und nach zu einer landesweiten Bürgerbewegung entwickelte – und von Beginn an auf das Misstrauen der Regierung stieß, zuerst der sowjetischen, dann der belarussischen. Die vom Geheimdienst bespitzelt, von Behörden behindert und fast zerschlagen worden wäre. Dabei wollten die Gründer zunächst eigentlich nur auf die Folgen der Reaktorkatastrophe aufmerksam machen; Folgen, die in der Öffentlichkeit kaum diskutiert wurden, ja, vielen Belarussen nicht einmal bekannt waren.

Zu diesen Belarussen gehörte auch Genadij Gruschewoj bis 1989.

Zwar wusste er vom Hörensagen, dass im Südosten des Landes viele Dörfer verstrahlt, viele Menschen umgesiedelt, viele schwer krank geworden waren. In den Medien aber wurde wenig über diese Dinge berichtet, und selbst in den Südosten zu fahren – auf diese Idee kam selten jemand in Minsk. Zum einen, weil man nicht wusste, wie gefährlich die Strahlung wirklich war, zum anderen, weil Fremde in der dünn besiedelten, bäuerlichen Gegend genau registriert wurden – vom Geheimdienst und von seinen Zuträgern.

Die Hauptstadt selbst war vom radioaktiven Fallout weitestgehend verschont geblieben, die Belastung nicht viel höher als in Warschau oder Berlin. Zwar wurde dort vereinzelt über Tschernobyl geredet, über verstrahlte Lebensmittel, über Malinowka, das Hochhausviertel, das am Stadtrand für Umsiedler aus den verstrahlten Dörfern gebaut wurde, doch an der Philosophischen Fakultät, an der Genadij Gruschewoj eine Professur übernommen hatte, standen andere Themen im Vordergrund: freie Wahlen, Meinungsfreiheit, staatliche Unabhängigkeit.

Er engagierte sich im Vorstand der »Volksfront«, einer Demokratie- und Unabhängigkeitsbewegung, wie es sie in den Perestroika-Jahren in vielen sowjetischen Republiken gab, und die 1989 zu einem Kongress ins litauische Vilnius lud.

Auf diesem Kongress sprach ihn eine Aktivistin aus Choiniki an, einem Provinznest in Südost-Belarus, 35 Kilometer vom Reaktor entfernt. Sie klagte, dass die Regierung die Stadt im Stich gelassen habe und niemand wisse, wie es weitergehen solle.

Die meisten Funktionäre hätten sich davongemacht, viele Betriebe hätten schließen müssen. Die normalen Bürger dagegen warteten immer noch auf die versprochenen Ausweichquartiere oder wenigstens auf Lebensmittel von außerhalb. Bis jetzt müssten sie mit dem vorlieb nehmen, was auf den radioaktiv belasteten Böden wachse. Viele Kinder seien krank, viele Erwachsene arbeitslos. Niemand würde ihnen sagen, wie hoch die Strahlung sei. Niemand wüsste, wie man sich schützen solle. Deshalb zögen sich die Leute zurück und mauerten sich ein in ihrer Angst. Von all dem würde man in Minsk kaum etwas mitbekommen. »Man hat uns vergessen«, sagte sie. »Einfach vergessen!«

Genadij Gruschewoj war entsetzt. »Wir wollten uns für Freiheit und Menschenrechte einsetzen, hatten aber keine Ahnung, wie es in der Tschernobyl-Region aussieht«, sagte er zu Hause zu seiner Frau. »Drei Jahre lang hatten wir keine Ahnung, wie es wirklich um dieses Land steht! In Minsk gibt es doch schon eine vorsichtige Aufbruchsstimmung.«

Zunächst organisierte er eine Erkundungsreise in die verstrahlten Gebiete, eine Binnenexpedition ins eigene Land. Gemeinsam mit anderen Volksfrontlern führte er Interviews, sammelte Informationen, hörte zu, wenn die Leute berichteten, was man ihnen über den Unfall erzählt hatte. Das sei nicht viel gewesen, meint seine Frau Irina. Niemand habe die Menschen dort aufgeklärt, niemand ihnen gesagt: Das genau ist passiert, das sind die möglichen Folgen, damit müsst ihr rechnen. »Das war das Schlimmste: Die Opfer wurden völlig im Dunkeln gelassen«, sagt sie. »Drei Jahre Schweigen … das hat wahrscheinlich noch mehr Ängste ausgelöst als die Katastrophe selbst.«

Aber so sei das eben gewesen damals in der Sowjetunion: Probleme seien totgeschwiegen worden. Wer nachgefragt habe, sei belogen oder bestraft worden – so lange, bis die Leute nichts und niemandem mehr geglaubt hätten. Bis alle allen misstraut hätten.

Zurück in Minsk gründeten die Erkundungsreisenden ein Opferunterstützungskomitee, das sie »Kinder von Tschernobyl« nannten. Das sollte sich nicht nur um die echten Kinder kümmern, sondern auch um die allegorischen; um all die, die nach Tschernobyl ein neues Leben anfangen mussten.

Als Erstes nahmen sie sich vor, frische, unbelastete Lebensmittel in die verstrahlten Gebiete zu schaffen. Das war schwieriger, als sie vermutet hatten: Zum einen, weil im Land »Defizit« herrschte, Mangelwirtschaft, zum anderen, weil sie weder über Transportmittel noch über die erforderlichen Genehmigungen verfügten – und sich keine staatliche Stelle fand, die ihnen diese ausstellen wollte. »Unsere

Blick von der Dachterrasse des Hotels Polessje auf den Reaktor 4, Pripjat, Ukraine

Tochter wurde dort mit ihrer Klasse zur Kartoffelernte hingeschickt!«, schimpft Irina Gruschewaja. »Aber uns wollten sie nicht mal ein Papier geben!« Schließlich fand sich ein Kombinat aus dem radioaktiv unbelasteten Moldawien, das Fruchtsäfte und Brei spendete. Die Ware wurde heimlich in der Wohnung der Gruschewojs zwischengelagert, bis sie ein Mann aus der Zone ebenso heimlich mit einem Kolchose-Transporter abholte.

Danach versuchten sie, die Missstände publik zu machen. Komiteemitglieder schrieben Texte und Radiobeiträge über das, was sie in den verstrahlten Gebieten gesehen hatten, und schafften es trotz Zensur, einige davon zu veröffentlichen. Außerdem gewannen sie die Unterstützung eines Redakteurs des staatlichen Fernsehens, der selbst Verwandte in der Zone hatte und die Ausstrahlung einer Tschernobyl-Sendung durchsetzte.

Sie organisierten Aufklärungsveranstaltungen in den verstrahlten Gebieten und Infoabende in Minsk, wo sie in der »Roten Kirche«, im »Club der Filmschaffenden«, ihre Kommunikationszentrale einrichteten. Die Filmleute halfen ihnen auch, Geld für die Umsiedlung eines Waisenhauses zu beschaffen, das sich in einer so hoch belasteten Zone befand, dass Physiker erschrocken zusammenzuckten, als sie von den Messwerten hörten.

Und sie veranstalteten im September 1989 einen Tschernobyl-Protestmarsch mit 40 000 Teilnehmern, die neun Kilometer quer durch Minsk zogen. Wahrscheinlich wären es noch wesentlich mehr geworden, wenn nicht die Regierung kurzerhand Studenten zum Ernteeinsatz in die Provinz abkommandiert hätte. Im Gegenzug reisten nicht wenige Demonstranten von dort in die Hauptstadt. Eine mutige Aktion, denn der KGB hatte ihnen eigentlich die Teilnahme verboten. Und sie setzten noch eins drauf: Nach dem Marsch versammelten sie sich mit Kerzen in der Hand vor der Geheimdienstzentrale.

Wenig später wurde Genadij Gruschewoj verhaftet. Ein Schnellgericht verurteilte ihn wegen »Gefährdung des Straßenverkehrs« zu einer hohen Geldstrafe. Er verlor seine Professorenstelle und wurde auf Schritt und Tritt überwacht. Trotzdem beteiligte er sich an der Organisation des »Tschernobyl-Kongresses der Völker«, an dem im November 1989 Bürgerrechtler aller betroffenen Länder teilnahmen und zu dem Schluss kamen: Die Sowjetunion wird an den Lügen von Tschernobyl zerbrechen.

Man habe förmlich spüren können, wie die Union wackelte, meint Irina Gruschewaja. Überall habe es Unabhängigkeitsbewegungen gegeben, überall habe Aufbruchsstimmung geherrscht – nur in den Dörfern und Kleinstädten der Gebiete Mogiljow und Gomel nicht. Zu sehr seien die Leute dort mit dem Überleben beschäftigt gewesen, zu erschöpft, um sich von dieser Stimmung anstecken zu lassen. Das habe schon bei den Kindern angefangen, die krank und für nichts mehr zu begeistern gewesen seien. Wer das gesehen habe, der habe einfach etwas unternehmen müssen! Etwas Noch-nie-da-Gewesenes, Überraschendes, das diese Kinder aus ihrer Lethargie zu reißen vermochte!

Ein paar Wochen später erfuhr das Komitee von einer Moskauer Künstlervereinigung, die Kontakte nach Indien geknüpft hatte und nun mit Unterstützung eines Ghandi-Sohnes 25 sowjetische Kinder zur Erholung dorthin schicken wollte. »Sowjetische Kinder?«, sagten sie sich. »Belarus ist immer noch ein Teil der Sowjetunion. Deswegen sollten sie auch ein paar Kinder von uns mitnehmen!« Die Moskauer versprachen ihnen sieben Plätze.

Den belarussischen Behörden erzählten sie, es handele sich um eine Reise zum Gedenken an Mahatma Ghandi, eine neue Form von Friedensfahrt. Das wirkte. Die belarussischen Kinder erhielten rechtzeitig die nötigen Reisepässe, während die Moskauer ihre nicht rechtzeitig zusammenbekamen. So brachen im Dezember 1989 letztlich 25 Kinder aus den verstrahlten Gebieten zur Erholung nach Indien auf – wo es, wie sie erstaunt berichteten, mehr zu essen gab als daheim in Belarus. Die Reise habe einen unglaublichen Effekt gehabt, sagt Irina Gruschewaja. »Als sie losfuhren, sahen sie aus wie Greise. Als sie zurückkamen, waren sie ganz normale Kinder.«

Im Sommer desselben Jahres hatte sie bereits damit begonnen, Kontakte nach Deutschland zu knüpfen. Zuerst in den Ostteil, dann in den Westen. Welche Konsequenzen diese Kontaktaufnahme haben würde, das, sagt sie, habe sie sich beim besten Willen nicht träumen lassen. Es begann damit, dass sie einen DDR-Oppositionellen und Atomkraftgegner, den ihr ein belarussischer Kollege empfohlen hatte, in seiner Wohnung in Berlin-Mitte aufsuchte. Sebastian Pflugbeil hieß dieser Mann, dem sie von ihrer Idee berichtete, Kinder aus den verstrahlten Gebieten zur Erholung in die DDR zu schicken. Er verbreitete ihre Pläne in der Bürgerrechts- und Umweltschutzszene. In Betrieben sammelten sie Geld für die Zugfahrten. Im April 1990 trafen die ersten Gruppen mit dem Zug in Ostberlin ein, in Weimar und Eberswalde, wo sie in Pionierheimen, Heimvolkshochschulen und Ferienstätten untergebracht wurden.

Unterdessen warb Irina Gruschewaja auch im Westen für die Arbeit des Tschernobyl-Komitees. Während des Ostermarsches 1989 hatte sie der Pfarrer der Westberliner Patmos-Gemeinde mit dem Pass seiner Ehefrau am Brandenburger Tor über die Grenze geschleust, wo sie Journalisten von *FAZ*, *taz* und anderen großen Blättern über die Lage in den verstrahlten Gebieten berichtete.

Ein paar Monate später reiste ein anderer evangelischer Pfarrer mit einer Studentengruppe nach Minsk. Die sowjetischen »Freundschaftsgesellschaften«, eine Art sowjetischer Kulturverein, wollten seit der Perestroika ihre Freundschaftsbemühungen nicht mehr länger nur auf die sozialistischen Bruderländer beschränken, sondern auf den Klassenfeind ausdehnen, der dann in kleinen, streng überwachten Gruppen hinter den Eisernen Vorhang reisen durfte.

Aber der Klassenfeind ließ sich nicht so leicht kontrollieren wie gedacht. Nicht mehr 1990, kurz vor der Auflösung der Sowjetunion, Jahre, bevor Alexander Lukaschenko 1994 das Ruder übernahm und die Republik in ein autoritäres Regime verwandelte. Beim offiziellen Empfang stand eine Studentin auf, ergriff völlig unbefangen das Mikrofon und stellte eine Frage, die die belarussischen Würdenträger in Schockstarre versetzte: »Gibt es im Land Probleme bei der Bewältigung der Folgen von Tschernobyl?« Doch die Würdenträger hatten sich schnell wieder gefangen und antworteten routiniert: Die Lage in der sowjetischen Republik Belarus sei unter Kontrolle, für die Opfer sei alles Erforderliche getan worden. Der Pfarrer wollte nachhaken, doch niemand hörte ihm mehr zu. Niemand wollte seine Fragen ins Russische übersetzen.

Doch nach der Veranstaltung raunte ihm jemand zu: »Wenn Sie wirklich etwas über Tschernobyl erfahren wollen, müssen Sie sich in die Rote Kirche begeben!« So stahl er sich am Abend aus dem Hotel, irrte durch die dunklen, nur in Kyrillisch beschrifteten Straßen, bis er auf den Leninplatz stieß, den zentralen Platz der Stadt, an dessen Stirnseite eine Backsteinkirche aufragte. Eine katholische Kirche, die von den Kommunisten in ein Kino verwandelt worden war – und den »Club der Filmschaffenden« beherbergte. In diesem hatte sich ein

Schwarm von Leuten versammelt, die in Grüppchen diskutierten, auf Schreibmaschinen einhackten, telefonierten. »*I am from Germany, and I am interested in Chernobyl*«, rief der Pfarrer, als er den Raum betrat. »Herzlich willkommen!«, sagte eine junge Frau. Auf Deutsch. Die Frau war Irina Gruschewaja, die tagsüber belarussische Studenten mit der deutschen Grammatik vertraut machte und abends Pamphlete des Tschernobyl-Komitees übersetzte – und nun den Deutschen fragte, ob er nicht mit ihnen zusammenarbeiten wolle. »Der Staat verschleiert das wahre Ausmaß der Katastrophe«, erklärte sie ihm in bestem Akademikerdeutsch. »Deswegen können wir nicht auf den Staat bauen. Wir müssen die Tschernobyl-Hilfe zivilgesellschaftlich organisieren.«

Das entsprach exakt der Überzeugung von Burkhard Homeyer, der sich als Studentenpfarrer in Münster in Friedensgruppen, Umwelt- und Anti-Atom-Initiativen bewegte. Und so verschaffte er ihr Kontakt zur Heinrich-Böll-Stiftung, die dem »Komitee« Büroräume in der Minsker Altstadt finanzierte und für ein Jahr einen Berater zur Seite stellte.

1991 begab sich Irina Gruschewaja auf eine Mammuttour durch die Bundesrepublik, klapperte 26 Städte mit dem Bus ab, um das » Kinder von Tschernobyl«-Projekt noch bekannter zu machen. »Je mehr Westkontakte wir haben, desto besser,« sagte sie. »Westkontakte sind ein Schutz.«

Unter den Zuhörern waren Friedensinitiativler, Umweltaktivisten, gegen den Atomkrieg engagierte Ärzte, Gemeinschaftskundelehrer, Heilpädagogen: eine ganze Armada Engagierter, die die Vorschläge der belarussischen Germanistin enthusiastisch aufgriffen, insbesondere die Idee, Kinder aus den verstrahlten Gebieten zur Erholung nach Deutschland zu holen. Denn das war mehr als eine Gutmenschenaktion, mehr als ein sozialmedizinisches Hilfsprojekt. Junge Belarussen, die noch in der Sowjetunion geboren wurden, im Westen ein bisschen Freiheit und Wohlstand schnuppern zu lassen – das war ein politisches Statement. Eine Art gegnerische Perestroika. Ein subversiver Akt.

Die Kinderfreizeiten im Westen wurden von gemeinnützigen Vereinen organisiert, lokalen Initiativen aus dem Dunstkreis von Kirche und Friedensbewegung, die erst einmal fleißig Spenden sammelten, um Anreise, Krankenversicherung und Freizeitprogramm der Gäste aus dem ehemaligen Reich des Bösen zu finanzieren, und wildfremde Familien davon überzeugten, diese Gäste unter ihrem Dach zu beherbergen, sie am Familienleben teilhaben zu lassen – und natürlich, um mehr über deren unheimliche Heimat zu erfahren. Zwei Lufthansa-Maschinen brachten die ersten Kinder kostenlos von Minsk nach Frankfurt. Alle hätten sich damals um den Job gerissen, erzählt ein ehemaliger Pilot. »Es hat sich angefühlt wie das Ende des Kalten Krieges.«

Etwa 250 Initiativen entstanden im Laufe der Jahre in Deutschland, Gruppen wie die »Rottweiler Bürgerinitiative für eine Welt ohne atomare Bedrohung«, die Kasseler »Frauen nach Tschernobyl«, die »Bürgerinitiative Umweltschutz Offenburg« und die »Aktionsgemeinschaft Kinderhilfe Vilejka« des evangelischen Jugendpfarramtes Unna, die Hunderttausende von Tschernobyl-Kindern in den Westen holten, eine ganze Generation von Belarussen, deren Denken von Nenas 99 *Luftballons*, Krötenrettungswanderungen und der *Bravo* infiltriert wurde. Dass sie überhaupt ihr Land verlassen durften, dafür sorgte das Tschernobyl-Komitee, das Schulen auswählte, Direktoren ansprach, Lehrer und Eltern; Eltern, die am Anfang Bedenken hegten, ihre Kinder allein in den Westen zu schicken. Der KGB hatte verbreitet, dass sie dort »als Versuchskaninchen missbraucht« und gegen ihr Land, ihre eigenen Familien aufgewiegelt würden. »Denkt doch mal darüber nach, was bei uns mit Tschernobyl so alles passiert ist«, empfahl Irina Gruschewaja den Bedenkenträgern. »Mehr Versuchskaninchen können eure Kinder doch gar nicht sein.«

Als die ersten Kinder 1990 gesund und begeistert aus Westdeutschland zurückgekehrt waren, meldete sich eine Mutter bei ihr in Minsk und sagte: »Sie hatten recht. Ich werde dieser Regierung nichts mehr glauben! Die, die immer als unsere Feinde hingestellt wurden, haben sich mehr um unsere Kinder gesorgt als die Regierung!«

So keimte über 40 Jahre nach dem Angriff auf Belarus zwischen den ehemaligen Kriegsgegnern eine zarte Freundschaft. Ausgelöst durch Tschernobyl, den größten Unfall der Geschichte.

Durch den GAU, der mich an diesem Morgen im Dezember 2009 in meine Heimatstadt zurückgeführt hat. Nach Münster, wo eben jener Pfarrer, mit dem alles begann, nun seine Rente in einem Ökohaushalt fristet: ein Einfamilienhaus, gebaut aus roten Ziegeln, innen komplett mit Kiefernholz ausgekleidet, mit skandinavischen Stoffen und sehr vielen Suhrkamp-Büchern dekoriert. Der Fairtrade-Assam wird in der Tonkanne serviert, die Vollkornkekse sind selbst gebacken, die Heizung läuft auf Sparflamme, der Umwelt wegen. Der Hausherr, sehnig-asketisch noch mit Mitte sechzig, trägt Cordweste und Wollsocken. Seine Sätze klingen ernst und bedächtig, jedes Wort eine Mahnung an die Welt, jeder Satz eine Aufforderung, sie doch noch zu retten.

Burkhard Homeyers Name hat Gewicht in Weltenretterkreisen. In den Achtzigerjahren organisierte er zusammen mit einer Weizsäcker-Tochter den Frucht-Boykott gegen das südafrikanische Apartheidregime, als Studentenpfarrer engagierte er sich in der »Bewegung Solidarische Kirche«, die sich, wie es damals hieß, um »Versöhnung mit dem Osten« bemühte, womit nicht nur die DDR, sondern auch die Sowjetunion gemeint war. Er gründete eine Umweltinitiative und die »Infostelle Tschernobyl«, half bei der Planung von Tschernobyl-Mahnwachen, Anti-Atom-Sit-ins und Solidaritätslichterketten. Er selbst marschierte gar nicht so gerne mit, und wenn, dann jedenfalls nicht in der ersten Reihe. Das überließ er lieber inszenierungsfreudigeren Menschen wie Jutta Ditfurth, Petra Kelly und Gerd Bastian – und lokalen Friedensbewegungsheroen, die sich in glühender Hitze an Werkstore anketteten oder sich, wie sein Münsteraner Pfarrerskollege Werner Lindemann, beim Sit-in auf dem Kopfsteinpflaster vor der Lambertikirche die Blase verkühlten.

»Ich war nie ein Provokateur«, sagt Burkhard Homeyer. »Ich beobachte eine Situation und überlege dann, was ich dazu beitragen könnte, um sie zu verbessern.« Ein Satz, der wie aus einem Lehrbuch des Protestantismus klingt: zurückgenommen, pragmatisch, tatkräftig; wie eine Kurzformel für die protestantische Ethik, die den Kapitalismus geprägt hat. Und die – biblisch gesprochen – zum Stachel im Fleisch des Sozialismus werden sollte:

Als Homeyer 1989 in Minsk das Tschernobyl-Komitee wie ein Bienenschwarm durch die »Rote Kirche« schwirren sah, da habe er sofort gewusst: Das sind Leute, mit denen du etwas bewegen kannst – auch im Westen! Schließlich war Tschernobyl in jener Zeit das Thema, was bei westlichen Friedensaktivisten die größte Beachtung fand. Denn dabei war man schließlich – im Gegensatz zum Kampf gegen das südafrikanische Apartheidregime – selbst ein bisschen mit betroffen.

Zurück in Deutschland machte er sich daran, den deutschen Arm der »Kinder von Tschernobyl« zu gründen. Per Rundbrief – das Internet-Zeitalter hatte noch nicht begonnen – kontaktierte er all die kleinen, lokalen Tschernobyl-, Anti-Atom- und Friedensinitiativen, in denen sich Gemeinderatsmitglieder, Pershing- und Apartheitsregimegegner, Eine-Welt-Aktivisten und Umweltschützer oft gemeinsam für gesellschaftliche Veränderungen eingesetzt und durch Tschernobyl ein gemeinsames Ziel gefunden hatten; Gruppen, die sich bisher eher abstrakt mit den Folgen der Katastrophe beschäftigt hatten und denen er nun mithilfe der Gruschewojs Austauschpartner in den verstrahlten Gebieten vermittelte: Gemeinden oder Schulen, die ebenso bereit waren, Gäste aus Deutschland zu empfangen.

Denn die Deutschen sollten nicht nur belarussische Kinder nach Deutschland holen, sondern auch selbst nach Belarus reisen. In Gegenden, deren Name ihnen höchstens aus Katastrophenmeldungen bekannt war, Landkreise wie Narowlja, Choiniki, Bragin, Dobrusch, Slawgorod oder Krasnopolje, die als »radioaktiv schwer belastet« galten.

Die erste Gruppe rollte mit dem Zug über Minsk und weiter mit Bussen bis nach Svensk, einem Dorf im Slawgoroder Gebiet, wo die Deutschen eine Woche verbrachten und sich hauptsächlich mit Handzeichen verständigten. Deswegen habe man auch nicht viel über Tschernobyl reden können, erzählt ein Teilnehmer von damals. Aber eines habe er mitbekommen: Für die Menschen sei das Leben weitergegangen, als wäre nichts geschehen. Das habe ihn völlig fertig gemacht.

Fortan schickten die »Kinder von Tschernobyl« regelmäßig deutsche Familien nach Belarus, rund 100 Personen pro Jahr. Einmal charterten sie sogar eine komplette Maschine der »Belavia«, der belarussischen Staatsairline. »Es war wie eine Art Glasnost«, sagt Burkhard Homeyer, »Glasnost *made in Germany*.«

Auch die Hönigs holperten tagelang in einem Bus voller Hilfsgüter über schlecht asphaltierte Straßen bis nach Belarus, ärgerten sich über korrupte Zöllner und ließen, endlich in Svensk angekommen, etliche Wodka-Toast-Runden über sich ergehen. Eine Gegenwelt zu ihrem geordneten Mittelschichtdasein im nordrhein-westfälischen Mettingen.

Walter Hönig, Mitte siebzig, hatte jahrzehntelang als Maschinenbauingenieur gearbeitet und sich für Kraftwerkstechnik begeistert; seine Frau hatte sich um den Haushalt, die sechs Kinder und den Klinkerbungalow am Ortsrand gekümmert. Dass sie als Rentner eines Tages in dieses Land reisen würden, hatten sie sich zu Sowjetzeiten noch nicht träumen lassen. Anfang der Neunzigerjahre sah Frau Hönig eher zufällig an einem heißen Sommertag im Nachbargarten zwei sehr dünne, sehr blasse Kinder auf dem Rasen spielen. »Die sehen aber ungesund aus! Verwandte sind das nicht, oder?«, fragte sie über den Zaun. »Das sind Tschernobyl-Kinder, die bei uns Ferien machen!«, sagte die Nachbarin stolz.

»Tschernobyl-Kinder? Die würde ich auch aufnehmen! Wo kann man sich denn dafür registrieren lassen?«

»Ihr habt doch schon so viele Kinder!«

»Eben! Da fallen zwei weitere nicht mehr nicht ins Gewicht!«

Als die nächsten Sommerferien nahten, richteten die Hönigs eines ihrer Kinderzimmer für den Besuch aus dem Osten her. Sie sammelten alte Spielsachen und Kleidung von ihren Kindern zusammen, reparierten zwei gebrauchte Fahrräder, und dann rief einer der Organisatoren an und sagte, dass es da noch ein behindertes Mädchen gebe, das keine Familie aufnehmen wolle. »Kein Problem, wir haben doch Platz«, sagte Walter Hönig. Und stellte ein drittes Bett ins Zimmer.

Als die drei Mädchen eintrafen, führten die Hönigs sie zuerst ins Badezimmer, damit sie sich nach der langen Reise frisch machen konnten – und wunderten sich, warum die drei stocksteif vor der Dusche stehen blieben. Dann wurde ihnen klar, dass ihre Gäste nicht wussten, wofür dieses seltsame Ding gedacht war. Die Hönigs erklärten es mit Handzeichen, und dann »haben die geduscht, bis der Boiler leer war«, erinnert sich Walter Hönig. »Ich habe selten so glückliche Kinder gesehen.«

Sie verabredeten sich mit anderen Eltern und ihren Gastkindern im Zoo, im Spaßbad, zum Kanufahren auf der Ems. Dabei verletzte sich ein Junge am Bein, eine winzige, blutende Schramme, die Walter Hönig mit Jod und Mullbinde verarztete. »Bei unseren Jungs«, sagt er, »wäre so etwas nach zwei, drei Tagen verheilt gewesen.«

Der Junge aus Svensk dagegen musste ein paar Tage später ins Krankenhaus, weil sich die Wunde lebensgefährlich entzündet hatte. »Da ist mir klar geworden, wie sehr diese Kinder belastet sind. Bei kaum einem hat das Immunsystem noch normal gearbeitet. Deswegen war es gut, dass wir eine Krankenversicherung für die Kinder abschließen mussten.«

Die Vorzüge einer solchen Versicherung wurden nach und nach auch den älteren Kindern klar, die anfangs noch geschworen hatten, ihnen gehe es gut, sie seien gesund. Eines ließ sich die Zähne neu plombieren, ein anderes teure Medikamente verschreiben, wiederum andere ließen sich von Fachärzten komplett durchleuchten.

Auch eines der Mädchen, die bei Hönigs wohnten, ließ sich von einem Arzt beraten: ob man etwas gegen ihren Zwergwuchs unternehmen könnte. Nicht viel, sagte der ihr, sie sei schon ein bisschen zu alt. Trotzdem sei sie fröhlich zurück nach Belarus gefahren, erzählt Walter Hönig. »Wahrscheinlich, weil sie hier das erste Mal so behandelt wurde wie alle anderen Kinder auch. Zu Hause war sie doch nur die Behinderte, die man am besten versteckt.«

Im Gegensatz zu Walter Hönig war Joachim Bauer nie ein besonderer Freund der Atomkraft. Dann hörte er in den Nachrichten auch noch die Meldung von dem Unfall in Tschernobyl, von der Wolke, die auf Deutschland zugesegelt kam, und fand niemanden, der ihm erklären konnte, wie gefährlich diese war:»Die einen sagten: Keine Panik! Die anderen: Sieh zu, dass du dich mit deiner Familie in Sicherheit bringst! Ich habe nur gedacht: Entweder lügen die sich einen in die Tasche, oder sie haben keine Ahnung! Jetzt kannst du dir nur selbst überlegen, wie man sich schützen kann.«

Mit Hacke und Spaten stellte er sich in den Garten, hackte die Gemüsepflanzen aus dem Boden, grub das Kräuterbeet um und impfte seiner Frau ein, bei Regen das Haus nicht zu verlassen. Nachbarn und Freunde deckten die Sandkästen ab, lagerten säckeweise Milchpulver, das vor dem GAU hergestellt worden war, im Keller ein, und verständigten sich darauf, ausschließlich Dosengemüse zu kaufen.

Vor allem taten sie eines: Reden. Im Edeka, in der Kneipe, beim Badminton, am Telefon – ein endloser Redestrom, der ausschließlich um ein Thema kreiste: Tschernobyl. Und wenn einer im Supermarkt zufällig eine Tiefkühlpizza mit Pilzen erwischt hatte, verdrehte die Familie zu Hause in gespieltem Entsetzen die Augen.

Gleichzeitig demonstrierten sie bei einer Anti-AKW-Kundgebung des BUND (Bund für Umwelt und Naturschutz) mit und beschlossen, etwas für tschernobylgeschädigte Kinder in Belarus zu tun, die sie nach einer Skatrunde im Fernsehen gesehen hatten.»Man müsste die armen Würmchen ins Rheinland holen, damit sie sich mal so richtig erholen!«, sagt Roswitha von Carnap, eine Kollegin aus der Skatrunde.

Die Stadt Lohmar spendete die Reisekosten für den ersten Treck, und so rollten 1991 in einem von Soldaten bewachten Zug 27 belarussische Kinder nach Magdeburg, von wo aus die Lohmarer sie mit einem geliehenen Bus abholten – vermittelt durch das belarussische Tschernobyl-Komitee. Ganz verschüchtert seien sie gewesen, erzählt Roswitha von Carnap. Und sie hätten nicht mehr zum Anziehen dabei gehabt als das, was sie auf dem Leibe trugen. Zwar hätte jeder eine Sporttasche geschleppt, aber die sei voller Geschenke gewesen, »ein schauderlicher Nippes«, den sie nach ein paar Jahren auf einem Flohmarkt verkauften. Von den Einnahmen finanzierten sie einen Ausflug ins Phantasialand.

Phantasialand, denke ich – davon hatte mir Mascha doch auch erzählt …

Ansonsten besserten sie ihr Budget mit einer Pommesbude auf dem Weihnachtsmarkt und Konzerten in der Mehrzweckhalle Lohmar auf. Und ließen sich als kirchliche Initiative statt als Verein registrieren, weil »das auf den Spendenquittungen für die Leute seriöser klingt«, wie Joachim Bauer sagt. »Bei uns war das wie bei den Politikern nach Tschernobyl: Wir hatten alle keine Ahnung. Wenn es Probleme gab, haben wir uns einfach spontan etwas ausgedacht.«

Als die deutschen Gastfamilien über Verständigungsschwierigkeiten klagten, initiierten sie einen Deutschwettbewerb für die belarussischen Kinder, die natürlich im Urlaub freiwillig niemals Vokabeln gepaukt hätten. Sie luden die älteren Mädchen, die am Anfang in aufreizend kurzen Röcken durch die Kleinstadtstraßen stolziert waren, zu einer Shoppingtour nach Bergisch-Gladbach ein, wo gerade der lässige Karottenhosen-Fruit-of-the-Loom-Sweatshirt-Look in den Schaufenstern ausgestellt war. Für künftige Gasteltern veranstalteten sie einen kulinarischen Vorbereitungsabend, um sie auf die Ernährungsgewohnheiten der belarussischen Kinder vorzubereiten: viel Fleisch, wenig Gemüse. Gemüse werde als Arme-Leute-Essen aufgefasst, als Strafe. Besonders Zucchini und Brokkoli würden abgelehnt, ja, hätten in mehreren Fällen zu einem totalem Essensboykott geführt, so dass sie die Kinder noch magerer nach Hause schicken mussten, als sie ohnehin schon gewesen seien.

Dann stand der erste Gegenbesuch in Choiniki an, und sie mussten sich selbst Gedanken machen, ob sie in Belarus alles essen sollten, was ihre Gastgeber ihnen vorsetzten. Pilze – möglicherweise aus verstrahlten Wäldern? Fische – vermutlich aus dem Pripjat? Milch – von Kühen, die auf einer verstrahlten Wiese geweidet hatten?

»Natürlich gab es keinen Gruppenzwang. Jeder hat das gegessen,

»Radioaktive Gefahr!«: Warnschild in der 30-Kilometer-Sperrzone, Kreis Choiniki, Belarus

was er für sich verantworten konnte«, erinnert sich Joachim Bauer. Er selbst habe alles probiert, weil er »das authentische Tschernobyl-Gefühl« erleben wollte. Roswitha von Carnap ließ die Pilzomelettes stehen, auf die ihre Gastmutter so stolz war, schlug dafür aber bei den *kotteleti*, den hausgemachten Buletten, zu.

»Diese Länder hinter dem Eisernen Vorhang – das war für uns eine Terra incognita. Wir hätten nie gedacht, dass wir da einmal hinkönnen – und dann gleich mit Familienanschluss!«

In dieser Terra incognita ließen sie sich die Schule zeigen, führten im Deutschunterricht vor, wie der rheinische Dialekt klingt, tranken mit dem Bürgermeister Freundschaft, und obwohl sich ihr Russisch auf *na sdorowje* und *spasibo* beschränkte, hatten sie das Gefühl, sich bestens mit ihren Gastgebern zu verstehen. »Die haben eine ähnliche Mentalität wie wir«, meint Roswitha von Carnap. »Die jammern nicht, dass sie es schwer haben, sondern sehen zu, wie sie sich mit einfachen Mitteln behelfen können. Ach, und wie die gefeiert haben – unglaublich!«

Besonders angetan war sie von ihrer Gastfamilie, die ihre Tochter Larissa mit einer der ersten Kinderfreizeiten nach Lohmar geschickt hatte – und nun gespannt war, deren Gastgeber kennen zu lernen. Nach einer Woche bat Juri, Larissas Vater, eine Deutschlehrerin aus einem Nachbardorf, den Lohmarern zu sagen, dass sie wiederkommen sollten, auch außerhalb der regulären »Kinder von Tschernobyl«-Reisen. Seitdem verbrachten Joachim Bauer und Roswitha von Carnap fast jedes Jahr einen Teil ihrer Sommerferien in Choiniki. Einmal reisten sie mit einem Bus an, voll geladen mit Spenden und Geschenken: Fahrräder, Kleidung, Küchengeräte. Mittlerweile gab es sogar verwandtschaftliche Beziehungen – Larissa, die Tochter, hatte ein Mitglied der Initiative geheiratet und lebte nun im Rheinland.

All diese lokalen Initiativen und Vereine, die nach dem GAU nicht nur im Münsterland, im Bergischen Land, sondern in der ganzen Bundesrepublik aus dem Boden schossen, sind bis heute in keinem Bundesverband zusammengefasst, wie es sonst in Deutschland in fast allen Bereichen üblich ist – angefangen von Tierschützern über Legastheniker bis hin zu Windparkbetreibern und Freunden der erneuerbaren Energien. Das sei eine bewusste Entscheidung gewesen, erklärt Burkhard Homeyer, der Pfarrer aus Münster: Eine starre Struktur hätte die Eigeninitiative und Kreativität der einzelnen Gruppen gebremst. Deswegen habe er nur ein lockeres Netzwerk aufgebaut, die »Bundesarbeitsgemeinschaft ›Den Kindern von Tschernobyl‹«, der sich lokale Initiativen freiwillig anschließen können, um Wissen, Kontakte und Tipps zum Umgang mit den belarussischen Behörden auszutauschen. Außerdem sei man so besser gegen Angriffe von außen gewappnet: Wenn eine einzelne Initiative Schwierigkeiten bekomme, sei nicht gleich die ganze Bewegung in Gefahr.

»Was für Schwierigkeiten?«, frage ich ihn.

»Wenn Sie erst einmal ins Visier der Dienste geraten, dann …«

»Wie gerät man in deren Visier? Ich habe monatelang Tschernobyl-Geschichten gesammelt und hatte keinerlei Probleme.«

»Passen Sie auf! Sie bringen weniger sich selbst in Gefahr als die Einheimischen, mit denen Sie zu tun haben!«

Dann hatte Mascha wohl recht mit ihren Bedenken! Hatte recht, dass ihre Familie in Gefahr war, sogar, wenn sie nur ihre eigene Geschichte erzählen wollte und nicht, wie das Minsker Tschernobyl-Komitee, sogar öffentlich Missstände anprangern und dann auch noch eine staatliche Zulassung als Stiftung beantragen wollte, mit Steuernummer, Briefkopf und eigenem Bankkonto!

Eine Zulassung, die dem Komitee nach langem Kampf und westlicher Intervention gewährt wurde, in der Zeit der großen Hoffnungen Anfang der Neunzigerjahre, direkt nach dem Zerfall der Sowjetunion. In einer Zeit, in der die Gruschewojs unbehelligt zu Vorträgen in den Westen reisen konnten. In der Irina fast alle ihre Universitätskollegen zur Mitarbeit bewegen konnte. Und die Stiftung über 30 Mitarbeiter in einem offiziell gemieteten Büro in Minsk beschäftigte, darunter auch Zivildienstleistende aus Deutschland.

Einer von ihnen, so erinnert sich Irina Gruschewaja, habe dauernd beklagt, wie ineffektiv das Komitee arbeite. Und sie habe genau gewusst, was sie verändern müssten, um »so professionell zu arbeiten wie die Stiftungen in Deutschland« – bis sie geschimpft habe, dass Belarus keine Kolonie sei. Sie seien schließlich nicht dümmer, nur weil sie im Sozialismus aufgewachsen seien! Nein, sie wollten eigenständig neue Wege und Möglichkeiten erkunden, ohne Einmischung von Leuten, die glaubten, alles besser zu wissen. Sie wollten das Recht haben, eigene Fehler zu machen und daraus zu lernen. »Es war ein Zeitfenster, in dem alles möglich schien«, sagt sie. »Freiheit! Demokratie! Ein anderes Land.«

Dann kam Alexander Lukaschenko an die Macht. In einer von Wahlbeobachtern »fragwürdig« genannten Wahl wurde der ehemalige KPdSU-Sekretär und erklärte Gegner von Michail Gorbatschow, der sich einst gegen die Loslösung seines Landes von der Sowjetunion ausgesprochen hatte, 1994 zum Präsidenten der Volksrepublik Belarus erkoren. Noch im gleichen Jahr wurden unabhängige Medien verboten, Bürgerrechtsbewegungen zerschlagen und Oppositionelle verfolgt. Irinas Mann, der als Vertreter der Opposition ins Parlament gewählt worden war, durfte sein Amt gar nicht erst antreten.

Und weil das zentrale Thema dieser Opposition »Tschernobyl« hieß, begann der Präsident, es aus der Öffentlichkeit zu verbannen: Er schaffte Tschernobyl-Sendungen und die monatliche Zeitungsrubrik *Stunde Tsch* ab, ließ Förderprogramme für die Bewohner der verstrahlten Gebiete auslaufen – Vergünstigungen wie die Absenkung des Notendurchschnitts für Universitätsbewerber aus verstrahlten Gebieten und die Nahrungsmittelbeihilfen in Rubel. Nach und nach ließ er immer mehr als »Zone« ausgewiesene Gebiete für sauber erklären – mit der Folge, dass deren Bewohner von einem Tag auf den anderen weder Sanatoriumsaufenthalte noch regelmäßige Kontrolluntersuchungen für sich in Anspruch nehmen konnten, weder Aussicht auf eine Invalidenrente noch zusätzliche Urlaubstage mehr hatten – Leistungen, die insbesondere denen, die mangels Ersatzquartieren in belasteten Gebieten ausharren mussten, das Leben zumindest ein bisschen erträglicher gemacht hatten.

Die Büros der »Kinder von Tschernobyl« wurden verwanzt, Telefone abgehört, Mitarbeiter beschattet. »Es war wie in einem Agentenfilm«, erzählt Irina. »Vor unserer Tür parkte Tag und Nacht ein Auto mit zwei Männern, die Zeitung lasen, rauchten und sich betont unauffällig verhielten.«

Doch dem Komitee »staatsfeindliche Tätigkeit« zur Last zu legen – ein Vorwurf, mit dem man sonst oppositionelle Gruppen gern zum

Schweigen brachte – wagte die Regierung nicht. Zu eng waren die »Kinder von Tschernobyl« mit westlichen Organisationen vernetzt. Sich den Protest von 26 Ländern, ja, fast der gesamten EU einzuhandeln – das wollte das neue Regime nicht riskieren. Nicht gleich am Anfang der Ära Lukaschenko, wo der Präsident sich noch nicht die unbegrenzte Amtszeit gesichert hatte, die er sich erst 2004 mit Hilfe eines dubiosen Referendums verschaffte.

Aber es gab ja für die Regierung und ihre Geheimdienste noch eine andere, vielversprechende Taktik: Die »Kriminalisierung«. So wurde den Gruschewojs und ihren Kollegen schon bald Betrug und Unterschlagung von Spendengeldern unterstellt. Man verbreitete, sie seien vom Westen finanziert, würden in Belarus im Luxus leben und die Opfer der Katastrophe nur für ihre eigene Profilierungssucht benutzen.

Zu Hilfe kam den Diensten dabei ein Schreiben, das eines Tages bei der belarussischen Botschaft in Berlin auftauchte. Ein Schreiben, in dem der Stiftung chaotische Organisation, Misswirtschaft und Unterschlagung von deutschen Spendengeldern vorgeworfen wurde – und das, so berichtet Burkhard Homeyer, von Sebastian Pflugbeil und dem Strahlenbiologen Edmund Lengfelder unterschrieben gewesen sei. Lengfelder war u. a. Mitbegründer der Gesellschaft für Strahlenschutz, deren Präsident Pflugbeil seit 1999 ist, und arbeitete seit 1991 im wissenschaftlichen Beirat der Internationalen Sacharow-Umwelt-Universität in Minsk.

Die beiden hätten die Stiftung für ihre Zwecke instrumentalisieren wollen, glaubt Hohmeyer, für ihre Forschungen, ihre wissenschaftlichen Ziele. Und sie seien dafür sogar bereit gewesen, mit der belarussischen Regierung zu kooperieren. Trotz des immer größer werdenden Drucks habe die Stiftung aber darauf bestanden, dass »die Tschernobyl-Hilfe zivilgesellschaftlich organisiert bleiben« müsse und man sich in keinerlei staatliche Abhängigkeit begeben dürfe. Daraus habe sich ein Machtkampf entwickelt, der mit härtesten Bandagen geführt worden sei. Belarussen seien im Lager und Gefängnis gelandet, die Gruppen der deutschen »Bundesarbeitsgemeinschaft«, in denen sich viele Grüne, Umweltschützer und Alt-Achtundsechziger engagierten, als »Terroristen« bezeichnet worden, die Gruschewojs beschattet, verdächtigt. Und dann erschien auch noch ein Artikel in einer Staatszeitung, ein Text eines KGB-Manns unter dem Titel »Wem folgen wir?«, der die Öffentlichkeit quasi vor die Gewissensentscheidung stellen sollte: Seid ihr für die Stiftung (und damit auch für die Opposition) – oder für den Staat?

Auf der anderen Seite habe Genadij Gruschewoj die Stiftung mit einer für Deutsche ungewohnt patriarchalischen Art regiert, habe sich Einmischungen verbeten und die Vorwürfe kurz und knapp abgeblockt. Zum Glück habe es die vielen unabhängigen deutschen Tschernobyl-Initiativen gegeben, die direkt mit ihren Partnerschulen und -gemeinden in Kontakt standen und sich von den Auseinandersetzungen nicht beeinflussen ließen: »Wir kennen doch unsere Partner seit Jahren. Wir sehen keinen Grund, ihnen zu misstrauen« – so war es von allen, mit denen ich gesprochen habe, zu hören.

Irina Gruschewaja spricht von einer »gewissen Strenge und Bestimmtheit« ihres Mannes. Der ist inzwischen wieder nach Minsk zurückgekehrt, nach Monaten im deutschen Exil, in das er sich im Frühjahr 1997 begeben hatte, als ihm zugetragen wurde, dass er und seine Frau nun doch wegen »staatsfeindlicher Tätigkeit« angeklagt werden sollten.

In Deutschland besorgte Burkhard Homeyer eine Wohnung für sie, organisierte eine Protestnote deutscher Politiker, des Bundestages, des Europarats an Alexander Lukaschenko, unterstützte Irina Gruschewaja bei ihren Vortragsreisen durch die Republik, bei denen sie vor einer Zerschlagung der Stiftung warnte, und als sie endlich eine dauerhafte Aufenthaltsgenehmigung besaßen, da wollte Genadij zurück. Er habe Angst, sagte er, dass die Regierung seine Abwesenheit nutzen würde, um die Stiftung endgültig zu vernichten. Seine Frau bat ihn zu bleiben, nicht seine Gesundheit, sein Leben zu riskieren. Sich nicht weiter zu quälen. Ohne Erfolg.

Genadij Gruschewoj hat Krebs. Blutkrebs, wie so viele der »Kinder von Tschernobyl«. Fünf Mitarbeiter aus dem Vorstand sind bereits gestorben, mindestens ein Dutzend erkrankt, so wie auch Irina Gruschewaja.

Das wahre Ausmaß von Tschernobyl würde sich erst 20, 30 Jahre später zeigen, habe Kofi Annan gesagt, als er noch Generalsekretär der UNO war. »Und das halte ich allen entgegen, die der Welt weismachen wollen, Tschernobyl sei vorbei«, sagt sie. Es klingt wütend, der erste wütende Satz an diesem Nachmittag, an dem wir uns getroffen haben, in diesem indischen Schnellrestaurant in einem arabischen Viertel Berlins, in dem sie vor Kurzem eine Wohnung bezogen hat. Wütend, zum ersten Mal seit Stunden, in denen sie ohne Pause erzählt hat: Von ihrer Arbeitssuche in Deutschland, den Russischkursen, die sie, die Deutschprofessorin, inzwischen gibt, weil Jobangebote für eine 60-jährige Belarussin dünn gesät sind; von ihrem alten Arbeitsplatz an der Minsker Fremdsprachenuniversität. Von den belarussischen Wäldern im Frühling, ihren ersten Ausflügen nach Choiniki, Narowlja, Bragin. Von dem Besuch des »Staatssicherheitsrates«, der im März 1997 im Büro der Stiftung auftauchte, namenlose Männer, die einen namenlosen Schrecken verbreiteten, Angst »vor der Walze, die einen jederzeit überrollen kann«.

Wie ein Strom brechen die Erinnerungen aus ihr heraus, lange Geschichten, kurze Episoden, hektisch, drängend, konfus. Sie springt zwischen den Orten und den Zeiten, zwischen den Personen, zwischen Trauer und Wut, Erschöpfung und Aufgeputschtsein. Sie schaut auf die Uhr, zückt ihr Handy, verschiebt eine Verabredung, fährt sich nervös durch die Haare, entschuldigt sich umständlich, zieht sich die Lippen nach, redet weiter. Es ist schwer auszuhalten.

Genadij ist in Minsk inzwischen kaum noch in der Lage, sich auf den Beinen zu halten. Trotzdem schleppt er sich zu Gesprächen mit Ratsuchenden, berät Gruppen aus den verstrahlten Gebieten, telefoniert, schreibt. Seine Frau kann ihn nicht mehr besuchen. Oder will es nicht. Sie sagt, niemandem wäre damit geholfen, wenn sie in Belarus im Gefängnis säße. Ihr Mann habe ihr eingeimpft, dass sie in Deutschland mehr für die Stiftung erreichen könne.

Ich sitze ihr gegenüber und höre zu, schweigend. Muss mich

konzentrieren, um nicht den Faden zu verlieren, und frage mich dabei, woher ihre Konfusion, ihre Gehetztheit kommt. Ist es die klassische Alterskonfusion, wie sie auch bei deutschen Professoren zu beobachten ist – eine inszenierte Schrulligkeit, eine stilisierte Distanzierung von der banalen Welt des Alltags? Oder ist es mehr? Ein innerer Konflikt, ein Kampf zwischen ihrem alten und dem neuen Leben?

Vielleicht macht sie sich Vorhaltungen, dass sie sich kaum um ihre Kinder kümmern konnte, ihr Privatleben der Stiftung geopfert hat, ihre Universitätskarriere, ihr Zuhause. Dass sie ihren Mann nicht zurück nach Belarus begleitet hat – oder ihn nicht in Deutschland halten konnte. Vielleicht ist ihr in Deutschland zum ersten Mal wirklich klar geworden, in was sie damals hineingestolpert ist, als ihr Mann sie in die verstrahlten Gebiete führte und ihr bedeutete, dass es nicht viele gebe, die die Kraft dazu hätten, sich ganz dem Engagement gegen dieses Unrecht zu verschreiben. Aber die, die sie besäßen, wären verpflichtet, sie auch zu nutzen. Eine Existenz im Sinne eines »politischen Soldaten«, der sein Leben konsequent in den Dienst der Sache stellt – und es im Zweifelsfall auch dafür opfert.

Der politische Soldat war ein Produkt des Totalitarismus, in der Sowjetunion eine Verkörperung des heroischen Vaterlandsverteidigers, später ein konsequenter Kämpfer für den Sozialismus, ein Mensch, der sein Leben einer Idee unterordnete. Ein weltliches Ideal, das sich eines christlichen Erlösungsmythos bediente: Das ist mein Leib, der für euch hingegeben wird. Die Haltung eines Märtyrers.

Eine Haltung, die viele Sowjetbürger nach dem Ende der Sowjetunion nicht einfach so ablegen konnten, die sie nur auf ein neues, scheinbar gerechteres Ziel umlenkten, das sie mit der gleichen Unerbittlichkeit verfolgten. Vielleicht wurde sie in Belarus noch ein bisschen hartnäckiger verteidigt als anderswo, weil sich in Belarus auch der Sozialismus, der sie einst zur Religion erhoben hatte, so hartnäckig gehalten hat.

Ich frage mich, ob nicht auch Genadij Gruschewoj von diesem Ideal durchdrungen ist. Ob er vielleicht insgeheim seine Bestimmung darin sieht, in Belarus den Krebstod zu sterben, den Tod der Tschernobyl-Opfer? Um der Bewegung damit ein Gesicht zu geben?

Schließlich hat Tschernobyl Hunderttausende namenloser Opfer, aber kein Gesicht. Niemanden, dessen Bild sich dem kollektiven Gedächtnis eingeprägt hat, der zur Ikone der Katastrophe wurde. Ja, Genadij Gruschewoj hätte gute Chancen, zu so einem Gesicht zu werden. Zum Gesicht von Tschernobyl – und könnte dadurch seiner Mission, auf die Opfer der Katastrophe aufmerksam zu machen, noch einmal Nachdruck verleihen. Seinen Gegnern würde er damit wahrscheinlich mehr schaden als mit all seinen Aktionen. Das Anna Politkowskaja-Phänomen.

Vielleicht ist Irina Gruschewaja inzwischen zu verwestlicht, um sich einem solchen Opferungsideal weiterhin verpflichtet zu fühlen. Vielleicht hat sie es als befreiend empfunden, in Deutschland ohne Fixierung auf ein Ziel leben zu können, eine Sache, die die ohnehin schon beschwerliche Existenz noch weiter beschwert? Ohne Angst vor der Walze, die einen jeder Zeit überrollen kann?

Aber vielleicht hat sie auch einfach nur Bilanz gezogen, eine nüchterne Rechnung aufgemacht. Eine Rechnung, bei der unter dem Strich stand: Wir sterben, und die Schweine leben.

Legende vom Glück ohne Ende

9.

Mitte September 2008, Kiew, Ukraine

51 Grad nördliche Länge, 30 Grad östliche Breite: Das sind die Koordinaten des Unglücksreaktors, des Blocks Nummer 4 der *Tschernobyl-skaja Elektrostanzija imeni Lenina*. Dabei wurden die Blöcke gar nicht auf dem Stadtgebiet von Tschernobyl errichtet, sondern auf dem von Pripjat, einer neuen, eigens für die Kraftwerksbelegschaft gebauten Stadt am Ufer des gleichnamigen Flusses, um die Arbeiter nicht 15 Kilometer weit aus Tschernobyl herbeischaffen zu müssen. Um der großen Sowjetunion, deren Regierung eigentlich festgelegt hatte, dass Kraftwerke mindestens 15 Kilometer von der nächsten Wohnsiedlung entfernt sein müssen, die Fahrtkosten für ein paar Tausend Menschen zu ersparen. Der großen Sowjetunion, die 1991 aufgelöst wurde, was nicht zuletzt an diesem »Tschernobyl« lag.

Ihren Nachfolgestaaten hinterließ sie damit ein schweres Erbe: dem kleinen Belarus eine zu einem Drittel verseuchte Landesfläche, der riesigen Ukraine den Reaktor selbst – von dem es heißt, dass von ihm immer noch eine Gefahr ausgehe, weil der Sarkophag, in den er nach der Havarie eingeschlossen wurde, Risse aufweise.

Welcher Erbe schwerer an der radioaktiven Last zu tragen hat, ist nicht zu sagen. Eindeutig ist aber, wer damit lockerer, unbefangener –

man könnte auch sagen: marktkonformer – umgeht. Während Belarus seine verstrahlten Gebiete wie das schwarze Schaf in der Familie behandelt, das man entweder versteckt oder schönredet, vermarktet die Ukraine ihren Teil offenherzig als Geisterbahn für zahlungsbereite Gäste, die einen besonderen Kick suchen. Der ukrainische Präsident Janukowitsch spricht heute offen über die Probleme mit dem Reaktor, über die Rückkehrer und die Flüchtlinge, die illegal in der 30-Kilometer-Sperrzone leben, ja, will sie sogar legalisieren lassen. Und die Medien zelebrieren jährlich den »Tag der Katastrophe«, der so routiniert abgewickelt wird, als sei er von einer Eventagentur geplant.

Vielleicht ist es diese Marktorientierung, die es schwer macht, in der Ukraine noch Tschernobyl-Heroen hervorzubringen, Symbolfiguren, die zu einer politischen Institution wurden und bis heute eine Haltung verkörpern, die in diesem Land aus der Mode gekommen zu sein scheint: Dissidenz. Zu sehr war man dort mit anderen Dingen beschäftigt: mit dem Umbau des politischen Systems, dem Reichwerden oder dem verzweifelten Kampf gegen den materiellen Abstieg.

Die Vergangenheit versank im Strudel des Neuen. Tschernobyl, die großen Demonstrationen, die in Kiew Ende der Achtzigerjahre und bis in die Neunziger hinein stattfanden – Protestaktionen, die Teilnehmer wie der Tschernobyl-Fotograf Igor Kostin mitverantwortlich für die so frühe, so konsequente Unabhängigkeitserklärung seines Landes halten. All das verschwand aus dem öffentlichen Bewusstsein, und zwar nicht etwa, weil man, wie in Belarus, weiterhin das Versagen des Staates verschleiern wollte. Nein, es spielte schlicht keine Rolle mehr bei der – wie Karl Marx es nennen würde – Akkumulation des Kapitals, im ukrainischen Raubtierkapitalismus, der die Ukrainer in zwei Fraktionen spaltete: Arm und Reich, Gewinner und Verlierer. Die Lüge wurde durch die Gier ersetzt, die Ideologie durch das Geld, Politik durch PR.

Wer einmal eine Wahlveranstaltung auf dem Kiewer Maidan, dem Platz der Orangenen Revolution von 2004, miterlebt hat, mit Freibier und Volksliedern für den wegen Gewaltdelikten vorbestraften Viktor Janukowitsch, mit Billigtechno und Alkopops für die auf dem

Energiemarkt reich und mächtig gewordene Julia Timoschenko, mit Tausenden von bezahlten Fahnenschwenkern, dem wird klar: Die Revolution hat ihre Kinder gefressen.

Bezahltes jubelndes Volk bei einer Wahlveranstaltung von Julia Timoschenko auf dem »Platz der Unabhängigkeit«, Kiew, Ukraine

Ich habe früher geglaubt, dass dort, wo die Katastrophe begann, auch das Interesse, das Gedächtnis, die Trauer um die Opfer am größten ist. Ja, eigentlich müsste die Ukraine *das* Tschernobyl-Land sein, in dem einem Helden und Opfer der Katastrophe geradezu vor die Kamera laufen; in dem es nicht nur eine, sondern gleich Dutzende »Kinder von Tschernobyl«-Stiftungen gibt.

So dachte ich – bis ich nach Kiew kam; leider allein, ohne Mascha, die sich geweigert hatte, mich in dieses »fremde Land«, wie sie es nannte, zu begleiten. Sie tauge nicht als Auslandsguide, und den Reaktor – nein, den wolle sie nicht besuchen! »Was habe ich davon?«, sagte sie. »Außer einer Zusatzportion *radiazija*?«

So fragte ich mich von der Kiewer Altstadt mit ihren goldenen Zwiebeltürmen, weißen Dnjepr-Stränden und glitzernden Shopping-Malls allein bis nach Trojeschina durch.

Trojeschina ist ein Stadtteil von Kiew, der selbst vielen alteingesessenen Kiewern unbekannt ist. Ein 1986 eilig aus dem Boden gestampftes Viertel, eine Dreiviertelstunde vom Stadtzentrum entfernt, ein Ring aus 36 verwitterten, graubraunen Plattenbauten, die sich um ein paar Einkaufsbaracken und einen vergitterten Fußballplatz gruppieren. Eine staubige Insel in einem Meer von Gewerbegebieten, ein Eiland, auf dem heute ein Großteil der Einwohner von Pripjat haust, Zehntausende von Menschen, die im Jahr der Katastrophe *en bloc* dorthin umgesiedelt wurden.

Die Straßen von Trojeschina sind löchrig, die Fassaden verwittert, auf den Brachflächen zwischen den Häusern wuchert Unkraut. Es gibt keine Parks, keine Straßencafés, keine Plätze, die zum Schlendern oder Verweilen einladen. Teenagermütter mit pinkfarbenen Highheels zerren Kinderwagen über die Sandwege. Vor einer Garage schrauben Männer mit leeren Gesichtern an einem Lada-Wrack. Niemand schaut auf, niemand lächelt oder redet – bis auf eine alte Frau, die mir hinterher schimpft, weil ich es gewagt habe, die zerlumpten Flaschensammler zu fotografieren. Trojeschina: Das ist einer der trostlosesten Orte Europas. Eine Hinterlassenschaft der Sowjetunion, vergessen, verelendet, verwahrlost. Ein Getto für die Überlebenden der Katastrophe von Tschernobyl.

Für die, die nach der Explosion in Pripjat ausharren mussten, weil die sowjetische Führung das Geschehene so lange wie möglich verheimlichen wollte. Weil insbesondere im Westen niemand erfahren sollte, dass ausgerechnet ein Kraftwerk der großen UdSSR havariert war, die die Atomkraft zu einer Art Staatsdoktrin erhoben hatte: »Sozialismus = Sowjetmacht + Elektrifizierung«: So hatte es bereits

Lenin verkündet, und so hatte man den Bau immer gewaltigerer, immer risikoträchtigerer Kraftwerke gerechtfertigt. Kraftwerke wie die *Tschernobylskaja Eletrostanzija imeni Lenina* mit ihren sechs Blöcken, für die es nicht einmal ein richtiges Sicherheitskonzept gab. Schließlich arbeitete es mit sowjetischer Technologie, und die schien einst genauso unverwundbar wie der Sozialismus.

Und so gab es auch gegen die Evakuierung der sozialistischen Modellstadt Pripjat zunächst ideologische Vorbehalte im ZK, dem Zentralkomitee der Kommunistischen Partei der Sowjetunion: Am Tag nach der Explosion in Reaktor 4 forderten die örtlichen Behörden 2000 Busse in Kiew und Umgebung an, um die Pripjater so schnell wie möglich aus der Gefahrenzone zu schaffen. Doch Moskau, das solche Maßnahmen für gewöhnlich absegnen musste, befahl, erst einmal auszuharren. »Wie Ratten das sinkende Schiff zu verlassen« sei für Sowjetbürger unwürdig. So soll es unter anderem der Generalsekretär der KPdSU formuliert haben, Michail Gorbatschow, der das Katastrophenmanagement per Telefon steuerte.

Und so warteten die, die das wahre Ausmaß der Katastrophe vor Augen hatten – das Loch im Dach des Reaktors, die Wolke, die über dem Gebäude hing, die Geigerzähler, die verrückt spielten – auf die Entscheidung derer, die 500 Kilometer entfernt im Kreml saßen, zur Mittagspause über den frühlingshaften Roten Platz spazierten, von dem ein führender Atomwissenschaftler gesagt hatte, dass man das Kraftwerk auch dort hätte hinbauen können, so sicher, wie es sei.

In Pripjat campierten unterdessen die Busfahrer, die aus dem 160 Kilometer entfernten Kiew angereist waren, eine Nacht und einen halben Tag lang im verstrahlten Gras. Männer und Frauen gingen zur Arbeit – auch ins Kraftwerk. Als sei nichts geschehen.

Gegen Mittag mischten sich unter die sommerlich gekleideten Pripjater vermummte Gestalten, den Körper in eine Art Gummioverall gehüllt, das Gesicht hinter einer Maske mit Schweinerüssel verborgen. Mit fiependen Kästen, aus denen lange Fühler heraushingen, marschierten sie über die Bürgersteige. Wer ihnen entgegenkam, wich erschrocken zur Seite. Erklärungen für diesen Aufzug gab es zu diesem Zeitpunkt keine. Erst, als die Gestalten auf offenen Wagen durch die Stadt fuhren, wurde klar, dass es Soldaten in ABC-Schutzanzügen waren, die die Lage in der Stadt sondieren und die Evakuierung vorbereiten sollten: »*Wnimanije, wnimanije!* Achtung, Achtung! Es hat einen Unfall gegeben im Kraftwerk. Begeben Sie sich unverzüglich zum Marktplatz! Dort stehen Busse für Sie bereit, die Sie aus der Stadt bringen!«

Am 27. April gegen 14 Uhr setzte sich der Tross in Bewegung. Frauen weinten, Männer saßen mit versteinerten Gesichtern hinter den Scheiben. Nicht wenige Jugendliche aber freuten sich: Es war das erste Mal in ihrem Leben, dass sie aus der Stadt herauskamen. Das Ganze fühlte sich für sie an wie eine Klassenfahrt – eine Fahrzeugkolonne, die langsam über die lange Brücke über den Pripjat fuhr, kleines Gepäck, ein unbekanntes Ziel. Einige sollen sogar im Bus gesungen haben.

Doch es war eine Reise ohne Rückkehr. Nach der Evakuierung wurden die 48 000 Pripjater zunächst über die ganze Sowjetunion verstreut. Einige wurden in Ferienlager in Russland verschickt, andere bei wildfremden Menschen in der Wohnung einquartiert, in den Dörfern in den Pripjat-Niederungen, in Kleinstädten im Nordosten des Landes. Den meisten aber riet man einfach, zu Verwandten zu fahren, es sei ja nicht für lange.

Denn Trojeschina war noch im Rohbau-Zustand. Und eigentlich sollten dort Kiewer einquartiert werden, die seit Jahren auf eine Wohnung warteten – und nun wieder leer ausgingen.

Als man den Pripjatern nach Monaten der Ungewissheit endlich mitteilte, dass für sie ein Quartier in der ukrainischen Hauptstadt bereitstünde, kamen sie aus allen Ecken der Sowjetunion angereist. Was sie vorfanden, waren leere Wohnungen, spartanische, nicht einmal fertig ausgetrocknete Behausungen, teilweise ohne Tapeten, ohne Herd, Spüle, Möbel. Geld gab es nicht, auch keine Kleidung. Für die Warenbons, die man ihnen in die Hand drückte, konnte man in Trojeschina nichts kaufen. Überhaupt hatte man nur einen einzigen Laden eröffnet, und vor dem stand immer eine lange Schlange.

Es wurde Herbst, es wurde kalt, es gab keine Jobs, viele wurden depressiv, etliche brachten sich um. Die, die bis jetzt durchgehalten hatten, wurden krank. Bekamen Krebs, Anämien, Herzinfarkte, Entzündungen, die Haare fielen aus, das Immunsystem brach zusammen. Medikamente waren Mangelware.

Die Pripjat-Umsiedler konnten so oft zu den Behörden laufen, so viele Eingaben machen, wie sie wollten – es änderte sich nichts. Es schien, als habe man sie alle zusammen auf dieser Plattenbauinsel im Nirgendwo abladen und damit aus dem öffentlichen Bewusstsein verdrängen wollen, so wie Möbelstücke, die man nach dem Umzug in irgendeinem dunklen Keller abstellt und vergisst.

In dieser Situation entschlossen sich ein paar Frauen, eine Selbsthilfeorganisation zu gründen. »Semljaki« sollte den Pripjatern helfen, ihre Rechte auf medizinische Versorgung, Sanatoriumsaufenthalte, Zusatzurlaub, Nahrungsmittelbeihilfen, Frührente durchzusetzen – auf all das, was der Staat ihnen versprochen hatte.

Semljaki heißt »Landsleute«, und die bewahren in neonbeleuchteten Büroräumen neben einem Kindergarten bis heute ein Stück Pripjat – mit Fotos und Ölbildern, alten Webstühlen, Kreuzstichdecken, Gebetstüchern, Keramikschüsseln und Bastkörben voller Kürbisse. Ehrenamtliche Mitarbeiter aus der alten Heimat – Buchhalterinnen, Lehrerinnen, Schneiderinnen, Krankengymnastinnen, Ingenieurinnen und Ökonominnen – helfen den Besuchern bei Behördengängen und Eingaben, bei medizinischen Problemen, Schulsorgen der Kinder und Existenzkrisen, bei Langeweile und Heimweh. Sie tippen Briefe, telefonieren, kontaktieren Ärzte und Psychologen, massieren verspannte Rücken, geben Handarbeitskurse und Entspannungsseminare für Erwachsene und Nachhilfestunden für Kinder, organisieren Geburtstagsfeiern und Kaffeekränzchen, Krankenbesuche und Reisen nach Pripjat.

Männer sind hier nur Besucher, Gäste, Ratsuchende. Wenn sie vorbeischauen, dann meist im Schlepptau ihrer Frauen. Zögernd betreten sie die Räume, quetschen sich verlegen an den großen Tisch im Veranstaltungszimmer, reden wenig, beobachten die Frauen, die mit Teekannen, Kuchentellern oder Aktenstapeln zwischen den Zimmern hin- und herwieseln. »Ohne die Frauen hätte es nach Tschernobyl keine Gemeinschaft mehr gegeben«, sagt Tamara Krasitzkaja. »Die Männer waren doch jahrelang zum Aufräumen in die Zone abkommandiert worden. Oder haben sich in sich selbst zurückgezogen.«

Tamara Krasitzkaja ist die Chefin des 1987 gegründeten Vereins Semljaki, eine schmale, hellblonde Frau mit sanfter, mütterlicher Stimme. Gleichzeitig ist sie so etwas wie ihre eigene Zielgruppe. Denn sie wurde selbst aus Pripjat evakuiert, wo sie alles zurücklassen musste, was ihr voriges Leben ausgemacht hatte: die Wohnung, Möbel, den Job, ihre Freunde. Und am Ende auch noch die Gesundheit. Woran sie leidet? Nein, darüber will sie nicht reden. Kolleginnen machen sich Sorgen, es gebe immer mehr Tage, an denen Tamara ihre Wohnung nicht mehr verlassen würde.

»Ohne diesen Job bei Semljaki ... wer weiß, ob ich bis heute so stark geblieben wäre«, beschwichtigt Tamara Krasitzkaja. Sie habe gedacht, dass es ihren Arbeitsplatz – einer der wenigen bezahlten in der Organisation – nur ein paar Jahre geben, »Semljaki« nach dem Ende der Sowjetunion überflüssig und der neue, unabhängige Staat Ukraine alle Tschernobyl-Lügen aufdecken werde. Dann sei endlich bekannt, was die Pripjater durchgemacht hätten! Dann könnten sie endlich wieder einen Platz in der Gesellschaft finden! Sie waren schließlich bestens ausgebildet, die einstige Elite des Landes!

Doch nichts von all dem sei eingetreten. Zwar habe der neue Staat nach der Unabhängigkeit Gesetze verabschiedet, die den Opfern Unterstützung zusicherten, aber die meisten von ihnen seien gar nicht mehr als Opfer anerkannt worden. Und in dem Spezialkrankenhaus für Tschernobyl-Opfer, mit modernen Geräten und den besten Ärzten, verlangten die Ärzte für jeden Handschlag Dollar – Dollar, die keiner in Trojeschina habe. Spendengelder aus dem Westen seien eine Zeit lang reichlich geflossen, allerdings nie bei ihnen angekommen. »Früher hat die Lüge unser Leben regiert, heute ist es die Korruption«, sagt Tamara Krasitzkaja. »Das Ergebnis ist dasselbe: Wir sterben einen frühen, unbemerkten Tod.«

Auch Semljaki trägt nicht unbedingt dazu bei, dieses Wahrnehmungsdefizit zu beheben: Die Zentrale liegt so versteckt wie ein Agentenquartier. In ganz Trojeschina gibt es keinen einzigen Wegweiser, kein Hinweisschild. Nicht einmal am Gebäude selbst, einer lang gestreckten Baracke neben dem Kindergarten, deutet ein Schild auf ihre Existenz hin. Und eine Website mit Lageplan gibt es auch nicht – Semljaki hat nicht einmal einen Internetanschluss. In Deutschland würde man von einer mangelhaften PR sprechen, einer unprofessionellen Öffentlichkeitsarbeit – wer nicht auf sich aufmerksam macht, wird im politischen Alltag oft vergessen.

Trotzdem treffe ich in der Baracke nicht nur Landsleute. *Konnichiwa*, murmelt eine kleine Frau mit einem *Save the planet!*-T-Shirt, die an einem Tisch neben dem Eingang auf eine Schreibmaschine einhackt. »Eine Unterstützerin aus Hiroshima«, erklärt Tamara Krasitzkaja. »Sie kommt mit ihren Kollegen jedes Jahr nach Trojeschina, um uns medizinisch zu beraten. Sie kennen sich mit Strahlung viel besser aus als wir!« Die Japanerin lächelt. Sie versteht kein Russisch. Und die Mitarbeiterinnen von Semljaki weder Japanisch noch Englisch. Trotzdem gehen sie so vertraut miteinander um, als seien sie eine Familie, führen mich gemeinsam durch die Räume, kochen Tee, drapieren Kuchen, Weintrauben und Bonbons auf dem großen Tisch mit der Wachstuchdecke. »Hier beraten wir die Leute, die Invalidenausweise beantragen wollen«, sagt Tamara Krasitzkaja. »Wenn sie schon nicht mehr arbeiten können, sollen sie doch wenigstens eine Rente bekommen! Aber inzwischen wird fast keine Erkrankung mehr als Folge von Tschernobyl anerkannt.« Selbst die Bewilligung eines Grabs auf dem Trojeschina-Friedhof sei ein Problem. Niemand wisse, von wem er wann welchen Stempel besorgen müsse. Die Ukraine sei der ungeschlagene Bürokratieweltmeister – das würden mir die Dzemulas sicher gleich bestätigen.

»Die Dzemulas?«

»Ich habe unsere Stammkunden für heute in die Zentrale bestellt. Wenn Sie sie selber angesprochen hätten, würden sie wahrscheinlich nicht mit Ihnen reden.«

Ich muss an Maschas letzten Anruf denken: »Ich habe Angst, weil wir dir unsere Geschichte erzählt haben.«

»Hier muss niemand Angst haben, wenn er sich zu Tschernobyl äußert«, sagt Tamara Krasitzkaja. Aber die meisten sind es einfach nicht gewohnt, ihre Geschichte zu erzählen – weil hier doch fast alle die gleiche haben. Und Fremde tauchen selten auf. Wem hätte man sie also erzählen sollen?

In der Tür erscheint eine sorgfältig geschminkte Frau, die ihren einen halben Kopf kleineren Mann vor sich her schiebt. »Gestatten?«, fragt sie, »Familie Dzemula aus Pripjat. Tamara hat uns gesagt, dass Sie sich für unsere Geschichte interessieren!«

Sie rückt zwei Stühle an den Tisch, direkt neben mein Aufnahmegerät, gießt zwei Tassen Tee ein, drückt den Mann sanft auf den Stuhl. Er setzt sich ohne ein Wort, rührt bedächtig in seiner Tasse, starrt in die Luft. Die Frau streicht ihm über den Arm. »Bitte, Michail, ich hab's Tamara versprochen! Sie hat doch so viel für uns getan!« »Mein Mann redet nicht mehr so gerne«, flüstert sie in meine Richtung. »Es ist ihm unangenehm, wenn die Leute ihn sehen – sehen, was aus ihm geworden ist.«

Michail Dzemula war Elektroingenieur in Pripjat. Als der Reaktorblock 4 explodierte, hatte er gerade seine Schicht im dritten Block begonnen. Plötzlich hörte er etwas, das wie eine Explosion klang. Er lief zum Fenster, sah, wie das Dach des nur ein paar Hundert Meter entfernten Reaktors einsank und eine Wolke von Graphitstaub in die Luft wirbelte; eine riesige, weißlichgraue Wolke, die sich nach oben hin pilzförmig verbreiterte. Seltsam, dachte er träge, denn die Luft war so heiß wie im Hochsommer, das sieht aus wie die Explosion einer Atombombe! Er warf einen Blick auf den Geigerzähler. »So etwas hatte ich noch nie gesehen«, sagt er mit modulationsloser Stimme. »Der piepste und piepste, aber konnte die Werte anscheinend gar nicht mehr erfassen. Ich wollte anrufen und nachfragen, was los sei, aber die Telefone waren tot.«

Danach schweigt er, mehrere Minuten lang. Wieder streicht ihm seine Frau sanft über den Arm. Er redet weiter, ohne irgendjemanden anzusehen; erzählt, als ob wir gar nicht vorhanden seien – ein lautes Selbstgespräch, eine Selbstvergewisserung, ob all das, was sein Kopf gespeichert hat, real war. »Ich bin dann in einen Bunker geflüchtet. Aber ein Vorgesetzter ist mir nach und hat geschimpft, ich solle mich gefälligst an die Arbeit machen. Ich konnte nicht mehr denken, ich war wie eine Maschine. Nicht einmal Angst habe ich gespürt. Ich wusste nur: Diesen Bunker zu verlassen konnte tödlich sein.«

Als die Schicht zu Ende war, setzte er sich zu Hause an den Küchentisch und wartete auf seine Frau, die wie jeden Morgen auf den Markt gegangen war. »Wir waren damals ja so froh, in Pripjat leben zu dürfen! Überall im Land war Mangel, nur bei uns nicht«, wirft sie ein, tauscht dann einen kurzen Blick mit ihrem Mann und übernimmt für ihn. »Als man uns nach dem Studium einen Arbeitsplatz und eine Wohnung in Pripjat anbot, haben wir gedacht, das Leben meint es gut mit uns!«, sagt sie. »Wir waren doch gerade Anfang zwanzig, und die Zukunft schien schon gesichert!«

Sie bekamen einen Sohn, ein zweiter war unterwegs. An dem Tag des Reaktorunglücks war Nina im fünften Monat schwanger und witzelte, noch mit dem Einkaufsnetz in der Hand, über die »komischen Gestalten mit Gasmasken, die bei diesem heißen Wetter eine Übung machen müssen!« Michail, der bis dahin stumm am Küchentisch gesessen hatte, sagte, dass es im Werk einen Unfall gegeben habe. Der Reaktor 4 sei explodiert, die Strahlung sehr hoch. Sie solle für alle Fälle ein paar Kindersachen zusammenpacken. Dass er eine lebensbedrohliche Strahlendosis abbekommen hatte und sie alle sterben könnten, sagte er seiner Frau nicht. »Ich wusste ja nicht, wann wir aus der Stadt herauskommen würden«, schaltet er sich plötzlich wieder ein. »Da wollte ich meine Frau nicht in Panik versetzen. Eigentlich hätten wir jederzeit wegfahren können, wir hatten doch damals ein Auto. Aber wir haben gewartet, bis uns jemand gesagt hat: Nun sollt ihr die Stadt verlassen!«

Nachdem der Befehl kam, setzten sie sich ins Auto und fuhren zu ihren Eltern nach Winniza, 300 Kilometer südwestlich von Pripjat. Dort verbrachten sie ein paar Monate, ohne dass sich irgendjemand um sie kümmerte. Man schickte ihnen kein Geld, verschaffte ihnen keine Arbeit, nicht einmal neue Kleidung für den Dreijährigen konnten sie kaufen. Es war, als habe man sie vergessen.

Ninas Eltern konnten nicht helfen, sie hatten selbst gerade einmal genug, um nicht zu verhungern. Und beschwerten sich nach ein paar Wochen, dass Michail, ein junger, kräftiger Mann, zu Hause herumsaß.»Was sollte ich machen?«, fragt er resigniert.»Wenn ich nachgehakt habe bei den Behörden, hieß es: Wahrscheinlich können Sie bald zurück nach Pripjat. Ich wusste, dass das Unsinn war. Aber wo sollten wir hin? Ohne offizielle Zuweisung bekam man damals weder Wohnung noch Arbeit.«

Währenddessen wuchs Ninas Bauch, und als sie von Bekannten hörte, dass mehrere Frauen behinderte Kinder zur Welt gebracht hätten, suchte sie einen Arzt auf. Es habe eine Anweisung gegeben, teilte der ihr ohne weitere Erklärung mit, dass Frauen aus Pripjat ihre Kinder abtreiben müssten. Als sie sich gerade damit abgefunden hatte, sagte er ihr plötzlich, dass sie die Schwangerschaft doch fortsetzen müsste. Es habe eine neue Anweisung gegeben: Pripjat-Babys müssten ausgetragen werden und Ärzte, die wissentlich ein solches Kind abtrieben, würden bestraft.

»Wir waren Versuchskaninchen«, sagt Nina Dzemula – und lächelt, lächelt während des gesamten Gesprächs: während sie von ihrer Angst spricht, dass das Kind hätte behindert sein können; als sie sagt:»Wir waren dem Staat egal, der uns vorher weisgemacht hatte, wir seien die Zukunft des Landes.« Sie lächelt gegen die Lethargie ihres Mannes an, der in sich versunken auf seinem Stuhl sitzt, erzählt lächelnd von den Blumen, die sie gepflanzt hat, dem Sohn, der sicher bald eine Familie gründen werde, den Bekannten von früher, mit denen sie sich ein Mal pro Jahr in Pripjat treffe, auf dem Friedhof. Es ist, als ob sie sich schützen wolle mit diesem Lächeln, sich und ihre Familie, schützen vor dem Verlust der Vergangenheit und der Hoffnungslosigkeit der Gegenwart.

Der Sohn ist kleinwüchsig und kränkelt. Nina und Michail müssen selbst immer wieder ins Krankenhaus, können keiner regulären Arbeit

Fußballplatz im Umsiedlerviertel Trojeschina, Kiew, Ukraine

nachgehen. Das Geld reicht kaum für Lebensmittel, für Medikamente bleibt gar nichts. Eine Sonderrente wurde Michail nicht zuerkannt, da seine Erkrankungen – was er hat, will er nicht sagen – nicht als Folge von Tschernobyl anerkannt wurden.

Und das, obwohl er 1986 deutliche Symptome einer Strahlenkrankheit aufwies, die nur bei sehr hoher Strahlexposition ausbricht: Ein paar Wochen nach der Evakuierung aus Pripjat verfärbte sich seine Haut. Rasende Kopfschmerzen überfielen ihn, Übelkeit, Schwindel, er konnte sich kaum noch aus dem Bett erheben. Nina fuhr ihn ins Bezirkskrankenhaus von Winniza. »Wir kommen aus Pripjat«, sagte Nina bei der Registrierung. »Wir sind doch evakuiert worden, wegen dieses Unfalls!« Als die Ärzte das hörten, ließen sie die gesamte Notaufnahme räumen. Dann wurden die Dzemulas allein in einen fensterlosen Raum beordert, wo ihnen ein vermummter Arzt einen Geigerzähler an den Körper hielt – und fluchtartig den Raum verließ, als der wie verrückt zu piepsen begann. Danach habe sich niemand mehr getraut, Michail anzufassen, zu untersuchen, zu behandeln. »Die hatten keine Ahnung, wie sie mit ihm umgehen sollten. Es gab ja keine Informationen«, sagt Nina. »Später hat man uns gesagt, dass er wohl an der Strahlenkrankheit gelitten habe. Aber bescheinigt hat ihm das niemand. Dazu hätte er sich nach Moskau in die Spezialklinik begeben müssen, in die sie auch die Feuerwehrleute gebracht haben. Woher sollten wir das wissen?«

Sie pflegte ihn, so gut es ging, rieb ihm die Haut mit Tinkturen ein, ermunterte ihn zu essen. Anfang Oktober 1986 teilte man ihnen mit, dass in Kiew eine Wohnung für sie bereitstünde. Am 13. Oktober brachte Nina in Kiew einen winzigen Jungen auf die Welt. Der Arzt hob ihn hoch, drehte ihn hin und her und sagte: »Alles dran!« Dann verbot er ihr, das Kind zu stillen, weil ihre Milch zu belastet sei.

Vom Krankenhaus aus kehrte sie in eine Wohnung ohne Herd und Kühlschrank zurück. Während sie sich mühte, den Jungen, der mit einer Anämie geboren wurde, am Leben zu erhalten, wurde Michail, der sich nur noch mit Mühe aufrechthalten konnte, zu einem Arbeitstrupp in der Zone abkommandiert. Sie sollten die Zufahrtswege und Unterkünfte für die Arbeiter dekontaminieren, die in den anderen Kraftwerksblöcken beschäftigt waren, in Mehrtagesschichten, während denen sie auf einem Hausboot auf dem Pripjat campierten. Nach ein paar Schichten wurde sein Körper auf Strahlenbelastung hin gemessen. Als die Prüfer Michails Wert sahen, hätten sie ihn sofort nach Hause geschickt, wie Nina erzählt.

»Da hattet ihr aber Glück! Mein Mann musste 15 Jahre in der Zone schuften. Nach jedem Krankenhausaufenthalt haben sie ihn zurückgeholt«, ruft eine Stimme in unserem Rücken – die Buchhalterin von Semljaki, die mit einem Stapel Akten im Türrahmen lehnt, eine kräftige Frau mit erschlafften Gesichtszügen und sorgsam gebügelter weißer Bluse.

»Meinen haben sie gar nicht nach Hause gelassen. Er musste nach dem Unfall in der Zone bleiben«, schaltet sich die nächste Gesprächspartnerin ein, die die Semljaki-Chefin ins Büro bestellt hat. »Gestatten? Valentyna Bilkovska, 59 Jahre, Schneiderin aus Pripjat.« Ich stelle mich ebenso kurz und knapp vor, dann setzt sie sich mir gegenüber an den Tisch und beginnt übergangslos zu erzählen, von den ersten Wochen nach Tschernobyl, in denen sie mit ihren Kindern in ein Ferienlager nach Sewastopol geschickt wurde. Ein paar Monate hätte sie dort gemeinsam mit ihren Nachbarinnen verbracht, deren Männer ebenfalls zum Einsatz in der Zone abkommandiert worden waren.

Valentynas Mann musste 13 Jahre lang Lebensmittel in die Zone transportieren, im Schichtdienst: drei Wochen Arbeit am Stück, drei Wochen Freizeit. Während der Arbeitswochen wohnte er in Tschernobyl, der Stadt, die zwar auch evakuiert worden war, in der aber bereits wieder neues Leben herrschte. In die Wohnblocks am Rand der Stadt hatte man Arbeiter einquartiert, die 1987 die anderen Blöcke wieder hochfahren sollten – bis sie ein weiterer Brand 1991 zur Abschaltung eines zweiten Blocks zwang. Erst auf Druck der EU – und entsprechender »Ausgleichszahlungen« an die Ukraine – willigte diese ein, 2000 den letzten Block abzuschalten.

Doch nicht nur die Blöcke wurden wieder in Betrieb genommen, sondern auch die Orte des Alltags in Tschernobyl: die Kirche, die Kantine, der Supermarkt. Es gab sogar eine Unternehmensneugründung: In der Stadtmitte, in Sichtweite der Zonenverwaltung, hat sich ein Hotel angesiedelt, das nicht nur von Wissenschaftlern und Fotografen frequentiert wird, sondern auch von Abenteuerurlaubern, die sich das Erlebnis nicht entgehen lassen wollen, in der Zone aufzuwachen.

Ich war überrascht, wie einfach man in der Ukraine in die Zone hineinzukommen schien. Pauschalreisen ins Sperrgebiet? Eine Hotelübernachtung mit Halbpension? Eine Plauderei mit dem Aufsichtspersonal?

Eigentlich hasse ich solche Abenteuertouristen. Und doch drängte es mich jetzt, wo es so einfach schien, den Reaktor mit eigenen Augen zu sehen. »Wäre es möglich … könnte ich auch in die Zone fahren?«, frage ich Tamara Krasitzkaja, die offenbar viele Kontakte hatte. »Ich meine, ohne große Vorbereitung? Vielleicht noch in dieser Woche?« »Kein Problem!«, sagt sie. »Zu uns kommt oft ein junger Mann aus Pripjat, der die Leute aus der Zonenverwaltung kennt. Er kann Ihnen sicher einen Tag in der Zone organisieren. Einen Moment, ich rufe ihn an!« Sie rennt ins Nebenzimmer, um zu telefonieren.

Vor dem Fenster erklimmen zwei Jungen eine Wippe, die inmitten einer staubigen Brache steht. Sie toben und schreien nicht wie Berliner Kinder auf dem Spielplatz, sie wippen still vor sich hin, als hätte ihnen jemand das Toben abgewöhnt.

Tamara Krasitzkaja kommt zurück ins Zimmer, sagt: »Leider ... ich habe ihn nicht erreicht. Aber ich werde alles versuchen, dass Sie nach Pripjat kommen! Wenn Sie unsere Leute in Trojeschina verstehen wollen, müssen Sie diesen Ort sehen!«

»Ach, unser Pripjat!«, seufzt Valentyna Bilkovska, die Schneiderin. »Wir haben in einer Stadt gelebt, in der niemand Angst vor der Zukunft haben musste. So haben sie es uns damals glauben gemacht. Ihr seid privilegiert, hier leben zu können, haben sie gesagt, hier muss niemand Mangel leiden! Es war ...«

Tamara Krasitzkaja fällt ihr ins Wort, » ... eine Legende.« Mir schießt der Titel eines DDR-Romans durch den Kopf, den wir in der Schule lesen mussten: *Legende vom Glück ohne Ende.*

»Und wir haben nicht aufgehört, daran zu glauben!«, fährt die Schneiderin fort. »Man hat uns auf die Krim gebracht, in die schönste Ecke des Landes, und wir hätten bleiben können. Doch wir wollten zurück nach Pripjat!«

Normalerweise durfte zu Sowjetzeiten niemand einfach so den Wohnort wechseln – selbst wenn der alte nicht mehr bewohnbar und radioaktiv verstrahlt war. Ein Wechsel in eine andere Stadt erforderte eine Zuzugsgenehmigung, und die stellten die Behörden in der Regel nur aus, wenn der Antragsteller dort auch einen Arbeitsplatz zugewiesen bekam.

Valentyna Bilkovska hatte keinen Arbeitsplatz in Sewastopol. Aber ein Arzt hatte ihr versichert, er könne ihr trotzdem so ein

Papier beschaffen, und dazu eine Dreizimmerwohnung. Auch den anderen Frauen aus Pripjat könne er helfen, er habe Beziehungen und wolle diese endlich einmal sinnvoll nutzen. Sie sollten auf keinen Fall glauben, was in den Nachrichten verkündet werde: Dass sie nach den Sommerferien wieder nach Pripjat zurückkehren könnten. Sie wären doch schon so oft angelogen worden von denen da oben! »Bitte vertrauen Sie mir!«, flehte er Valentyna Bilkovska an. »In Pripjat haben Sie keine Zukunft! Bleiben Sie hier und fangen Sie ein neues Leben an!«

Am Abend beriet sie sich mit den anderen Pripjaterinnen, die noch skeptischer waren als sie. Eine gab zu bedenken, Sewastopol sei eine geschlossene Stadt, eine Militärbasis, in der man nur schwer Besuch empfangen könne. »Und was soll aus unseren Ehen werden?«, fragte sie. »Unsere Männer müssen zwei Tagesreisen von hier entfernt in der Zone schuften, während wir allein mit den Kindern auf der Krim herumspazieren?«

Und so fassten die Frauen den Entschluss, gemeinsam in den Norden zurückzufahren – wo sie statt einer Rückkehr nach Pripjat Rohbauwohnungen in einem Kiewer Vorort erwarteten, statt der alten Freunde neue Nachbarn, die nichts mit ihnen zu tun haben wollten. Die ihre Kinder ins Haus holten, wenn die Pripjater ihre Kinder zum Fußballspielen auf die Straße ließen; die eigene Klassen für die Schüler aus Pripjat forderten, weil sie nicht mit den vermeintlich strahlenden Kindern in einem Raum unterrichten werden sollten. »Die Leute in Kiew haben uns behandelt wie Aussätzige«, sagt Valentyna Bilkovska. »Aber es hatte ihnen ja auch niemand erklärt, dass Strahlung nicht ansteckend ist.«

Zum Glück sei sie mit ihrem Mann ein paar Tage nach ihrer Evakuierung noch einmal heimlich nach Pripjat zurückgefahren, um wenigstens ein paar Sachen zu retten: In der Dämmerung trafen sie in der Stadt ein, die in ein bläuliches Licht getaucht war, packten einen Koffer mit Kleidern und gerieten mitten hinein in einen riesigen Treck: Just an dem Tag war der Rest der Zone geräumt worden, die Dörfer rund um Pripjat, die Stadt Tschernobyl. Die Leute hätten geschrien, geweint und gebetet, es sei wie im Krieg gewesen. Wie bei einem besiegten Volk, das in die Fremde getrieben wird.

Ein paar Monate lang trugen Valentyna und ihr Mann die Kleider, die sie aus Pripjat geholt hatten. Dann kamen zwei Männer mit Geigerzählern nach Trojeschina. »Hier kann doch nichts sein«, sagten sie, als die Apparate in der leeren Wohnung wie wild zu piepsen begannen. Am Ende kamen sie auf die Idee, Valentyna einen davon unter den Rock zu halten. Und schimpften plötzlich los: »Sind Sie wahnsinnig, so etwas anzuziehen? Der strahlt ja wie verrückt!«

»Aber ich habe keinen anderen. Wir haben noch keine Kleidergutscheine bekommen.«

»Dafür sind wir nicht zuständig!«, sagten die Männer und verließen die Wohnung.

Als sie sich auf dem Amt als Neubürgerin von Trojeschina registrieren ließ, sagte sie zu ihrem Mann: »Wie waren wir dumm!«

»Ja, wir waren dumm, weil wir unserer Angst nicht nachgegeben haben«, sagt Viktor Gaidak, einer der Erbauer der *Tschernobylskaja Elektrostanzija*. Eigentlich wollte er seine Geschichte auch im Semljaki-Büro erzählen. Doch seine Tochter hat Arbeit gefunden, er muss auf den Enkel aufpassen. So besuche ich ihn zu Hause, in der 42-Quadratmeter-Wohnung, die er und seine Frau sich mit den mittlerweile erwachsenen Kindern teilen, und dem Enkel, der in Trojeschina geboren wurde. Die Wohnung wurde ihm 1986 zugewiesen, zwei Zimmer in einem der ringförmigen Plattenbauten, die einander gleichen wie ein Ei dem anderen.

Viktor Gaidak kommt mir bereits auf dem Flur entgegen. Kerzengerade Haltung, ein scharf geschnittenes Gesicht mit buschigen Augenbrauen – wenn die tiefen Furchen nicht wären, die sich durch sein Gesicht ziehen, könnte man ihn mit Richard von Weizsäcker verwechseln. Selbst seine Sprechweise gleicht der des Alt-Bundespräsidenten: staatstragend klingende Sätze, vorgetragen mit sonorer Altherrenstimme. Nur, dass diese Stimme Russisch spricht. Ukrainisch, sagt er, gehe ihm nicht so leicht von den Lippen, er sei eben ein Sowjetmensch. Ein Mensch, der für die Gemeinschaft lebt.

Deswegen sei er auch in den Siebzigerjahren nach Pripjat gekommen. Nein, er habe dort keine Karriere machen wollen, habe auch nicht auf ein besseres Leben gehofft wie diese ganzen jungen Leute, die in jenen Jahren, kurz nach ihrer Erbauung, in die Stadt gekommen seien. »Für mich war der Job im Kraftwerk kein Aufstieg, es war ein Abstieg. Aber ich hatte eine moralische Verpflichtung.« Im Süden der Sowjetunion hatte Viktor Gaidak als Chefingenieur eines Wasserkraftwerks gearbeitet, beim Bau des Tschernobyl-Atomkraftwerkes wurde er nur als Abteilungsleiter eingestellt. Seine Eltern hatten ihn angefleht, in die Region zu ziehen: »Viktor, wir werden alt, und niemand ist in der Nähe, um uns zu versorgen.« Der Sohn, der nie etwas mit Atomkraft zu tun haben wollte, war gefolgt.

Und dann stand er eines Morgens auf dem Werksgelände, auf dem der Reaktor 4 in die Höhe wuchs. Gebäude, Maschinen, Werkzeuge – »alles auf dem neuesten Stand der Technik!« Nur der Reaktor selbst, ein graphitmoderierter Siedewasser-Druckröhrenreaktor, ein Typ, der in den Sechzigerjahren in der Sowjetunion entwickelt wurde, weil er hohe Leistung ohne größere Investitionen versprach – der sei von der Bauart her veraltet gewesen. Und viel zu groß geraten: zwölf Millionen Kilowatt, eine Dimension, die, so meint Viktor Gaidak, man gar nicht beherrschen konnte. »Wir hatten doch gar keine Sicherheitssysteme, die für so einen Koloss ausgelegt waren. Aber in der Sowjetunion konnte man nichts Normales bauen, es musste immer ein Superlativ sein.« Außerdem habe der Reaktor deutlich mehr Radioaktivität freigesetzt als andere Typen. So seien Luft und Boden in Pripjat schon vor dem Unfall kontaminiert gewesen. Darüber sei nicht geredet worden – ebenso wenig, wie nach dem Unfall darüber diskutiert wurde, dass diese Technik Unfälle geradezu provoziert habe. »Man hat sich lieber Leute gesucht, denen man die Schuld zuschieben konnte.«

Nach der Havarie wurde Viktor Gaidaks Familie zuerst zu Verwandten, dann nach Trojeschina umgesiedelt. Er selbst machte unterdessen noch einmal Karriere, unfreiwillig: Er wurde zum »Bauleiter Rückbau« befördert, war neun Jahre lang verantwortlich für den Rückbau des

Reaktors. Seine Frau und die Kinder bekam er in der ganzen Zeit nur selten zu Gesicht: Höherrangige Mitarbeiter durften die Sperrzone höchstens ein Mal pro Woche verlassen. Und das 160 Kilometer entfernte Kiew war meist zu weit für einen Tagesausflug.

Er harrte auf seinem Posten aus, bis er sich nicht mehr auf den Beinen halten konnte. Im Krankenhaus diagnostizierten die Ärzte Krebs, eine Herzinsuffizienz, eine angegriffene Leber, eine Immunschwäche. Nach dem Krankenhausaufenthalt wurde er zum Invaliden erklärt – und musste trotzdem noch zwei Jahre lang seinen Nachfolger in der Zone einarbeiten.

»Ich weiß nicht, wie viele Familien durch Tschernobyl zerstört wurden«, sagt Viktor Gaidak. »Meine eigene wäre auch fast zerbrochen. Nur das Verantwortungsgefühl hat uns zusammengehalten.«

»Die wenigsten hatten direkt nach der Katastrophe noch so ein Verantwortungsgefühl«, glaubt Natalja Gontscharenko, eine ehrenamtliche Mitarbeiterin von Semljaki, die vor der Umsiedlung ebenfalls als Ingenieurin in Pripjat gearbeitet hatte. »Wenn man so etwas erlebt hat, bekommt man ein Endzeitgefühl. Auf einmal scheint alles fraglich: alle Werte, alle Bindungen, das ganze Leben. Das hat zu Sodom und Gomorrha geführt. Die Männer haben gevögelt wie wild, es gab Geschlechtskrankheiten, Abtreibungen, Selbstmorde. Kaum einer hat mehr an seine Familie gedacht.« Deswegen sei Tschernobyl vor allem eine soziale Katastrophe; eine Katastrophe, die die Gesellschaft atomisierte.

Auch ihre Ehe sei in die Brüche gegangen. Als die Ärzte Brustkrebs bei ihr feststellten, habe sie schon allein mit ihrer Tochter gelebt. Als die in der neuen Schule in Trojeschina einen Aufsatz schreiben musste zum Thema »Was ist mein Zuhause?«, habe in ihrem Heft gestanden: Ich habe keines. Die Lehrerin habe angerufen und geweint.

Dabei seien sie zum Zeitpunkt des Unglücks gar nicht in Pripjat gewesen. Sie hätten im Schnellzug aus Moskau gesessen, zusammen mit ein paar Dutzend anderen Urlaubsrückkehrern. Es gab keine Warnung, sie wurden einfach auf dem Bahnhof von Pripjat abgesetzt, wo ihnen Soldaten mitteilten, dass die Stadt evakuiert werde, denn der Reaktor sei explodiert. »Dann fahren wir mit dem nächsten Zug zurück nach Moskau«, habe sie gesagt. »Es fahren keine Züge mehr«, entgegneten die Soldaten. »Und in die Wohnung dürfen Sie auch nicht. Bleiben Sie hier mit den Kindern auf dem Bahnsteig, bis das Kommando zur Evakuierung kommt!«

Der Bahnhof war einer der Plätze in der Stadt mit der höchsten Strahlung, denn der Wind habe die Wolke westwärts getrieben, dorthin, wo sich auch der Bahnhof befand. Die Soldaten, die von weither zu ihrer Beaufsichtigung geschickt worden wären, seien heute alle tot – im Gegensatz zu ihnen. »Ich glaube, dass ihr Körper noch nicht so an die Strahlung gewöhnt war wie unserer. Pripjat war doch immer schon belastet, das haben die Kollegen mit ihren Geigerzählern gemessen.«

Als Viktor Gaidak ein paar Tage nach dem Unglück schimpfte, man solle nicht so viele junge Leute zum Aufräumen in die Zone schicken, wurde er vom KGB vorgeladen. »Bei der Vernehmung habe ich gesagt: Ihr wisst, dass ich Recht habe. Wir Alten haben schon gelebt. Aber die Jungen … denen kann man doch nicht die Zukunft nehmen!«

Er sei kein Held gewesen, er habe sich einfach verantwortlich gefühlt für die Gemeinschaft. Ja, er habe gedacht: Du musst Opfer bringen für diese Gemeinschaft. »Heute denke ich: Wie warst du naiv! Denn diese Gemeinschaft war nur ein Traum, eine Utopie.«

Dann sei wenige Jahre später auch noch das Gerüst dieser Utopie zusammengefallen: die Sowjetunion. Und mit ihr das, was die Sowjetunion den Pripjatern hinterlassen hatte: ein Konto mit ein-, zweitausend Rubeln, eine staatliche Entschädigungszahlung, eine Art Kompensation für das zurückgelassene Eigentum: die Wohnungen, die Möbel, die Kleider und den Hausstand.

»Wenn ich meine Nachbarn darauf anspreche, werden sie hysterisch«, sagt Viktor Gaidak. »Zwei Katastrophen hintereinander, das kann den stärksten Mann zerstören. Und danach ist es doch auch nicht gerade aufwärts gegangen! Die neue Regierung hat sogar das Tschernobyl-Gesetz abgeschafft, das uns kostenlose Medikamente und Kuren garantieren sollte.«

Früher sei man bestraft worden, wenn man kritisiert habe, dass die Regierung zu wenig für die Tschernobyl-Opfer täte. Heute würde die Regierung das beinahe willkommen heißen, weil sie dann im Ausland sagen könnte: Wir würden ja gerne mehr unternehmen, aber dafür brauchen wir dringend Geld!»Und dann bekommen die Länder im Westen Mitleid und zahlen. Aber bei uns kommt nie etwas an.«

»Manchmal denke ich, dass eine Organisation wie Semljaki heute keinen Sinn mehr macht«, sagt Tamara Krasitzkaja.»Gegen ein politisches System kann man kämpfen, gegen Korruption nicht. Immer öfter muss ich unseren Besuchern sagen: Wir können dir nicht helfen.«

Ihre Kollegin, die Buchhalterin, schimpft:»Warum lassen wir uns so einfach unterkriegen? Wir müssen endlich zu anderen Mitteln greifen!« Ihr Sohn habe neulich ein Grab für seinen Vater erkämpft, der jahrelang in der Sperrzone geschuftet hatte.»Zuerst haben sie uns das nicht geben wollen. 7000 Dollar hat der Mann von der Friedhofsverwaltung gefordert. Da ist mein Sohn, der sehr kräftig ist, ihm an die Gurgel gegangen, hat zugedrückt und gedroht: Wenn du uns nicht sofort ein Grab gibst, kannst du dein eigenes schaufeln! Eine Woche später haben wir meinen Mann dann bestattet. Das war …«, die Tränen laufen ihr über die Wangen,»ja, das war das einzige Mal, dass wir wieder gelebt haben seit Tschernobyl.«

»Ja«, sagt Tamara Krasitzkaja,»ja, vielleicht nennt man das, was wir haben, in diesem Land ›Leben‹. Aber ich würde sagen: Wir haben einfach nur überlebt.«

S.T.A.L.K.E.R 2.0

Und dann kam dieser Gepiercte, sagte »hi« und klatschte mich ab, wie es Hip-Hopper zur Begrüßung tun, Hip-Hopper, Basketballer oder Jugendgangs. So eine Geste hätte ich überall vermutet: in New York, Paris, in Kreuzberg; nur nicht hier auf dem Majdan, dem Platz der Orangenen Revolution, auf dem die ukrainischen Demonstranten im November 2004 ihre Zelte aufgebaut hatten, um gegen Wahlfälschungen zu protestieren.

Überrascht weiche ich einen Schritt zurück. Der Gepiercte lacht und streckt mir die Hand entgegen: »Jewgenij Gontscharow von ›Pripyat.com‹. Alexander Sirota hat mich geschickt. Ich soll Sie in die Zone bringen.«

Alexander Sirota war der junge Mann aus Pripjat, den Tamara Krasitzkaja während meines Besuchs bei Semljaki angerufen und mit dem ich tagelang über den Fahrpreis verhandelt hatte. Mit viel Geduld hatte ich ihn schließlich auf die Hälfte heruntergehandelt – es sei eigentlich viel zu heiß für einen Ausflug zum Reaktor, sagte ich, die Sommerferien längst zu Ende, die Touristenströme fast versiegt, auch in der Zone. »Abfahrt morgen früh um sieben«, sagte er schließlich. Das war ziemlich erstaunlich angesichts der Tatsache, dass man sich

Sperranlage mit Ampel am Ortseingang von Pripjat, 10-Kilometer-Sperrzone, Ukraine

mindestens eine Woche vor Fahrtbeginn bei der Zonenbehörde registrieren lassen muss. So steht es jedenfalls auf ihrer Website und in dem Antrag, den man Ausländern auf Anfrage zufaxt.

Ursprünglich war die ukrainische Zonenbehörde gegründet worden, um auch nach dem Zerfall der Sowjetunion abzusichern, dass sich kein Unbefugter im Sperrgebiet aufhält. Die Motive derer, die Zutritt beantragen, sollten sorgfältig geprüft werden, damit niemand einreisen kann, der nicht realisiert, dass er sich in eine schwer zu kalkulierende Gefahr begibt. Aber sie hat wohl noch eine andere Funktion: Der Staat soll von dem Interesse an Zonenreisen profitieren und dabei verhindern, dass Touristen von skrupellosen Reiseunternehmen in die gefährlichen Hotspots der Zone gelotst werden.

Nach den ersten Preisverhandlungen hatte ich den Verdacht, an genau so jemanden geraten zu sein, an einen dieser mit allen Wassern gewaschenen Geschäftsmänner, wie sie die Ukraine nach der Wende zu Hunderttausenden hervorgebracht hat; Männer, die nur ein Ziel verfolgen: reich werden.

Doch Alexander Sirota hatte andere Motive. Als er »Pripyat.com« gründete, war er zunächst nur auf der Suche nach einer Aufgabe. Er war oft krank – die Folgen der Strahlung –, hatte keine Arbeit und ein unstillbares Heimweh. Und da er Graphikdesign gelernt hatte, beschloss er, die Stadt seiner Kindheit virtuell wieder auferstehen zu lassen. So entstand eine Website, die anfangs so etwas wie eine Erinnerungsbörse war, dann aber zu einem mehrsprachigen Forum für Tschernobyl-Interessierte wurde, für Journalisten, Umweltschutzaktivisten, für die Nachkommen von Pripjat-Vertriebenen, die sich in Foren über ihre Gefühle austauschen.

Dann fragten ein paar Ausländer an, ob er wüsste, wie man in die Zone hineinkäme. Alexander, der sich in der Zone gut auskannte, sagte, er könne das organisieren. Als dann Zeitungen in Berlin und Oslo, London und New York berichteten, dass es Touristenausflüge zum Reaktor gebe, häuften sich die Anfragen bei »Pripyat.com«, und Alexander Sirota beschloss, das Reisegewerbe zu einem zweiten Standbein zu machen.

Rund 200 Dollar kostet das Zonenpaket bei ihm. Darin sind enthalten: Auto und Fahrer, Genehmigungspapiere, ein staatlich bestellter Guide, ein Besichtigungs- und Interviewprogramm nach Wunsch. Viel billiger ist es auch nicht, wenn man selbst bei der Zonenbehörde vorstellig wird. Denn dann muss man noch zusätzlich ein Auto mieten.

Und so breche ich mit Sirotas Hilfe auf zu dem Reaktor, an dem später meine Reisereportage ihren Ausgang nehmen sollte, weil er das erste Bild ist, was jedem beim Stichwort »Tschernobyl« in den Sinn kommt. Mein Buch sollte an diesem Ort beginnen, weil er der Ausgangspunkt eines langen Wandlungsprozesses ist – eines gesellschaftlichen und eines persönlichen. Den Rest, der nicht von den Ruinen, den Toten, sondern vom neuen Leben in der Sperrzone handelte, wollte ich mir dann für ein späteres Kapitel aufheben.

Mit Georgi, dem bereits vorgestellten Ukrainisch-Dolmetscher, und einem deutschen Filmemacher steige ich in den Polo von Jewgenij, dem Gepiercten, der bei »Pripyat.com« nicht nur als Fahrer jobbt, sondern auch die eine oder andere Webgraphik bastelt. Denn auch Jewgenij ist studierter Graphikdesigner, ein Animationsprofi, der hauptberuflich bei einer Kiewer Agentur arbeitet, die eines der erfolgreichsten Computerspiele des Landes entwickelt hat: »S.T.A.L.K.E.R«.

Stalker ist der Name eines Films von Andrej Tarkowskij, einem Glanzstück des sowjetischen Kinos der späten Siebzigerjahre. Ein Science-Fiction über eine »Zone«, in der rätselhafte Dinge geschehen – und der heute wie eine Prophezeiung erscheinen muss, die 1986 Wirklichkeit geworden ist.

Das Spiel »S.T.A.L.K.E.R« benutzt diese Szenerie als Vorlage für eine ganze Reihe von Tschernobyl-Games. Bisher erschienen: *Shadow of Chernobyl, Clear Sky* und *Call of Pripyat*, drei Folgen, in denen sich Männer in das Zentrum eines verseuchten Gebietes vorkämpfen, das sie sich untertan machen sollen.

Auf der Website der Agentur heißt es, das Spiel verdanke seinen Erfolg und seine Designpreise vor allem der »fotorealistisch dargestellten Sperrzone«.

Für diesen Fotorealismus ist Jewgenij verantwortlich. Regelmäßig cruist er mit seinem schwarzen Polo durch die Sperrzone, um mit seiner Digitalkamera die preisträchtigsten »Spielumgebungen« einzufangen. Das hat ihn, der zuvor nie etwas mit Tschernobyl zu tun hatte, zum Zonenkundigen gemacht, zu einem, ja, Stalker im Tarkowskijschen Sinne: einem Pfadfinder, der sich seinen Lebensunterhalt damit verdient, Menschen durch die Zone zu führen.

Diese hauptberuflich erworbenen Zonenkenntnisse macht Jewgenij nun auch nebenberuflich zu Geld: als Fahrer für »Pripyat.com«.

Nein, sagt er, finanziell lohne sich der Ausflug für ihn nicht besonders. Aber er sei der Zone verfallen, dieser wildwüchsigen Natur,

Leere und Melancholie. »Das bringt mich runter von der Großstadt-hektik und diesen ganzen Coolnesszwängen.«

In denen scheint er bisher noch ziemlich tief drinzustecken. Trotz der Hitze trägt er ein komplettes Sisters-of-Mercy-Outfit: schwarzes, langärmeliges Hemd, schwarze Hose, schwere schwarze Schuhe. Die Haare, schwarz gefärbt und zum Iro aufgestellt, stacheln seitlich unter einer schwarzen Kappe hervor. Ein Großteil der Körperoberfläche ist von Metall durchbohrt, von Ringen, Dornen und Stacheln. Im Auto wummert ununterbrochen Hardtrance. Das, sagt er, halte ihn wach.

Auf der Fahrt von Kiew an den Zonenrand beginnt er eine Dis-kussion mit Georgi, dem Bulgaren, den ich als Ukrainisch-Dolmet-scher engagiert hatte – und der zum Glück noch zahlreiche andere Sprachen beherrscht.

Sie reden über das »Defizit«, die Warenknappheit, die es in der Sow-jetunion zu Zeiten von Tschernobyl gab. »Ich musste als Student oft stundenlang um Milch anstehen«, erinnert sich Georgi. »Meine Eltern haben mir davon erzählt«, sagt Jewgenij, der erst in den Achtziger-jahren geboren wurde. »Heute gibt es in dem Supermarkt bei mir um die Ecke zwanzig Sorten Joghurt!«

»Aber die kann sich kaum einer leisten!«, schimpft Georgi. »Jeden-falls keiner, der auf ehrliche Weise sein Geld verdient!«

Er selbst hat zwei Jobs, Dolmetscher und Exporthandel, seine Frau arbeitet als Controllerin in einer großen Firma. Trotzdem haben sie es nur zu einem 45-Quadratmeter-Plattenbauquartier am Stadtrand gebracht, in dem sie ihren Sohn großziehen.

Im Gegensatz zu Georgi erzählt Jewgenij nichts über sein Privat-leben. Er berichtet nur von seinem Nebenjob, den jungen Menschen aus aller Welt, die er in die Zone fährt. »Die engagieren sich fast alle gegen Atomkraft«, sagt er verwundert. »Ich hab's eigentlich nicht so mit dem Engagement. Aber ich bin froh, nicht für ein kommerzielles Reisebüro zu arbeiten. Da hat man es doch nur mit diesen Typen zu tun, die in der Zone einen Kick suchen.«

So eine Gruppe scheint auch an der Schranke vor dem Zonen-eingang zu warten: ein Auto voller Slowaken im Military-Look, die

Kommandos in ihre iPhones brüllen. Zum Glück werden sie schnell durch die Schranke gewunken, so dass wir die Metal-Musik, die aus ihren Boxen wummert, nur kurz ertragen müssen.

Nach einem kleinen Flirtgeplänkel mit dem Schrankenwärter rauschen wir über eine lange, schnurgerade Piste auf die Stadt Tschernobyl zu.

Tschernobyl war eine alte jüdische Handelsstadt. Es gab sogar eine Synagoge, die Anfang des 20. Jahrhunderts geplündert wurde. Ein Teil der Juden wanderte nach Amerika aus, andere wurden in weit entfernte Gebiete der Sowjetunion umgesiedelt. Zurück blieb ein ländliches Bürgertum, das sich nie besonders für die Geschehnisse im fernen Moskau interessierte; das die orthodoxe Kirche besuchte und seinem Handwerk nachging. Im Hafen wurden Waren aus dem Süden der Ukraine umgeschlagen, Werftarbeiter warteten die Schiffe der Wolgaflotte.

Die Straßen waren Alleen, die Holzhäuser mit Schnitzereien verziert, in den Gärten wuchsen Rosen, Obstbäume und wilder Wein. Der Ackerboden war einer der fruchtbarsten Europas, das Klima gemäßigt, und an den Piers unten am Pripjat landeten Besucher aus weit entfernten Städten an. Dann explodierte der Reaktor, den die meisten Bürger von Tschernobyl von Anfang an mit Skepsis betrachtet hatten – so ein Bauwerk, hieß es, gehöre in eine Industrieregion, nicht in die Polessje-Wälder. Es zerstöre die traditionelle Kultur der Region, ja, das Heimatgefühl.

Als die Katastrophe passierte, erfuhren viele Tschernobyler davon anfangs gar nichts. Aber auch nachdem die Nachricht am 1. Mai 1986 endlich offiziell verbreitet worden war, mussten viele noch wochenlang in der Stadt ausharren. Denn die 30-Kilometer-Sperrzone wurde nicht auf einmal, sondern in Etappen evakuiert: zuerst Pripjat, dann die Dörfer in der Nähe. Tschernobyl folgte erst Wochen später, so wie der Rest der Sperrzone.

Ein paar Hundert Menschen leben heute wieder in der Stadt, die von der Straße aus gar nicht mehr als solche zu erkennen ist. Der üppig wuchernde Laubwald hat alles verschluckt. Man sieht nur Eichen, Buchen, Erlen, Farne, Moos, Flechten; die verwitterten Fassaden der Holzhäuser, Straßen, Lampen, selbst die Gasleitungen, die, wie in der Sowjetunion üblich, oberirdisch verlaufen, sind hinter dem grünen Vorhang verborgen.

Im Hafenbecken, dort, wo die Strahlung besonders hoch ist, liegen verrostete Schiffe vor Anker. Fast zwei Millisievert pro Stunde zeigt mein Geigerzähler an im Gras neben der Straße, auf dem früher die Sonntagsausflügler campierten, um den Ausblick auf das waldgesäumte Flussufer zu genießen. Jetzt legt dort gerade ein Trupp Uniformierter grölend eine Wodkapause ein.

Wir fahren vorbei an der Synagoge, die jetzt als Arrestraum für Menschen dient, die die »Zonengesetze« verletzt haben. Wer in den Wäldern jagt, in den Flüssen fischt oder Baumaterial und Reaktorteile herausschmuggelt, landet hier – wenn er denn erwischt wird. Ein paar Meter weiter ist zwischen den Bäumen ein frisch gestrichenes Holzhaus zu erkennen, vor dem ein VW parkt. *Sdjes shiwjot chosjain*, »Hier wohnt der Hausherr« steht auf einem selbst gemalten Schild an der Haustür. Hinter der Küchengardine hantieren zwei Schatten mit Kochtöpfen. Es riecht nach Bratkartoffeln, mitten im Wald.

In der Stadtmitte – das heißt: der am wenigsten überwucherten Stelle von Tschernobyl – holen wir den staatlich bestellten Führer ab, der in einem Steinhaus mit schmiedeeisernen Fenstergittern seinen Dienst schiebt.

Sergej Frantschuk ist 56, hat drei Berufe: Maler, Dachdecker und Fahrer, und eine Frau und zwei Kinder, mit denen er in einem Dorf in der Nähe des Sperrzauns wohnt. In einem selbst ausgebauten Haus mit eigenem Angelplatz, wie er betont. Angeln gehört in der ländlichen Ukraine zum Mannsein wie der breitbeinige Gang und die Wodkagelage mit Freunden. Georgi, der Bulgare, hatte mir geraten, ein paar Flaschen mit in die Zone zu nehmen, sozusagen als vertrauensbildende Maßnahme. Eine überreiche ich Sergej: »Ein Mitbringsel aus der Hauptstadt.« »Junge Frau, natürlich trinke ich nicht im Dienst«, sagt er. Und grinst.

Sergej stammt aus dem Kreis Winniza, einer Gegend in der Zentralukraine, 300 Kilometer von der Zone entfernt – die Heimatregion der Schneiderin aus Trojeschina, die sich nach der Havarie zunächst dorthin geflüchtet hatte. Was ihn so weit in den Norden verschlagen habe, frage ich Sergej. Zu Sowjetzeiten sei man vom Staat einfach dorthin verschickt worden, wo Arbeitskräfte gebraucht wurden, sagt er. Das sei eben Planwirtschaft.

1982, nach der Entlassung aus der Armee, sei er mit seiner Frau ins Pripjat-Gebiet beordert worden, um dort beim Ausbau einer Kolchose zu helfen. Seine Frau war gelernte »Zootechnikerin«, also Spezialistin für Tierhaltung, er selbst Landmaschinenmechaniker. Die Kolchose stellte ihnen ein Haus zur Verfügung. Andere Verwandte zogen nach. Sie bekamen einen Sohn, eine Tochter, wurden heimisch.

Am 26. April 1986 klingelte um vier Uhr morgens das Telefon. Am Apparat war Sergejs Schwager, der bei der Feuerwehr arbeitete. »Du musst sofort deine Familie wegbringen!«, brüllte er ins Telefon. »Am Reaktor ist etwas passiert!« Sergej weckte seine Frau, half ihr, ein paar Sachen zu packen, und setzte sie mit den Kindern in einen Bus in Richtung Westen.

Er selbst blieb, weil das Dorf, in dem sie gelebt hatten, nicht in der 30-Kilometer-Sperrzone lag, sondern nur direkt an ihr dran, und er sich deswegen keine Hoffnung auf Entschädigungszahlungen oder Umsiedlungsgeld machte. Da die Kolchose nicht mehr produzierte, bot man ihm einen Aushilfsjob und eine Werkswohnung bei der Eisenbahn an, in einer Kleinstadt an der Trasse nach Kiew. Fünf Jahre lang ließ er seine Familie in Winniza, weil »ich ihnen ohne festen Job doch keine Sicherheit bieten konnte«. Sicherheit – von der Strahlung spricht er nicht.

Jedes Jahr stahl er sich an Silvester in die Zone. 1990 fiel er den Wächtern dort auf, kam mit ihnen ins Gespräch. »Ich will nichts plündern, ich fühle mich einfach von dieser Atmosphäre angezogen«, erklärte er ihnen. Statt ihn zu bestrafen, boten sie ihm einen Job an: Ob er nicht eine Versuchskolchose mit aufbauen wolle, am Rande der Zone?

Er nahm an und zog im Februar 1991 ins Dorf Oranje, acht Kilometer von der Einfahrtsschranke zur Sperrzone entfernt. Wie stark das Dorf noch belastet war, wusste niemand. »Nie habe ich dort jemanden mit einem Geigerzähler gesehen«, sagt er. »Wir haben Pilze im Wald gesammelt, Gemüse angebaut und gefischt. Was soll ich sagen? Ich lebe!«

Nach drei, vier Jahren zahlte auch die Versuchskolchose keine Gehälter mehr. Vielleicht sei der Boden doch so belastet gewesen, dass sich die Erzeugnisse nicht verkaufen ließen, mutmaßt Sergej. Oder man sei als kleine Kolchose im jungen ukrainischen Kapitalismus nicht mehr konkurrenzfähig gewesen. Er schlug sich als Wanderarbeiter auf Moskauer Baustellen durch und als LKW-Fahrer in der Zone. Nur Silvester – da stahl er sich wie immer in das Sperrgebiet, nahe zum Reaktor, wo ihn die gesamte Wachmannschaft inzwischen schon beim Namen kannte.

1999 wurde ihm schließlich ein Job bei der staatlichen Zonenagentur Tschernobylinterinform angeboten. Seitdem begleitet er Besucher als eine Art Fremdenführer durch das Sperrgebiet. Am Anfang hatte er es fast ausschließlich mit Wissenschaftlern und Journalisten zu tun. Danach folgten Menschen, die eher aus privatem Interesse kamen, Menschen aus ganz Europa, ja, sogar aus Amerika, die den Reaktor sehen wollten, wegen dem sie zu Hause jahrelang auf Pilze verzichtet hatten und trotzdem in Strahlenpanik verfallen waren; die sich für den Anti-AKW-Protest munitionieren oder einfach nur ein bisschen Aufregung in ihren wohlgeordneten Alltag bringen wollten.

Richtig berühmte Leute habe er kennen gelernt: Politiker, Professoren, Künstler. Vor drei Jahren beispielsweise habe er den deutschen Fotografen Gerd Ludwig einen Monat lang kreuz und quer durch die Zone gefahren. Am Ende hätte er sogar auf der Hochzeit seiner Tochter fotografiert, und sie seien Freunde geworden. »Es ist schon seltsam«, sagt Sergej, »früher, als wir hier eine wunderschöne Natur hatten, in der man sich frei bewegen konnte, hat sich kein Ausländer blicken lassen. Seitdem wir diese Sperrzone haben, kommt die ganze Welt zu uns.«

Im Sommer führt er mehrmals pro Woche eine Gruppe. Aber die Tour mit uns heute – das sei etwas Besonderes. Denn wir haben einen Wunsch, der über das normale touristische Besuchsprogramm – Reaktor, Tschernobyl, Pripjat – hinausgeht. Wir wollen die Orte sehen, an denen die Zone zu neuem Leben erwacht ist. Wir wollen den Alltag der Zonenarbeiter in der Stadt und der Rückkehrer in den Dörfern kennen lernen.

Während des touristischen Kernprogramms unterhält Sergej uns mit kleinen Anekdoten, die alle auf eine drastische Pointe zusteuern. Mir kommt es so vor, als würden wir ein Drehbuch umsetzen, Jerofejews *Reise nach Petuschki* beispielsweise, das absurdeste Roadmovie der russischen Literaturgeschichte, oder die seltsamen Nachwendeerlebnisse von Viktor Pelewins *Generation P*.

Sergej ist ein scharfzüngiger Kommentator, ein Conferencier der Zonenschauplätze, wie ich ihn nie bei einer staatlichen Behörde vermutet hätte: »Und nun kommen wir zur plutoniumreichsten Stadt der Welt ... Machen Sie sich bereit für das Schweigen der Lämmer ...« Als sich hinter einer Flussbiegung plötzlich die Silhouette des Reaktors ins Blickfeld schiebt, holt er tief Luft, lässt ein tiefes Brummen aus seiner Brust vernehmen, das plötzlich abreißt. Dann stöhnt er theatralisch auf. »Nein, was mir dieser Hubschrauberabsturz schon für seltsame Besuche beschert hat! Besonders diese Russen – die lassen einfach nicht locker!«

Nach der Havarie war einer der Hubschrauber abgestürzt, die die Strahlung direkt über dem Reaktor messen sollten. Die Leiche des Piloten wurde nie gefunden. Im Laufe der Jahre bildete sich ein Mythos um diesen Mann. Es hieß, er sei gar nicht tot, sondern würde sich seit über 20 Jahren in der Nähe des Reaktors verstecken, weil er befürchte, dass ihm das ZK – dessen Abtritt er natürlich nicht mitbekommen habe – den Verlust des Hubschraubers nicht verzeihen würde. Inzwischen sei er zu einem Mutanten geworden, einem Monster mit schrecklich verzerrten Zügen, das sich von Beeren ernähre, verstrahltem Obst und Wildtieren, von ihrem rohen, blutigen Fleisch.

Sergej erzählt, dass ständig russische Journalisten durch die Zone reisen würden, in der Hoffnung, ein paar Bilder des Mutanten schießen zu können. Einmal sei sogar ein komplettes Fernsehteam angerückt, mit Licht- und Tonmann und jeder Menge Assistenten, die die Zone so lange durchkämmt hätten, bis sie selbst verstrahlt gewesen seien.

»Aber gibt es hier wirklich keine Mutanten?«, fragt Georgi, der Dolmetscher.

»Ich führe euch hin!«, grinst Sergej. Zehn Minuten später stehen wir vor dem Kühlbecken des Reaktors und füttern Riesenwelse.

Als wir noch später neben dem Reaktor halten, deutet er auf den Sarkophag und schimpft: »Total überflüssig! Der Reaktor ist doch leer! Da wird nur noch herumgebaut, um hier nicht noch mehr Arbeitsplätze zu verlieren.« Mit Arbeitsbeschaffungsmaßnahmen habe man sich bereits zu Sowjetzeiten ganz gut ausgekannt. Der einzige Unterschied sei, dass die nun nicht mehr von Moskau finanziert würden, sondern von Brüssel, von Berlin, Madrid und Paris.

Als wir zu den Lebenden fahren, wird Sergej schweigsam. Den Mund öffnet er nur noch, um Anweisungen zu erteilen, wenn es brenzlig wird. Mit Handbewegungen dirigiert er Jewgenij, den Fahrer, in Richtung Westen, über den Fluss, vorbei an dem riesigen Ortsschild »Pripjat 1970«, durch brachliegende Felder, bis auf einmal ein hektisches Piepen im Auto zu vernehmen ist.

Unsere Geigerzähler spielen verrückt. Die Werte auf der Digitalanzeige springen in Wimpernschlaggeschwindigkeit nach oben: zwei Millisievert, drei, vier, sechs, sieben, sieben Komma acht, acht. Sergej brüllt: »Luft anhalten, Fenster schließen, Gas geben! Wir durchqueren die *Zapadnyj sljed*.«

Zapadnyj sljed, »die westliche Spur«: Das ist die Fläche mit der größten Verstrahlung, ein Finger, der hinter Pripjat 20 Kilometer weit ins Land hineinragt. Eine der Hauptgefahren für Abenteurer, die glauben, mit der Gefahr spielen zu können. Die sich illegal von einem dieser Führer in die Zone schleusen lassen, die als »Stalker«, als übersinnlich veranlagte Naturmenschen angeblich die Strahlung ohne Geigerzähler erspüren könnten. Ja, einige behaupten sogar, die radioaktive Strahlung könne zu einer Kraftquelle werden – wenn man nur das richtige Bewusstsein habe. Sie selbst, die sich quasi permanent in der Zone aufhielten, seien doch das beste Beispiel dafür: gesund, entspannt, eng mit der Natur verbunden!

Manche Medien verbreiten Heldengeschichten über diese »Stalker«. »So sehen die Priester des Industriezeitalters aus«, sagt Georgi. »Aber ich habe gehört, dass sie allmählich aussterben.«

Wir fahren durch Laubwälder mit Farnen, Büschen und brusthohem Unterholz, aus dem ab und zu ein umgestürzter Telegrafenmast herausragt. Leitungen surren im Wind, ein permanenter, an den Nerven zerrender Ton, ein Geräusch wie aus einem Horrorfilm. Am Waldsaum zeichnet sich im Gegenlicht die Silhouette eines geduckten Vierbeiners ab, der, als sich unser Wagen nähert, blitzschnell im Unterholz verschwindet.

Wir halten an, um seine Spuren zu begutachten, kleine, runde Tatzenabdrücke in der lockeren Erde. »Die stammen von einem Wolf, ganz sicher!«, sagt Georgi. »Früher hat man diese Wölfe bekämpft, weil sie die Schafherden gerissen haben. Heute freut man sich darüber, dass sie sich so vermehren. Das würde die Fähigkeit der Natur demonstrieren, sich selbst zu regulieren, heißt es. So hat Tschernobyl das Denken verändert!«

Wenig später erreichen wir Ilinitsy, das Dorf der Rückkehrer. Ilinitsy ist ein Wunder: Nur 20 Kilometer vom Reaktor entfernt, ist der Boden beinahe so sauber wie vor der Havarie. *Radiazija* an der ehemaligen Dorfstraße: 0,2 Millisievert, nicht viel mehr als auf dem Berliner Alexanderplatz. Denn die radioaktive Wolke segelte damals haarscharf am Dorf vorbei – und regnete über anderen, zum Teil viel weiter entfernten Orten ab. Doch das erfuhr damals keiner, der Tage nach der Katastrophe aus Ilinitsy aussiedelt wurde – genauso, wie man zunächst niemandem mitgeteilt hatte, dass der Reaktor explodiert und das Gebiet zur Sperrzone erklärt worden war.

Jewgenij parkt den Polo vor einer Bauernkate. Die Fassade ist frisch geweißelt, an den Fenstern hängen Gardinen. Im Vorgarten blühen Astern und Rittersporn, im Hof hinter dem grünen Holztor gackern Hühner.

Denkmal für die Katastrophenhelfer an der Rückfront von Reaktor 4,
10-Kilometer-Sperrzone, Ukraine

Maria Schaporenko heißt die Besitzerin, die uns herein bittet. 83
Jahre ist sie, 82 ¾ davon hat sie in Ilinitsy verbracht. Sie lebt alleine,
der Mann ist vor fünf Jahren gestorben. »Wisst ihr, Kinder, wir waren
schon immer Selbstversorger hier«, sagt sie auf Ukrainisch zu uns.
»Deswegen konnte uns auch lange niemand vorschreiben, wie wir
leben. Und dann kamen plötzlich diese Soldaten ins Dorf und sagten:
›Packt eure Sachen! Wir bringen euch hier weg!‹« Sie habe sich geweigert: »Warum sollen wir hier weg? Das ist unser Haus! Wir leben
von diesem Boden!« »Es ist zu gefährlich. Der Reaktor ist explodiert«,
hätten die Männer geantwortet.

Sie habe nicht verstanden, was plötzlich so gefährlich sein sollte.
Man habe ja nichts gesehen, nichts gerochen. Doch bei dem Wort

Kraftwerk sei sie wieder so wütend geworden wie 15 Jahre zuvor, als man ihre Mühle abgerissen habe, weil dort dieses Ungetüm gebaut werden sollte. Das sei nötig, um Arbeitsplätze und Wohlstand für die Region zu schaffen. »Aber wir wollten lieber unsere Mühle behalten!«, sagt sie. »Die Mühle war der Mittelpunkt des Lebens in den Dörfern! Aus der gesamten Umgebung sind die Bauern dorthin gekommen, haben Nachrichten ausgetauscht, Geschäfte gemacht, Bekanntschaften geschlossen. Sogar Ehen sind bei dieser Mühle geschlossen worden!« Da habe ihr ein Funktionär gedroht: »Babuschka, so ein Protest kann ganz schnell in Sibirien enden!« So hätten sie sich im Dorf wohl oder übel mit dem Kraftwerk arrangiert. »Aber dass wir deswegen auch noch unser Haus verlassen sollten – das war zu viel!«, schimpft Maria Schaporenko. Sie habe sich an der Haustür festgeklammert und gerufen: »Wenn Sie mich hier weghaben wollen, müssen Sie mich schon tragen!« Zwei Mal seien die Männer wiedergekommen, beim dritten Mal hätten sie sie mit Gewalt in den Wagen gesetzt und in eine Kleinstadt gebracht, eine Autostunde von Ilinitsy entfernt.

In der Wohnung dort habe der Ofen nicht richtig funktioniert, es habe kaum etwas zu essen gegeben, und zu tun hätten sie auch nichts gehabt. Ihr Mann sei krank geworden, Rheuma, Zucker, das Herz habe unregelmäßig geschlagen. »So geht das nicht weiter!«, habe sie zu ihm gesagt. »Wir müssen zurück nach Hause!«

In der Nacht schnitten sie ein Loch in den Zaun, der die Sperrzone einfriedet, und schlugen sich bis in ihr Dorf durch. Nach ein paar Tagen bemerkte ein Zonenaufseher den Rauch, der aus dem Schornstein ihres Hauses aufstieg. »Ich darf euch leider nicht hier lassen!«, sagte er zu ihnen, während sein Kollege einen Geigerzähler aus der Tasche holte. »Unglaublich«, murmelte der plötzlich. »Hier ist ja gar keine *radiazija*!«

Da habe sie ihnen einen Wodka eingeschenkt und erzählt, was ihnen in ihrem Umsiedlerquartier widerfahren sei. »Babuschka, wenn ihr versprecht, das Dorf nicht zu verlassen, lassen wir euch hier«, sagten die beiden Männer schließlich. »Aber dass ihr mir nichts außerhalb des Dorfes anbaut! Da ist die *radiazija* lebensgefährlich hoch!«

Dann boten die Aufseher den Schaporenkos noch an, ihnen Lebensmittel und Medikamente von draußen mitzubringen. »Aber das haben wir meistens abgelehnt! Das Einzige, was wir genommen haben, war unsere staatliche Rente und den Kirchenkalender«, sagt Maria Schaporenko. »Das Wichtigste ist doch, ein selbstbestimmtes Leben zu führen. Dann kann man auch alles andere ertragen.«

Ob sie sich nicht einsam fühle, so allein in diesem überwucherten Dorf? »Ich? Einsam? Ich habe doch Nachbarn! Leider nicht mehr so viele wie in den ersten Jahren. Die meisten sind ein paar Jahre nach ihrer Rückkehr gestorben, waren ja alles alte Leute!« Sie streckt den Kopf aus dem Fenster. Draußen auf der Straße schlurft ein alter Mann in Pantoffeln vorüber, wir treten ans Fenster.

»Deutsche Leute?«, ruft er aus der Entfernung, und dann, als ich auf die Straße trete: »Eins, zwei, drei! Achtung, stillgestanden!« Woher er Deutsch könne, frage ich ihn. Er antwortet auf Ukrainisch: Er sei Zwangsarbeiter in Deutschland gewesen, habe bei einem Bauern in Niedersachsen gewohnt. »Wir hatten dort immer satt zu essen! Das war die schönste Zeit meines Lebens! Ich wollte eigentlich gar nicht zurück.«

»Bitte«, sagt er dann, »erzählen Sie mir von Deutschland.« Ich erzähle von den Bauernhöfen in Norddeutschland, von Windkrafträdern und Biogasanlagen. Er schiebt seine Schirmmütze von einem Ohr zum anderen, kratzt sich am Kopf. »Hier hat sich seit Ewigkeiten nichts verändert«, sagt er. »Aber was soll man machen? Man kann sich nicht aussuchen, wo einen das Leben hinstellt.«

Währenddessen hat Maria Schaporenko das Mittagessen im Petsch, einem Holzofen, aufgewärmt. Es gibt Kartoffeln mit Möhren, Eier, Brot mit Butter und weißem Speck – alles aus eigener Produktion. Sogar der Schnaps, den sie uns eingießt. Ich wage es nicht, meinen Geigerzähler daran zu halten. Sergej grinst, als er meinen unsicheren Blick sieht. »Ihr seid doch Mimosen im Westen! Ein Essen wird dich schon nicht umbringen! Unsere Gastgeberin ist an diesem Ort 83 geworden!«

Dann zieht er auch noch den Wodka, den ich ihm zu Beginn unserer Fahrt geschenkt hatte, aus der Tasche. Drei Wassergläser voll muss jeder von uns trinken, innerhalb von 30 Minuten. Maria Schaporenko wird noch redseliger, als sie es ohnehin schon war. Sergej frotzelt ohne Unterlass. Georgi ist nicht mehr in der Lage, Deutsch zu sprechen. Und dann steht plötzlich auch noch eine Nachbarin in der Tür und lädt uns in ihr Haus ein – wo es noch einmal Hochprozentiges zu verkraften gilt. Auch die Nachbarin ist Mitte achtzig und sehr selbstbewusst. »Sie müssen im Winter wiederkommen!«, sagt sie zu mir. »Da liegen wir den ganzen Tag faul auf dem Petsch und haben Zeit zum Plaudern.«

Jetzt sei leider Sommer, und sie müsse aufs Feld, um die Melonen zu bewässern. Aber wir sollten doch mitgehen. Zum Abschied bekommen wir einen ganzen Sack voll geschenkt, den wir schwankend zum Auto schleppen.

»So sind sie, unsere Leute«, lallt Sergej, während er den Motor anlässt. »Lassen sich durch nichts unterkriegen!«

Die anderen Lebenden, die sich in der Zone aufhalten, sind jung. Und flirten, als wir eintreffen, im Supermarkt von Tschernobyl: Zwei Arbeiter im Blaumann, die weißen Sicherheitshelme unter den Arm geklemmt, lächeln der Verkäuferin zu, drücken sich extra lange vor den Regalen mit den Pralinenkästen herum, erkundigen sich nach dem besten Cognac, bis einer der beiden mutig wird und sie fragt, was sie am Abend vorhabe. »Am Abend«, sagt sie verlegen, »da fahre ich immer nach Hause.«

Sie ist Anfang zwanzig, zierlich, hat blonde Strähnchen im Haar. Über einem engen, weißen T-Shirt trägt sie einen Dralon-Kittel, dessen Ziernähte exakt mit der Farbe ihres pastellrosa Lippenstiftes harmonieren.

Der Arbeiter lässt nicht locker: »Also wohnen Sie gar nicht hier bei uns in Tschernobyl?«

»Nein, ich wohne draußen, bei meinen Eltern.« Draußen, das heißt: außerhalb der Sperrzone.

Sergej stellt sich neben die beiden Flirter und sagt. »*Djewuschka*, Fräulein, hören Sie! Ich habe einen Gast aus Deutschland, und der würde gerne einen guten Wodka kaufen!« Oh nein, denke ich, aber glücklicherweise zeigt sie auf das Schild, das über dem Flaschenregal hängt: *Realisazija spritich napitkov posle 19*, »Kein Schnaps vor 19 Uhr«.

»Also gut! Dann geben Sie uns eine Fanta und beantworten meinem Gast ein paar Fragen!«

Er schiebt mich in den Vordergrund, ganz nahe an die Verkaufstheke. Zum Glück spricht die Verkäuferin nicht Ukrainisch, sondern Russisch. Denn Georgi, der Übersetzer, ist noch nicht wieder auf dem Damm.

Sie komme aus Ovrutsch, einer Kleinstadt am Rande der Zone. Aber da gäbe es keine Arbeit, und deswegen habe sie sofort zugesagt, als man ihr diesen Job hier in Tschernobyl angeboten habe. Morgens um acht würde sie mit der *Marschrutka* herfahren, dem Kleinbus, abends würde sie manchmal ein Kollege mitnehmen. Ob sie keine Angst habe? »Wovor denn Angst? Hier wohnen doch sogar Leute. Und die Lebensmittel kommen von draußen.«

Dann wird plötzlich die Ladentür aufgestoßen. Ein Schwall Menschen drängt herein, die meisten von ihnen nicht älter als 30. Die Frauen stellen sich an der Süßwarentheke an, die Männer bei den Spirituosen. Sie reden wild durcheinander, scherzen, lachen. Im Laden von Tschernobyl herrscht ein Lärmpegel wie in einem Klassenzimmer. Gleich wird auch noch die Polessje-Bar im oberen Stockwerk öffnen. »So ist das, wenn sie im Kraftwerk Schichtende haben«, sagt die Verkäuferin wie entschuldigend. »Und jetzt muss ich leider nach hinten ins Lager, weil gleich das Alkoholgeschäft losgeht.«

300 Menschen wohnen wieder dauerhaft in der Stadt, die nach der Havarie zunächst geräumt worden war, ein paar Hundert leben zeitweilig hier, für Wochen, für Monate, fahren dann wieder nach Hause zu ihren Familien und kehren nach kurzer Erholungspause zurück. Die Reaktoren brauchen Arbeiter, auch wenn der letzte im Jahr 2000 vom Netz genommen wurde. Denn ein Atomkraftwerk kann man nicht einfach abschalten und dann vor sich hin rosten lassen. Es muss Stück für Stück zerlegt werden, vor allem der Atommüll muss entsorgt werden – nicht nur, damit er dem Zugriff von Schurken und Schurkenstaaten entzogen ist. Und nun soll ja auch noch ein neuer

Sarkophag errichtet werden. Man will ihn 200 Meter neben dem Reaktor 4 aufbauen und dann auf Schienen über den alten fahren.

Die meisten Arbeiter leben in den fünfstöckigen, grauen Blöcken an der Straße nach Pripjat, die wie Fremdkörper aus der Stadt der Holzhäuser aufragen, direkt gegenüber der Polessje-Bar und dem Denkmal für die Feuerwehrleute, eine Metallstatue im realsozialistischen Stil, die eine Gruppe Männer mit muskulösen Oberkörpern und entschlossenen Gesichtern zeigt, die mit aller Kraft an einem Feuerwehrschlauch ziehen.

Auch für das Leben außerhalb der Arbeit ist in Tschernobyl gesorgt: Es gibt ein Kino, eine Kantine mit Tanzsaal, eine Turnhalle, das Hotel, und nicht zuletzt die frisch sanierte orthodoxe Kirche, deren Zwiebeltürme über der Stadt aufragen. Der Pope berichtet, dass seine Messen immer voll seien. Manchmal kämen sogar die illegalen Siedler aus den Dörfern – wenn die Leute von der Zonenverwaltung sie im Auto mitnähmen. Ja, solche Arrangements gebe es, der ukrainische Präsident Janukowitsch habe sogar angekündigt, die Illegalen in der Zone zu legalisieren und ihnen zu erlauben, dort ganz offiziell einen Wohnsitz anzumelden.

Einen Steinwurf von der Kirche entfernt stehen Panzer in einer Wiese. Russische Panzer unterschiedlichster Baureihen; Panzer, mit denen die Deutschen aus dem Land geschossen wurden, behauptet Sergej. »Tja, und jetzt holen wir sie freiwillig ins Land«, sagt er mit einem Seitenblick auf mich und lässt mich dann für ein Erinnerungsfoto aufstellen.

Sergej ruft unterdessen mit seinem Handy die Kollegen von Tschernobylinterinform an, um anzufragen, ob das Essen fertig sei. Der Empfang in Tschernobyl ist gut. Jeder der Kollegen trägt ein Handy in der einen Jackentasche, den unablässig piepsenden Geigerzähler in der anderen, dazu oft noch eine Zigarette im Mundwinkel – keine Gegend für Strahlenpaniker, für Menschen, die sich Kilometer vom nächsten Handy-Sendemast entfernt unruhig im Bett wälzen.

»Bleibt doch zum Essen!«, ruft Sergej, die Köchin von Tschernobylinterinform habe Kohlrouladen und Kartoffelpüree gekocht. Als wir das Gebäude der Zonenagentur betreten, schlägt uns der Kohlgeruch in Schwaden entgegen. Der Alkohol aus Ilinitsy regt sich im Magen. »Danke«, sagt Georgi mühsam beherrscht. »Aber ich glaube, wir essen heute nichts mehr.«

»Dann nehmt doch wenigstens noch ein Andenken mit!« Sergej schwatzt uns einen Bildband mit verdruckten Schwarz-Weiß-Fotos und ukrainischem Text für zehn Euro auf und tut dabei so, als ob er uns ein Geschenk überreichen würde. Seite für Seite blättert er vor uns auf, zeigt auf die Fotos verschwitzter, erschöpfter Männer, die zum Schutz vor der Strahlung nicht mehr als eine Bleiweste und eine Stoffmaske tragen. »Bekannte von mir. Die haben die Graphitblöcke mit bloßen Händen beiseite geräumt.« Er blättert weiter, deutet auf ein Foto von drei Männern mit hochgeklappten Schweißermasken, die vor einem Rohbau auf einer verschneiten Waldlichtung posieren. »Die kenn ich auch. Das sind die Erbauer des neuen Pripjat«, sagt er stolz. Das Foto muss, dem Baustil nach zu urteilen, aus den frühen Neunzigerjahren stammen.

»Was ist das neue Pripjat?«, frage ich.

»Na, Slawutitsch! Das haben sie doch am Rande der Sperrzone für die Arbeiter gebaut, nach dem Vorbild von Pripjat. Die anderen Blöcke waren doch noch jahrelang in Betrieb, und in Tschernobyl gab es nicht genug Platz. Ja, und jetzt ist da in Slawutitsch auch noch die Pressestelle des Kraftwerks.«

»Die haben noch eine Pressestelle?«

»Fahrt hin und überzeugt euch selbst! Aber bevor ihr aufbrecht, müssen wir noch einen Wodka trinken. Das gehört zum Pflichtprogramm. Wodka schwemmt die *radiazija* aus dem Körper!«

Nach dem Wodka passieren wir die Dosimeterkontrolle, eine Maschine, die wie ein Körperscanner am Flughafen aussieht. Nur scannt das Gerät den Körper nicht nach metallischen Gegenständen ab, sondern nach ebenjener Radioaktivität, gegen die wir eben angetrunken haben. Bei dem, der zu viel davon im Körper hat, leuchtet eine rote Warnlampe neben dem Kopf auf. Das passiert dem Mann im Trainingsanzug, der vor uns in der Schlange gewartet hat. Dazu schellt eine Alarmglocke. Ein Uniformträger eilt herbei, zieht den Mann zur Seite. »Ich versteh das nicht«, stammelt der. »Ich war nur da, wo die anderen auch waren. Und die sind problemlos durch die Kontrolle gekommen.«

»Hatten Sie in den letzten Tagen eine medizinische Untersuchung?«, fragt der Uniformierte streng.

»Ja, eine Computertomographie, in Moskau.«

»Na, dann hatten Sie ja schon vorher genug *radiazija* im Körper! *Nu, wsjo charoscho.* Also, alles in Ordnung. Gute Fahrt!«

Bei uns öffnet sich die Sicherheitsschleuse problemlos. Wir nehmen die Hauptstraße in Richtung Osten. Die einzig passierbare, denn die anderen Straßen verlaufen durch die belarussische Sperrzone.

Slawutitsch ist eine Retortenstadt in den Wäldern an der Grenze zu Belarus. Bekannt geworden ist sie vor allem wegen ihres im ganzen Land geschätzten Bieres. Vor einigen Jahren hat Karlsberg sich hier eingekauft, produziert jetzt das berühmte »Slawutitsch Pils«, das auch der aktuelle ukrainische Präsident gerne in größeren Mengen zu sich nehmen soll.

Das Stadtzentrum ist in Planquadrate eingeteilt, die Gebäude sind lange, gleichförmige Betonriegel, mit sehr viel Fläche dazwischen. Neben dem »Haus der Kultur« finden wir die »Informationsabteilung der Staatlichen Spezialunternehmen des Atomkraftwerkes Tschernobyl«. Wladimir Bolssun, ein muskulöser Mittdreißiger im hautengen T-Shirt von Calvin Klein, ist Herr über ein paar Hundert Videokassetten: das Filmarchiv des Kraftwerks, das Aufnahmen von der Havarie, der Aussiedlung von Pripjat bis hin zum Bau des Sarkophags beherbergt. »Wir haben sogar Bilder aus dem Inneren des Reaktors«, sagt Wladimir Bolssun stolz.

Ich frage ihn, wofür das Kraftwerk heute noch eine Presseabteilung benötige. Wahrscheinlich wolle man darüber informieren, wie die Arbeiten am Sarkophag vorangingen, antwortet er. Aber genau wisse er das nicht. Er sei erst seit ein paar Jahren hier – und wolle nie wieder weg. So ginge es den meisten, die hier lebten. Slawutitsch sei so etwas wie eine Nische, in der man von den sozialen Spannungen im Land nicht viel mitbekäme. In der Stadt wohnten viele Akademiker, es gebe Konzerte, Lesungen, Sportveranstaltungen. Und zu kaufen gebe es fast alles, was man so brauche.

Wie früher in Pripjat, geht mir durch den Kopf. Nur ist heute ein anderes politisches System für diese Nische verantwortlich.

Ich frage ihn, ob er hier später auch begraben werden wolle, so wie die Leute aus den Dörfern in der Zone? Viktor Gaidak, der Liquidator in Trojeschina, hatte mir von dem Brauch erzählt, dass man sich dort begraben lassen müsse, wo die Knochen der Vorfahren lägen – selbst wenn das in der Zone sei. Jedes Jahr an Radonitza, dem »Freudenfest« in der Woche nach Ostern, würden sie deswegen von Trojeschina aus dorthin fahren, um die Gräber nach dem langen Winter wieder in Schuss zu bringen. Und würden auf den Tag trinken, an dem sie endgültig in die Sperrzone zurückkehren könnten.

»Warum soll ich mir jetzt schon Gedanken darüber machen, wo ich eines Tages begraben werde?«, fragt der Tschernobyl-Pressemann. »Ich weiß ja nicht einmal, wohin mich das Leben verschlägt, wenn sie Tschernobyl eines Tages ganz schließen.«

Im Sommer tragen die Mädchen wieder kurze Röcke

Frühling 2009, Südost-Belarus

Lara ist wieder da! Immer, wenn es Frühling wird, taucht sie bei uns im Dorf auf. Kein Wunder, dass sie nicht im Winter kommt. Denn da ist es hier überhaupt nicht angenehm: Die Luft ist so kalt, dass es beim Einatmen weh tut, die Wege sind vereist, und richtig hell wird es auch nicht. Dafür haben wir im Winter weniger *radiazija*. Das behaupten sie jedenfalls an der Uni, im Katastrophenschutz-Unterricht, der bei uns Pflicht ist. Sogar eine Prüfung muss man darin ablegen.

Einen milden Frühling wie in Deutschland gibt es bei uns nicht, nach dem Winter beginnt eigentlich gleich der Sommer. Einen Tag ist es noch so kalt, dass man eine Wattejacke anziehen muss, dann kommt die Sonne raus, taut den Schnee weg, und schon laufen die Leute im T-Shirt durch die Straßen, im April! Da ist in Deutschland meist noch richtig schlechtes Wetter.

Aber dass Lara nun ausgerechnet in der Woche nach Ostern ihre Tschernobyl-Recherche fortsetzen will, ist mir gar nicht recht. Denn da feiern wir Radonitza. Das ist ein Totenfest, das aber sehr fröhlich ist. Wir treffen uns auf dem Friedhof, essen und trinken, es gibt Alkohol wie bei einer richtigen Party. Und jetzt kann ich da wahrscheinlich gar nicht hin. Meine Verwandten waren schon ein bisschen sauer auf Lara, die unbedingt an diesem Tag mit mir in die Zone will.

Auf die Idee ist sie in der Ukraine gekommen, wo sie Leute aus Pripjat kennen gelernt hat. Die haben ihr erzählt, dass sie an Radonitza immer in die Zone fahren, zu den Gräbern ihrer Vorfahren, und das wollte sie miterleben. Natürlich will sie nicht mit mir nach Pripjat, das liegt ja hinter der Grenze. Nein, sie will in unseren Teil der Zone, in eines der Dörfer zwischen Narowlja und Choiniki.

Sie hat sogar schon mit Jewgenij, dem Heiler, gesprochen. Er fährt mit seiner Familie an Radonitza auf den Friedhof in seinem ehemaligen Dorf. Die Häuser da haben sie begraben, aber die Gräber – die haben sie gelassen. Die Toten sind schließlich heilig bei uns! Deswegen ist es schlimmer, einen Friedhof zu zerstören als ein Dorf.

Ich weiß nicht, wie Jewgenijs Familie in die Zone hineingelangt, ob sie eine Sondergenehmigung beantragen müssen oder ob es reicht, wenn sie nachweisen, dass sie dort früher ein Haus hatten. Lara haben sie einfach nur gesagt, dass sie um acht Uhr morgens in Belabereshskaja Rudnja sein soll, dem ersten Dorf hinter dem Zaun. Ich frage mich, wie wir da an Radonitza hinkommen sollen. Da ist doch bestimmt alles voller Polizei und KGB!

Zuerst haben wir bei der Verwaltung in Narowlja angefragt. Lara hat einen Physikprofessor kennen gelernt, der angeblich mit dem Behördenchef reden wollte. Leider hat sich der Chef nie blicken lassen, und die anderen in dem Büro haben gesagt, sie könnten nicht einfach einen Passierschein für eine Ausländerin ausstellen.

Am Ende haben wir Jewgenij angerufen und mit ihm vereinbart, dass wir mit meinem Auto direkt hinter seinen Schwiegersöhnen herfahren. Die würden behaupten, wir seien Verwandte aus Deutschland, die endlich einmal die Gräber ihrer Vorfahren besuchen wollten.

Als wir dann mit den Anischenkos über den Feldweg nach Belabereshskaja Rudnja holperten, war niemand da, um uns anzuhalten. Es gab auch keinen Zaun und keine Schranke, dabei müsste das ganze Gebiet umzäunt sein, weil es in der 30-Kilometer-Sperrzone liegt, zu der niemand Zutritt haben soll, nicht einmal Flüchtlinge wie Nazyr.

In Belabereshskaja Rudnja standen Leute in Sonntagskleidern vor dem Friedhof. Wir fuhren hupend an ihnen vorbei und haben uns dann durch die Wiesen bis nach Dworischtsche vorgekämpft, Jewgenijs ehemaliges Dorf.

Radonitza, Totengedenkfest, auf einem Friedhof in der 30-Kilometer-Sperrzone, Kreis Narowlja, Belarus

Mein Mercedes setzte dauernd auf, und als ich endlich den Motor ausmachen konnte, sah ich, dass der Unterboden beschädigt war. Lara sagte nur: »Warum fährst du in dieser Gegend auch so ein Auto?« Unglaublich: Ich verpasse die Feier mit meinen Verwandten, mein Auto wird beschädigt, weil Lara unbedingt in die Zone fahren muss, und dann macht sie so einen Spruch! Am liebsten wäre ich sofort nach Hause gefahren! Aber ich bin geblieben, weil Jewgenij auf uns gewartet hat, und der hatte doch schon so viel für uns getan.

Der Friedhof von Dworischtsche war total zugeparkt mit Autos. Die hatten Nummernschilder aus ganz Belarus. Ja, es gab sogar eines aus der Ukraine!

Jewgenij wartete neben dem Passat seines Schwiegersohns. Als wir ihn begrüßen wollten, drängte sich ein weißhaariger Mann an uns vorbei. »*Strastwui moi maltschik*«, sagte er zu Jewgenij. »Guten Tag, mein Junge! Wie geht's dir? Liest du immer noch fleißig Achmatova?«

»Das war sein Lehrer«, flüsterte mir Jewgenijs Tochter zu. Ihr Vater hatte eine ganz belegte Stimme, als er antwortete. »Ich habe meine Bücher in Dworischtsche gelassen. Achmatova … wenn ich Sie nicht getroffen hätte, hätte ich den Namen wahrscheinlich nie wieder gehört. Schade, dass wir uns hier nur an Radonitza treffen können!« Er beugte sich runter, weil der Lehrer so klein war: »Sie wollen sich doch auch hier begraben lassen?«

»Natürlich!«, rief der Lehrer. »Das wollen doch alle aus dem Dorf!«

Die Tochter seufzte. »*Kakaja schisn*, was für ein Leben! Das Dorf ist tot, aber der Friedhof wächst!«

Danach ging sie zum Grab ihrer Verwandten, holte einen Topf Farbe aus ihrer Plastiktüte und strich das Metallkreuz frisch an, in Weiß. Dann entfernte sie die ausgebleichten Plastikblumen vom letzten Jahr und steckte neue in die Erde – Plastikblumen, weil sie das Grab zwischendurch nicht pflegen können.

Elf Uhr war es schon! Jetzt packten sie bei uns auf dem Friedhof sicher gerade die Schnitzel aus! Wenigstens hatten die Anischenkos auch ein Picknick vorbereitet, neben dem Grab der Verwandten. Eine Tante hatte kleine Buletten mit Knoblauch gebraten, Jewgenijs Frau

Tomaten und Gurken aus dem Garten mitgebracht, der Schwiegersohn Käse, Brot und Wodka.

Ich hatte mit Lara gestern Abend noch Orangen und Cognac bei meiner Mutter im Geschäft gekauft. Man kann in Belarus nicht zu einer Feier gehen, ohne etwas mitzubringen. Das wäre eine Beleidigung für den Gastgeber. Weil Lara bezahlte, hatten wir gleich ein ganzes Kilo Orangen genommen. Der ganze Friedhof aß nun von unseren Orangen, und alle machten Witze über uns, ich glaube, weil Lara so ernst schaute und ich keinen Wodka trinken wollte. Wenn die Leute ein bisschen was getrunken haben, nehmen sie nichts mehr ernst. Und als ein Onkel anfing zu jammern, dass Tschernobyl seine Gesundheit und wohl auch seine Männlichkeit ruiniert habe, fielen ihm die anderen ins Wort: »Ach, denk einfach immer dran: Im Sommer tragen die Mädchen wieder kurze Röcke.«

Die müssen früher einen wahnsinnigen Zusammenhalt in ihrem Dorf gehabt haben! Viel mehr als wir heute! Wenn Jewgenij Kirschen erntete, brachte er den Nachbarn sofort welche rüber. Dabei war er ein Direktor auf der Kolchose! Die anderen brachten ihm dafür Fische vom Angeln mit. Jewgenijs Frau konnte gut kochen, da blieben die jungen Kolchosniks oft vor dem Haus stehen, weil es so gut roch. Die Anischenkos hatten das größte Haus im Dorf, blau gestrichen, mit vier Zimmern und einer überdachten Veranda, von der man auf die Kirschbäume schauen konnte, die Jewgenij selbst angepflanzt hatte. Aber das Haus gibt es heute nicht mehr. Nur ein kleiner Erdhügel ist geblieben. Und die Kirschbäume.

An Radonitza hatten sie gerade angefangen zu blühen. Nach der Feier auf dem Friedhof stellte sich Jewgenij unter den Baum, seine Tochter brach einen Zweig ab und drückte ihm den in die Hand. Danach war ihr Kajal um die Augen verlaufen.

Lara hatte in der Zeit mit ihrem Geigerzähler die Gegend vermessen und erzählte mir dann, dass in Dworischtsche weniger *radiazija* sei als in Gruschewka. Tja, trotzdem haben sie Dworischtsche zerstört, und in Gruschewka wohnen jetzt wieder Leute!

Wenn ich mir überlege, dass unser Dorf nicht mehr da wäre …

dass ich nicht mehr zu meinem Bruder, zu meinem Onkel, meinen Cousins gehen könnte, wenn ich Hilfe brauche … ich wüsste nicht, was ich machen sollte.

Neulich bin ich mit meiner A-Klasse im Matsch steckengeblieben, und mein Cousin hat die Arbeit unterbrochen und ist sofort losgefahren, um mich mit dem Traktor herauszuziehen. Lara saß mit im Auto und war so begeistert, dass sie ihm einen Sommerjob in Deutschland besorgen will, damit er Geld zurücklegen kann, um endlich das zweite Haus von meinen Großeltern auszubauen, als Wohnung für sich und seine Frau. Das Haus steht leer, seitdem mein Großvater tot ist. Es sollte das schönste Haus im Dorf werden, ein modernes, riesiges Holzhaus mit zwei Stockwerken und einer Innentoilette. Sein halbes Leben hat er daran gearbeitet. Kurz bevor es fertig war, ist er gestorben. Und danach hatte keiner mehr Geld, um es zu Ende zu bauen.

Ich hoffe, mein Cousin bekommt ein Visum für Juli. Dann haben wir nämlich Ferien an der Uni, und ich kann ihn begleiten. Allein hat er ein bisschen Angst. Er war zwar schon einmal in Deutschland, aber er kann sich an nichts mehr erinnern – er war ja noch ein Kind, als er von den »Kindern von Tschernobyl« eingeladen wurde.

Lara wollte wissen, wo ich das nächste Mal in Deutschland wohnen werde. Aber ich wollte es ihr nicht sagen. Sie ist doch Journalistin, und nach der Geschichte mit meinem Vater und Nataschas Warnung, da habe ich Angst bekommen! Ich hatte zwar noch nie direkt Kontakt mit dem KGB, doch jeder hier weiß, dass man vorsichtig sein muss. Eigentlich sollte man niemandem trauen, den man nicht kennt, und selbst dann … Hier arbeitet jeder Dritte für den Geheimdienst, heißt es. Deswegen ist es besser, nicht zu viel von sich preiszugeben.

In Belarus haben wir noch den Geheimdienst aus der Sowjetunion. Angeblich hat er nur den Namen beibehalten, aber die Leute glauben das nicht. In Russland hat sich der KGB wenigstens in FSB umbenannt. *Federalnaja Slushba Besopassnosti Rossijskoj Federazii.* Aber dort hat sich insgesamt mehr verändert als bei uns. In Russland gibt es jetzt zum Beispiel richtig reiche Leute, und man kann alles kaufen, was es auch im Westen gibt. Deswegen versuchen Männer von uns, da Geld zu verdienen. Sie fahren über die Grenze, kaufen drüben billig Sachen ein und verkaufen die hier, auf den Märkten oder unter der Hand. Frauen gehen als Nutten nach Moskau. Eigentlich ist das bei uns die einzige Möglichkeit, an Geld zu kommen. Und Geld ist wichtig, weil man Leute mit Geld dazu bringen kann, einem zu helfen. Wenn man eine Operation braucht zum Beispiel, oder ein Dokument, ein gutes Diplomzeugnis. Dafür verlangen die meisten Professoren inzwischen auch Geld.

Aber Lara ließ nicht locker. Sie wollte unbedingt wissen, wo ich in Deutschland sein werde. Sie wolle nur kurz mit meinen Gastgebern sprechen, hören, warum sie sich bei den »Kindern von Tschernobyl« engagierten, wie die Freundschaft mit mir so gewachsen sei, dass sie sich bis heute um mich kümmerten. Vielleicht kenne sie die Familie ja sogar, von ihren Recherchen im Rheinland.

»Was ist denn los? Warum tust du so geheimnisvoll, Mascha?«, fragte sie.

»Mein Gastgeber will nicht, dass ich in der Zeit andere Kontakte pflege. Der ist eifersüchtig«, antwortete ich.

»Eifersüchtig? Habt ihr was miteinander? Deutscher Greis und junge Belarussin?« Sollte wohl einen Scherz sein. Mich hat das beleidigt. »Natürlich nicht, Lara! «

»Warum dann, Mascha?«

»Ich habe Angst, dass du die Familie Dinge fragst, die ihnen nicht passen. Und dann sind sie wütend auf mich!«

»Ach, Mascha! Ich will sie doch nur kennen lernen! Wenn sie dich so oft einladen, werden sie nichts dagegen haben. Wir sind doch Freundinnen!«

Ich schwieg, holte mein Handy aus der Tasche und telefonierte, bis wir wieder zu Hause waren, die ganze Autofahrt von der Zone zurück. Warum bot sie mir nicht lieber an, mein Auto zur Werkstatt zu bringen? Das wäre für mich Freundschaft. Ich fragte mich, was sie wirklich von meinem Leben verstanden hat.

Zu Hause wartete meine Mutter schon mit dem Borschtsch auf uns. Besser gesagt: mit Borschtsch und Schnitzel und Gurkensalat und

Bratkartoffeln. Meine Mutter kocht immer so viel, wenn wir Gäste haben, das kann man ihr nicht ausreden. Aber Lara wollte nicht einmal einen Bissen probieren. Ja, sie wurde richtig aggressiv, als meine Mutter sie zum dritten Mal aufforderte, sich doch etwas zu nehmen – sie könne doch noch was vertragen, dünn, wie sie sei! Ich wusste nicht, was ich tun sollte. Ich war ziemlich durcheinander. Meine Mutter saß vor diesem Berg Essen, sie hatte es doch nur gut gemeint! Und Lara saß hinter ihrem leeren Teller und starrte in die Luft. Da habe ich einfach losgeheult.

X-tausendmal quer

1986 bis 1990, Westdeutschland, und Herbst 2008 bis Ende 2009,
Berlin und Westdeutschland

Als Mascha dann auch noch anfing zu heulen, hat es mir gereicht. Erst sagt sie mir, ich solle bei Interviews nur sie reden lassen, weil ich so einen komischen Akzent habe, und dann lässt sie bei der Übersetzung die wichtigsten Sachen weg, alles Politische, Philosophische, Widersprüchliche. Wollte sie das nicht hören? Oder konnte sie es nicht übersetzen? Sie hat doch selbst gesagt, dass sie sich weder für Geschichte noch für Politik interessiert. Als ich einmal eine Bemerkung über Lukaschenkos Vergangenheit gemacht habe, wusste sie nicht einmal, dass er zu Sowjetzeiten Mitglied des Zentralkomitees war. Und davon, dass er mithilfe der Russen ein Atomkraftwerk bauen will, hatte sie auch noch nie gehört! So bohrte ich weiter: was es mit der *Organisazija Objedinjonnych Nazij* und der *Narodnyj front* auf sich habe, über die Nazyr mit mir diskutieren wollte? Mascha zuckte nur mit den Schultern. »Ich kann mich nicht erinnern, was er gesagt hat.« Aber sie habe alles korrekt übersetzt und nichts ausgelassen. »Aber Mascha!«, entgegnete ich. »Ich habe doch alles auf dem Band und habe es mir zu Hause extra noch einmal angehört und abgeschrieben!« Da hat sie gemault, was ich eigentlich von ihr wolle; warum ich sie so schlecht machen würde. Das sei nicht fair, nach all dem, was sie für mich getan habe! Warum muss sie bei jedem Konflikt die Hilflose spielen? Warum mutiert sie dann von der unerschütterlichen, zupackenden Frau zum hilflosen Opfer?

Was bringt sie dazu? Ist es das klassische Zickenspiel osteuropäischer Frauen? Aber wieso sollte sie dieses Spiel mit mir spielen? Ich bin doch kein Mann! Oder ist es Verdrängung? Teil eines Lebensskriptes, das da lautet: Kümmere dich um die materielle Existenz, alles andere kostet dich nur unnötig Energie – ändern kannst du ohnehin nichts?

Ein Skript, das mir fremd ist – wahrscheinlich ebenso fremd, wie Mascha meines ist, diese grüblerische, planerische, die Vergangenheit stets mit im Blickfeld bewahrende Haltung. »Du verstehst uns nicht!«, hat Mascha mir gestern vorgeworfen. Aber versteht sie mich, uns, die Deutschen? Sie war unzählige Male bei umweltbewegten Lehrerfamilien in Deutschland zu Gast und will nicht mitbekommen haben, was Tschernobyl in der deutschen Gesellschaft ausgelöst hat – außer Panik? Ist ihr überhaupt daran gelegen zu verstehen? Hat sie vielleicht Angst, dass dieses Verstehen unwiderrufliche Konsequenzen haben könnte? Zum Beispiel die, dass sie sich in ihrer Familie, ihrem Dorf, ihrem Land nicht mehr heimisch fühlen würde? Dass sie sich in ihrem Leben nicht mehr zurechtfinden könnte?

Wie gerne hätte ich Mascha erklärt, was Tschernobyl in Deutschland bedeutet hat. Welch eine Lawine die Nachricht vom Reaktorunglück dort damals auslöste: Sitzblockaden, Demonstrationen, Anti-AKW-Bewegung, die Grünen, die Kirche, die vielen Tschernobyl-Initiativen überall im Land … Wie gerne hätte ich Mascha mit Leuten wie Burkhard Homeyer oder den Bürgerinitiativlern aus Ahaus, mit Gorleben-Veteranen oder Grünen-Politikern bekannt gemacht, damit sie ihr von »ihren« Tschernobyl-Erinnerungen erzählen – so wie mich Mascha zu Jewgenij, dem Heiler, zu ihrem Vater oder den vielen anderen geführt hat. Vielleicht würde sie dadurch einen neuen Blick auf ihre eigene Geschichte bekommen. Aber wahrscheinlich war das zu theoretisch gedacht, zu politisch-korrekt, zu gutmenschenhaft deutsch. Zu deutsch in der Überzeugung, dass »die Erinnerung nicht enden darf, sondern künftige Generationen zur Wachsamkeit mahnen muss«, wie Ex-Bundespräsident Roman Herzog 1997 verkündete.

Aber ist es nicht tatsächlich manchmal besser zu vergessen, wenn man so nahe an einer schrecklichen Geschichte dran ist? »Schweig, rühr nicht das Schlimmste auf!«, hieß es schon in der Antike, bei Aristophanes im Jahr 411 vor Christus, später auch bei Cicero; in der jüngeren Vergangenheit sprach sich Winston Churchill 1946 für einen *blessed act of oblivion* aus – mit einem Ziel: Nach den Verheerungen, dem Unrecht der Vergangenheit emotionale Aufwiegelung zu vermeiden und den Leidgeplagten Raum zu geben, um sich ein neues Leben aufzubauen. Einen Schonraum, den auch meine Großmutter nach dem Krieg für sich in Anspruch genommen hat. »Ich will davon nichts mehr hören«, schimpfte sie, wenn ich sie auf die Ausbombung, den Einmarsch der Russen, die Angst der Frauen in den Luftschutzkellern ansprach, und bei Kriegsdokumentationen schaltete sie reflexartig den Fernseher aus.

Und Mascha ... sie ist so jung! Ich denke, sie will einfach leben, in der Gegenwart. Und in der ist Tschernobyl momentan nicht mehr als ein leises Hintergrundrauschen.

Also beschließe ich, sie allein zu besuchen, die Tschernobyl-Gegner von damals – und gleich mit einer der bekanntesten anzufangen, in Berlin, in Molotowcocktail-Wurfnähe vom Brandenburger Tor entfernt.

Dort sitzt in einem schlauchartigen Büro eine Frau, die Sätze sagt wie: »Die Atomenergiefrage ist eine Machtfrage«, und: »Tschernobyl hat deutlich gemacht, dass man sich diesem Machtkartell entgegenstellen musste – und konnte!«

Als am 29. April 1986 die ersten Nachrichten von einem Unfall im sowjetischen Atomkraftwerk Tschernobyl durchsickerten, war sich Renate Künast, die damals für die Grünen im Westberliner Abgeordnetenhaus saß, mit ihren Kollegen sofort einig: »Wir müssen das in die Hand nehmen!«

Schließlich seien es die Grünen gewesen, die schon immer vor einer solchen Katastrophe gewarnt hätten – und als Panikmacher tituliert worden seien. Aber als der GAU dann Wirklichkeit geworden wäre, hätten sie es zuerst selbst nicht fassen können. »Für so eine Katastrophe kann man sich mental nicht wappnen«, sagt Renate Künast, »selbst wenn man sich jahrelang damit beschäftigt hat.«

Als sie am Tag nach dem Bekanntwerden des GAUs auf dem Fahrrad von einem Regenschauer überrascht wurde, warf sie ihre Kleider in die Mülltonne und stellte sich eine halbe Stunde lang unter die heiße Dusche. Ressourcenverschwendung – eigentlich ein Unding für eine Umweltpolitikerin, doch sie habe in diesem Moment gar nicht nachdenken können. Sie habe einfach unter Schock gestanden.

Am nächsten Morgen hörte sie von einer Grünen-Kollegin, die ihre Kinder ins Auto geladen und sich für Monate in den Süden verdrückt hätte.

Sie habe auch den Impuls gehabt, sich einfach davonzumachen, erzählt Renate Künast. Schließlich sei Berlin damals eine eingemauerte Stadt gewesen, und man habe nicht gewusst, wie lange man die Übergänge noch passieren konnte – es wurde gemunkelt, dass die DDR die Grenzen dichtmachen wollte. »Mit der atomaren Wolke, die jederzeit über der Stadt abregnen konnte – das war ein Gefühl wie eine Maus in der Falle. Aber dann habe ich gedacht: Wir können nicht jahrelang die Mahner spielen und uns dann verdrücken, wenn es ernst wird. Wir haben doch eine Verpflichtung gegenüber der Bevölkerung!«

Die war mittlerweile in Panik geraten, denn von den Bundespolitikern wollte sich so recht niemand dazu äußern, wie gefährlich die Lage in der BRD war, was man tun und was man besser lassen sollte: Ob man sich im Freien aufhalten konnte, Kleidung täglich in die Waschmaschine stecken sollte, Kühe von der Weide holen musste. Was man noch einkaufen und was man essen konnte.

Die Bundesregierung ließ aus Bonn zunächst verlauten, die Strahlenwerte seien in Deutschland nicht signifikant erhöht und es bestehe keine Gefahr für die Bevölkerung. Die Westberliner Ämter lieferten widersprüchliche Informationen – und die auch erst nach dem 1. Mai, an dem *tout* Berlin in den Parks gegrillt hatte, freizügig bekleidet und mit ungeprüften Lebensmitteln versorgt.

In dieser Situation beschlossen die Berliner Grünen, eine Telefon-Hotline einzurichten. In den ersten 24 Stunden gingen Hunderte von Anrufen ein. Renate Künast saß bis tief in die Nacht in ihrem Schöneberger Büro, beantwortete Fragen und hörte sich Sorgengeschichten an. »Ich habe mich gefühlt wie bei der Telefonseelsorge«, sagt sie. »Die Leute haben geschimpft und geweint. Es war existenziell und absurd zugleich.«

Am lebhaftesten in Erinnerung habe sie das Telefonat mit einer alten Dame, die völlig aufgelöst war, weil ihr Dackel bei Regen auf die Wiese gelaufen war. »Meine arme Trixie ist doch so dicht am Boden dran, dass jetzt sicher ihr ganzer Körper verstrahlt ist!«

»Duschen Sie Ihren Dackel mit Shampoo ab«, habe sie der Frau empfohlen. »Was hätte ich sonst machen können? Es kam doch vor allem darauf an, dass jemand den Leuten das Gefühl gab, dass sie nicht alleine waren.«

Ein solches Geborgenheitsgefühl wollten auch die baden-württembergischen Grünen vermitteln. Und das nicht nur telefonisch: Sie gründeten eine Tschernobyl-Beratungsstelle, in der man Lebensmittel messen lassen konnte. »Wir haben den Leuten geraten, all das zu essen, was wir vorher abgelehnt haben: Tiefkühlhähnchen, Eier aus Käfighaltung, Dosengemüse und Milchpulver«, erzählt Andreas von Bernstorff, der damals Landtagsabgeordneter der Grünen in Stuttgart war. Persönlich hievte er aufgeregten Müttern die 50-Kilo-Milchpulversäcke in die Fahrradanhänger; Säcke aus so genannten Interventionsbeständen, Lagerware der Bundesregierung für den Katastrophenfall, die er mit Parteikollegen für seine Heimatstadt Heidelberg organisiert hatte.

»Die Landesregierung war völlig konfus«, erzählt er. »Die hat sich unmündig gemacht, weil sie der Atomindustrie vorher alles fraglos abgekauft hatte.«

Die Südwest-Grünen veröffentlichten Messwerte der gängigen Produkte, die in Supermärkten angeboten wurden, gaben Haushaltstipps wie den, Gemüse mehrfach zu wässern, Fleisch lieber zu kochen als

Fenster des zugewachsenen Kindergartens des AKW Tschernobyl,
Pripjat, Ukraine

zu braten, Schuhe vor der Tür stehen zu lassen und regelmäßig feucht
zu wischen – was im Land der Kehrwoche kein besonderes Aufsehen
erregte. Aber sie lockten die Leute auch auf die Straße, organisierten
eine Großdemo auf dem Heidelberger Universitätsplatz, forderten
Minister öffentlich zum Handeln auf, nervten die Regierungspräsi-

dien mit Anrufen. »Wir waren so etwas wie eine grüne Katastrophen-behörde«, sagt Andreas von Bernstorff. »Das hat uns sogar Zuspruch von CDU-Wählern eingebracht. Und die bürgerliche Presse, die uns vorher als weltfremde Spinner bezeichnete, hat auf einmal von unserem Pragmatismus geschwärmt.«

Die *Rhein-Neckar-Zeitung* lobte die Bürgernähe und das Engagement der Grünen, die *Bild*-Zeitung ernannte Andreas von Bernstorff, der weder Schloss noch Wälder besitzt, sondern in Heidelberg mit Freunden in einer Hausgemeinschaft lebt, zum »grünen Grafen«. Der wechselte kurz darauf ins NGO-Lager: Er ließ sich von Greenpeace als Berater verpflichten.

Währenddessen machten sich etliche Badener mit Sack und Pack im R4 auf den Weg nach Portugal. Ein Heidelberger Szenefriseur erinnert sich, wie Kunden ihm bei der Kopfwäsche beichteten, dass sie ihre Frauen und Kinder nach Madeira ausgeflogen hätten, »bis das Schlimmste vorüber ist«.

Die Zuhausegebliebenen übten sich indes in Angstbewältigung. Ein Apotheker aus Freiburg berichtet von einem Run auf Jodtabletten, und davon, dass Kunden, die keine Packung mehr abbekamen, ihm Schläge angedroht hätten. Bürgerinitiativen im ganzen Land gründeten private Messstellen, in denen Verbraucher die Cäsiumbelastung ihrer Lebensmittel ermitteln lassen konnten – mit Maschinen, die sie selbst finanzierten.

Einer der ersten privaten Messstellen-Gründer war der Berliner Thomas Dersee, ein Ingenieur, der in einem alternativen Gesundheitsladen jobbte und sich für ein Zweitstudium Medizin eingeschrieben hatte. Er vernetzte Elterninitiativen aus ganz Westberlin zu einer Bürgerinitiative »Aktiv gegen Strahlung e.V.«, die Spendengelder für den Berliner »Gamma-Messplatz« akquirierte.

In Moabit mieteten sie ein Ladengeschäft und stellten ein paar Flohmarktstühle, eine Tischplatte auf Holzböcken und ein Ikea-Regal hinein. Das Messgerät hatten sie für 100 000 DM von einer Spezialfirma bestellt; Geld, das sie mit der Veranstaltung eines Musikfestivals erwirtschafteten. Für die fachgemäße Aufstellung des zentrifugenähnlichen Apparates sorgten Mitarbeiter des Hahn-Meitner-Instituts für Kernforschung, die ebenfalls in den Elterninitiativen engagiert waren.

Am Anfang saß Thomas Dersee allein mit einem Kerntechniker im Büro, um das Gemüse, das Obst und das Brot zu messen, das ihm besorgte Berliner zur Überprüfung vorbeibrachten. »Keiner wusste, was er essen sollte«, erzählt Thomas Dersee. »In den Zeitungen wurden zwar ab und zu Messwerte veröffentlicht, aber nur pauschal: Milch aus Süddeutschland enthält im Durchschnitt so und so viel Cäsium. Aber die Leute wollten wissen, welche Marken sie kaufen konnten – und welche sie besser stehen lassen sollten.«

In dieser Zeit hätte die Europäische Gemeinschaft (die heute Europäische Union heißt) Grenzwerte vereinbart, die ungesund hoch gewesen seien. »Die Werte waren nur einem einzigen Ziel geschuldet: dem Profit«, schimpft er. »Es sollte so wenig wie möglich weggeschüttet werden. Dabei gab es Zeug auf dem Markt, das so belastet war, dass es in ein Zwischenlager gehört hätte!«

Am Anfang arbeitete Dersee ehrenamtlich in der Messstelle. Als der Andrang der Ratsuchenden immer größer wurde, blieb ihm keine Zeit mehr, nebenbei Geld für den Lebensunterhalt zu verdienen. Da boten Bürgerinitiativler ihre Mithilfe im Laden an. Während sie Lebensmittel entgegennahmen und Messbögen erstellten, bastelte Dersee am *Strahlentelex*, einem Ratgeber rund um das Thema Radioaktivität. Eine Bleiwüste, in der nicht nur die Cäsiumkontamination der meisten Milchmarken zu finden war, sondern auch wissenschaftliche Aufsätze zu den »gesundheitlichen Folgen von Niedrigstrahlung«, dem »Krebsrisiko in der Nähe deutscher AKWs« und den »Verharmlosungsstrategien der Atomindustrie«.

Was anfangs eine klassische Alternativzeitung für Westberliner Strahlenpaniker war, entwickelte sich zu einem Sprachrohr der Atomkraftgegner, das Menschen bekannt machte wie Inge Schmitz-Feuerhake, Sebastian Pflugbeil und Edmund Lengfelder, deren Namen und Meinungen ohne *Strahlentelex* wahrscheinlich nie so schnell an die Öffentlichkeit gedrungen wären. Denn die Thesen, die diese Wissenschaftler vertraten, wurden an den Universitäten eher als Mindermeinung betrachtet, als unbewiesene, ja, tendenziöse Behauptung. Kurz: als Spinnerei.

Thesen, die vereinfacht etwa so lauten: Jede Strahlendosis, die man zusätzlich zur natürlichen Strahlung abbekommt, ist schädlich. Auch niedrigschwellige Strahlung kann schwere Erkrankungen verursachen, wenn man ihr über einen längeren Zeitraum ausgesetzt ist. Deswegen seien sowohl eine Wiederbesiedlung der Tschernobyl-Region und der Verbleib in den verstrahlten Dörfern als auch die Grenzwerte für Lebensmittel in Deutschland unverantwortlich – was die Befürchtungen vieler Atomkraftgegner bestätigte, die sich im Niedrigstrahlungsland Bundesrepublik elendig krepieren sahen. Und deswegen umso eifriger protestierten.

Aber es wurde in dieser Zeit in Deutschland nicht nur an steilen Thesen gefeilt, sondern jede Menge Basisarbeit in Sachen Atomprotest geleistet. Tausende von Bürgerinitiativen, Vereine, Interessengruppen wurden gegründet, von den »Müttern gegen Atomkraft e. V.«, den »Internationalen Ärzten für die Verhinderung des Atomkriegs« bis hin zur »Bürgerinitiative Kein Atommüll in Ahaus«.

So wurde der Protest gegen Atomkraft nach und nach zu *dem* beherrschenden Thema der Achtzigerjahre, zu einem politischen Statement, zur »Sag mir, wo du stehst«-Bekenntnisformel. Auf einmal schien die halbe Bundesrepublik der afrikanischen Spruchweisheit zu folgen, die in Alternativzeitungen verbreitet wurde: »Wenn viele kleine Leute an vielen kleinen Orten viele kleine Dinge tun, können sie das Gesicht der Welt verändern.«

Das versuchten die Umweltaktivisten, indem sie sich vernetzten. Die GAL, die Grüne Alternative Liste, entstand beispielsweise durch den Zusammenschluss von Bürgerinitiativen, Umweltgruppen, kirchlichen Initiativen und Mitgliedern von grünen Landesverbänden – von Gruppen, die lokale Bündnisse bildeten und anfangs eher unpolitisch auftraten. Das änderte sich, als 1980 in Karlsruhe die Grünen gegründet wurden, die einen Teil der GAL schluckten und noch im gleichen Jahr in den baden-württembergischen Landtag einzogen.

Ihre zunehmende Popularität, die nicht zuletzt aus der Beschränkung auf ein zentrales, jedermann betreffendes Thema – Umweltschutz – beruhte, machte die Grünen auch für Linke attraktiv, die auf der Suche nach einer neuen Heimat waren. Unter ihnen waren Jürgen Trittin und Reinhard Bütikofer, die von den aller Ideologie abholden Friedensmarschierern, Krötenrettern und Demeter-Jungbauern, denen Karl Marx und die Diktatur des Proletariats so fern lagen wie ein Familienausflug zu McDonald's, anfangs skeptisch beäugt wurden. Denn in den K-Gruppen, in denen die beiden aktiv waren, hatte die Gleichung »Sowjetmacht + Elektrifizierung = Sozialismus« noch nicht an Gültigkeit verloren. Zumindest waren die Linken nicht per se gegen Atomenergie, sondern nur dagegen, dass sie sich in den falschen Händen befände: in denen des Kapitals. Dann sahen sie, dass die Grünen mit ebendiesem Thema die Massen gegen den Staat mobilisieren konnten – und verfolgten es bald mit derselben Vehemenz, mit der sie sich früher für die Abschaffung des Kapitals eingesetzt hatten.

So, wie die Achtundsechziger sich in zwei Fraktionen – Spontis und K-Gruppen – aufteilten, drifteten nun auch die Grünen auseinander, in einen Realo- und einen Fundi-Flügel, die sich erst später wieder allmählich annäherten. Aber die Neuen brachten auch etwas in die Partei ein, das ihr bislang gefehlt hatte: dialektisch geschulte Rhetorik, Kampfgeist, den Willen zur Macht. Und sorgten so dafür, dass die Grünen nicht nur gesellschaftlichen, sondern auch politischen Einfluss gewannen.

Mir selbst waren die Grünen am Anfang suspekt. Wie konnte man nur stundenlang über eine Formulierung, ein Anführungszeichen, über die Aufstellung eines Krötenwanderungsschildes diskutieren? Wie konnte man sich nur gegenseitig geißeln, wüst beschimpfen, über Dinge in die Haare kriegen, die so abstrakt klangen wie die Quantentheorie? Wie konnte man Wollpullover und Birkenstock im Parlament für eine avantgardistische Geste halten?

Ich verstand diese Geste nicht, die meisten Diskussionen erschienen mir überflüssig, wie ein zähes Kreisen um sich selbst, ein ständiges Ringen um Identität, wie ein pubertätsgeschüttelter Jugendlicher, der sich mit seinen Eltern anlegt, um herauszufinden, wer er sein will.

Meine Güte, dachte ich, könnt ihr nicht mal aufhören mit euren ideologischen Grabenkämpfen? Im Grunde genommen geht es euch doch allen um das Gleiche.

Um das ging es mir auch, und trotzdem fühlte ich mich wie von einem anderen Stern, sozialisiert im Kinderladen, aber ohne Marx und Kapitalismusdebatten, gefühlsmäßig links, aber ohne politische Festlegungen; stattdessen mit einem schlichten pragmatisch-protestantischen Grundsatz: Auf das Hier und Jetzt kommt es an! Auf das, was man praktisch bewirkt.

Dann explodierte der Reaktor – und zog mich, zog uns in einen Strudel hinein: Ängste überwältigten mich, die mir vorher gar nicht bewusst gewesen waren, vor atomaren Endlagern, Störfällen in deutschen AKWs, vor Krebs, vor der Zukunft. Dazu überfiel mich eine große Wut, auf die Bonner Politiker, das Moskauer Politbüro, auf die Atommafia, die Mächtigen allgemein. Und eine brennende Lebensgier, von der ich nicht wusste, wie ich sie in diesen Zeiten, in diesem Land stillen sollte. Ich fühlte mich wie viele andere damals, im wahrsten Sinn dieses schrecklichen Terminus: »betroffen«.

Inmitten dieser verwirrenden Gefühlslage stieß ich auf eine Gruppierung, die Ängste zu rationalisieren versuchte – auf eine sehr pragmatische Weise: Sie lieferten Hintergrundinformationen, stellten Verhaltensregeln auf, boten Beratung an. Auch der Wut nahmen sie sich an, der Wut über die Untätigkeit der Politiker und Desinformation in den Medien, die sie in bestens organisierten Protestaktionen kanalisierten. Die Lebensgier verwandelten sie in eine Lust auf Veränderung, an den Glauben daran, dass ein anderes Leben möglich sei.

Zwischen all dem keimte in mir plötzlich eine seltsame, beinahe kitschig anmutende Hoffnung auf: dass man aus eigener Kraft etwas verändern und den Kokon zum Platzen bringen könne, in den ich mich eingesponnen hatte.

Diese Gruppierung – das waren die Grünen, die mitten im größten

Chaos nach dem GAU ihre Streitigkeiten vorerst ad acta gelegt zu haben schienen und zu Pragmatikern wurden, während die sonst so Sachlichen, Pragmatischen noch darüber diskutierten, ob und wie gefährlich Tschernobyl für Deutschland war.

Es war, als wären sie einen Schritt auf uns, die Zwischengeneration, zugegangen. Ja, es fühlte sich fast an wie ein kleiner Sieg.

Aber es war ein Pyrrhussieg. Das wurde mir an diesem Morgen fast 25 Jahre später bewusst, auf der Besuchercoach von Renate Künast, die soeben erzählt hatte, dass sie sich nach Tschernobyl ernster genommen habe. Dass es wie eine Bestätigung des Lebensweges gewesen sei, den sie eingeschlagen habe.

»Was für ein Lebensweg?«

»Den des Widerstandes. Gegen die überkommenen Verhältnisse.«

Ein Satz, der in meinen Ohren klang, als ob der von den Grünen einst so hoch gehaltene Pragmatismus inzwischen zur Ideologie und »Grün« von einer Protest- zu einer Existenzform geworden wäre. Für einen Moment dachte ich: Wenn ich gewusst hätte, welche Entwicklung das nimmt, hätte ich den Pragmatismus nicht so verabsolutiert.

»Das klingt sehr technokratisch«, sage ich zu Renate Künast. Sie lässt die Bemerkung unkommentiert und erzählt weiter, von ihrem Werdegang nach Tschernobyl.

Als sie in den Siebzigerjahren ihre Heimatstadt Recklinghausen verließ, wollte sie nur eines: sich befreien von »Muff, Spießigkeit und Bevormundung«. Beim Sozialpädagogikstudium in Düsseldorf traf sie Kommilitonen, die gegen den Bau von Atomkraftwerken protestierten und dabei so spielerisch wie eine Montessori-Kindergartengruppe vorgingen: Sie verkleideten sich, bastelten Sonnenblumen, errichteten Zeltlager im Wald, in der Nähe von AKWs. Atomkraft – das war ein Thema, das Künast zu dieser Zeit eher unbedeutend, ja, uninteressant fand, weil es scheinbar wenig mit »gesellschaftlichen Fragen« zu tun hatte. Im Ruhrgebiet waren Kraftwerke sogar als eine Art Waffe gegen Umweltverschmutzung betrachtet worden. Der Himmel über der Ruhr solle wieder blau werden, hatte Willy Brandt 1961 auf einer Wahlkampftour verkündet – und dazu würden die

Meiler bald entscheidend beitragen. Trotzdem ließ sie sich von den Atomkraftgegnern überreden, für eine Weile in die »Republik Freies Wendland« zu ziehen, in ein Protestcamp, dessen Bewohner den Bau des Atommüll-Endlagers in Gorleben verhindern wollten. Im Camp begegnete sie einer Gemeinschaft, die »einem eine Idee von dem vermittelt hat, wie es aussehen könnte, das andere Leben«, das sie suchte. Ein Leben, in dem Menschen Solarduschen konstruieren, naturtrübe Säfte pressen, das Konzept des regionalen und ökologischen Landbaus populär machen. Wo Bauersfrauen langhaarigen Studenten mit Treckern die Polizei vom Leibe hielten und Juristen abends im Zelt an Strategien bastelten, um die Baugenehmigung für das geplante Endlager auszuhebeln.

Die Frage »Atomkraft, ja oder nein?« wurde für Renate Künast zu einer Grundsatzfrage – für die sie fortan mit »den Waffen der Mächtigen« kämpfen wollte. Sie legte das juristische Staatsexamen ab und wurde Anwältin. »Man muss die Waffen der Macht beherrschen, um ihr etwas entgegenzusetzen«, sagt sie.

Das klingt ein bisschen nach 1968, nur der Tonfall ist ein anderer. Ein Hauch von Ironie schwingt mit, als ob sich Renate Künast selbst kopfschüttelnd fragen würde, an was sie damals alles geglaubt habe, mit welcher Leidenschaft und schwärmerischer Hoffnung. Und ich denke: Anscheinend ist es nicht nur die Revolution, die ihre Kinder frisst, sondern auch der Parlamentarismus. Aber da hatte ich noch keine Ahnung, was die schwarz-gelbe Koalition ein paar Monate später beschließen würde.

Auch Reinhard Mohr hat die Wandlungen der Grünen intensiv verfolgt. Für das Alternativblatt *Pflasterstrand* führte der studierte Soziologe das erste große Tschernobyl-Interview mit Joschka Fischer. Der diktierte ihm die markige Schlagzeile in den Block: »Das Restrisiko wird zum Super-GAU.« Als Autor von *taz* und *Spiegel* kommentierte er die Flügelkämpfe, beobachtete die großen Anti-Atomkraft-Demos, analysierte die Verbürgerlichung der Protestbewegung, der er als Frankfurter Sponti einst selbst angehört hatte. »Eigentlich haben wir damals kein politisches, sondern ein hedonistisches Ziel verfolgt«,̓ sagt der 55-Jährige, der heute als freier Journalist in Berlin lebt. »Wir wollten einfach glücklich werden.«

Ein Glück namens Unabhängigkeit, das sie sich selbst schufen. Sie schwänzten die Soziologievorlesungen und fuhren mit dem VW-Bus zur Demo nach Frankreich, wo sich das Nützliche bequem mit dem Angenehmen verbinden ließ. Denn im Protestcamp im Department Isère schlugen nicht nur zottelbärtige Männer aus Bockenheim ihre Zelte auf, sondern auch grazile Französinnen, die sich, wie er erzählt, mit dem Versprechen in den Doppelschlafsack locken ließen, sie vor der hart durchgreifenden Polizei zu beschützen.

In Frankfurt luden sie Kernphysiker zum Teach-in ins soziologische Seminar und verlagerten ansonsten den Hörsaal in die Kneipe, wo sie fleißig Atomkraft-Fachliteratur studierten, Referate über das Gelesene vortrugen und sich die Köpfe heiß diskutierten. »Die Linke hatte sich mit der RAF in eine Sackgasse manövriert«, doziert Reinhard Mohr. »Sie hat dringend ein neues revolutionäres Subjekt gebraucht. Da kam die Atomkraft gerade recht.«

Sie beschlossen, eine neue Front aufzubauen; eine Front »gegen die bürgerliche Presse«, die sie als Gegenöffentlichkeit bezeichneten. Sie verteilten selbst entworfene Flugblätter und den *Informationsdienst zur Verbreitung unterbliebener Nachrichten* in der Stadt, ein geheftetes Blättchen, in dem all die Texte erscheinen durften, die die Tageszeitungen nicht drucken wollten. 1977 überklebten sie alle Frankfurter Ortsschilder mit dem Slogan »Gorleben ist überall«. Und sie trugen bei all dem ausschließlich Naturmaterialien: Leder, Wolle, Leinen. Hanf. »Alles in unserem Leben sollte sichtbar, haptisch und geerdet sein«, sagt Reinhard Mohr, »das Gegenteil der atomaren Strahlung.«

An dem Abend, als die *Tagesschau* die Nachricht vom GAU in der Sowjetunion verbreitete, saß er zu Hause bei seinen Eltern beim Hasenbraten. Sein Vater legte nicht einmal die Gabel beiseite, während er schimpfte: »Ja, ja, die Sowjets! Bei uns könnte so etwas nicht passieren! Die deutschen Kraftwerke sind sicher.« Er, studierter Ingenieur, habe ja selbst an einem mitgebaut und würde demnächst noch weitere

Aufträge annehmen. »Was hätte ich da entgegnen sollen?«, fragt der Sohn lakonisch. »Atomkraft war für meinen Vater eine Religion. Und wie soll man jemanden mit Argumenten vom Glauben abbringen?«

Er selbst durchlebte die gleichen Stadien wie Renate Künast: Direkt nach der Nachricht folgte der Schock, nach ein paar Tagen dann fühlte er sich vor allem bestätigt, ja, geradezu befreit. »Da seht ihr mal, wohin Ignoranz führen kann, habe ich gedacht. Der Super-GAU war wohl doch nicht nur eine Erfindung von linken Spinnern!«

Dass sich diese düstere Prophezeiung der Anti-AKW-Bewegung erfüllte, habe ihr in den folgenden Jahren großen Zulauf beschert – auch aus dem Bürgertum, das »mit uns eigentlich schon immer zumindest in einem Punkt *d'accord* war: Dass man sich für seine Überzeugungen engagieren musste.«

Aus diesem gemeinsamen, Tschernobyl indizierten Engagement sei schließlich etwas Eigentümliches erwachsen: ein neues deutsches Selbstbewusstsein. »Endlich«, sagt Reinhard Mohr, »war nicht mehr nur der Tod ein Meister aus Deutschland.« Sondern auch eine neue soziale Bewegung.

Ein Selbstbewusstsein, das den Kraftwerksbetreibern, global operierenden Energiekonzernen, erheblich zu schaffen machte. »Nirgendwo haben wir solche Probleme wie in Deutschland«, klagte ein beschwipster Manager auf einem von seinem Arbeitgeber gesponserten Literaturfestival. »Wir fördern Kultur, wir finanzieren Sportveranstaltungen – alles zwecklos! Wir gelten weiterhin als die Schurken, die das Leben von Millionen aufs Spiel setzen!«

Auch auf die Gemeinden, auf deren Territorium sich ein Kraftwerk oder Zwischenlager befand, kamen harte Zeiten zu. Regelmäßig wurden sie von Zehntausenden von Demonstranten heimgesucht, die Nahverkehrszüge und Busse verstopften, Autobahnen zustauten, Innenstädte blockierten. Menschen aller Altersklassen und Einkommensschichten lärmten in der Fußgängerzone, schlugen am Stadtrand ihre Zelte auf, ketteten sich an Kraftwerkstore und hielten die Polizei der gesamten Region in Atem.

Ein Kampagnennetzwerk aus Niedersachsen, das sich gegen Atommülltransporte nach Gorleben einsetze, brachte zahlreiche Menschen, insbesondere schwer vermittelbare Geisteswissenschaftler, in Lohn und Brot – dankbare Arbeitnehmer, die zu Höchstform aufliefen und riesige Medienkampagnen in Sachen Atomausstieg initiierten. Und dabei sogar noch den Slogan schufen für die neue, bürgerliche Anti-AKW-Bewegung: X-tausendmal quer.

Die Bevölkerung der Kraftwerksgemeinden spaltete sich derweil in zwei Fraktionen: Befürworter und Gegner. Die einen – überwiegend Menschen, die direkt oder indirekt vom Kraftwerk lebten – schimpften auf die »Arbeitsplatzvernichter, Panikmacher und Zugereisten«. Die wiederum gründeten Bürgerinitiativen, schlugen samstags ihre Infostände mitten auf dem Wochenmarkt auf, veröffentlichten Krebsstudien in der Lokalzeitung und zweifelten beim Verwaltungsgericht die Betriebsgenehmigungen für den Reaktor vor ihrer Haustür an.

Zwischen den Fronten standen die Bürgermeister, die unter erfolgreicher Amtsführung bisher oft vor allem Gewerbeansiedlung und Haushaltssanierung verstanden hatten – und sich plötzlich mit grünen Schnöseln, die die Kraftwerksgegner in diesen Gemeinderat gewählt hatten, über Gefährdungsgutachten und Umweltauflagen auseinandersetzen mussten. Von diesen Grabenkämpfen in der Provinz nahmen die überregionalen Zeitungen schnell Notiz. Selbst die konservativen Medien und die Boulevardblätter ließen ihre Reporter ausschwärmen, denn die Geschichten von Rentnern, die geschiedenen Lehrerinnen in Leserbriefen unterstellten, sie wären nur aus Sexmangel zu Kraftwerksgegnern geworden, waren einfach zu auflagenträchtig, als dass man sie der linken Presse überlassen durfte.

Das AKW Obrigheim liegt in einem engen, eher unromantischen Abschnitt des Neckartals, eingeklemmt zwischen die steilen Hänge des südlichen Odenwalds, erreichbar nur über eine schlecht beschilderte Straße, zu schwer erreichbar für autolose Demonstranten, zu abseits für aufsehenerregende Protestaktionen.

Vielleicht kann es sich deswegen popularitätsmäßig auch nicht mit Meilern wie Biblis oder Brokdorf messen. Vielleicht wurde es auch zu früh in Betrieb genommen, um von der großen Demowelle erfasst zu werden: Bereits 1968 ging der Druckwasserreaktor ans Netz, in einer Zeit, als die Linke noch anderweitig beschäftigt war und man in der Provinz noch in Kernkrafteuphorie schwelgte. »Damals hat man doch geglaubt, man würde eines Tages eine radioaktive Tablette in die Heizung stecken, und schon wird die Wohnung warm«, sagt Benno Binnig, Elektrotechniker und Gewerkschaftler, der in Obrigheim eine Firma besitzt. »Kernkraft war die Technologie der Zukunft, die bei der Industrialisierung des Landes eine wichtige Rolle spielen sollte. Und Industrialisierung – das klang nach Wohlstand.«

Gut, der Reaktor sah nicht schön aus mit seinen Betonkuppeln, und er verbaute den Blick auf den Fluss, der sich schon bald so aufheizte, dass der Angelverein sich über die dicken Fische wunderte und die Binauer am gegenüberliegenden Ufer die Windschutzscheiben ihrer Autos im Winter nicht mehr freikratzen mussten.

Dann aber hörte Benno Binnig in der Kneipe, wie Saisonarbeiter aus dem Kraftwerk sich brüsteten, dass sie nur wenige Monate im Jahr schaffen müssten, um auf ein durchschnittliches Obrigheimer Jahresgehalt zu kommen. Er wunderte sich, denn die Männer seien »nicht aus der Region gewesen und sahen grob und ungepflegt aus«. Das Kraftwerk habe, wie ihm später zu Ohren gekommen sei, für die kritischen Arbeiten wie die Kühlbeckenreinigung Obdach- und Langzeitarbeitslose aus weiter entfernten Städten engagiert. Nach wenigen Wochen hätten sie bereits die gesetzlich festgelegte Jahreshöchstdosis Strahlung aufgenommen – und seien zurückgeschickt worden. Im nächsten Jahr seien sie nicht wieder erschienen, weil sie – wie man sich in der Umgebung erzählt habe – beim Arzt gelandet seien. Oder auf dem Friedhof.

Damit waren für ihn die Kraftwerksbetreiber unten durch. »Denen ging es allein um Profit.« Er trat der »Bürgerinitiative Obrigheim« bei, die ein utopisches Ziel verfolgte: Das Kraftwerk abzuschalten, so schnell wie möglich.

Die Utopie ist mittlerweile Realität geworden: Obrigheim wurde vom Netz genommen, als Erstes von 19 deutschen Kernkraftwerken. Die Grünen, die den sogenannten »Atomausstieg« ausgehandelt hatten, feierten dies als Meilenstein in der Geschichte der deutschen Anti-Atomkraft-Bewegung. (Dass sie eingeknickt waren und Obrigheim eineinhalb Jahre länger lief, als im Atomausstiegsplan vorgesehen war, ging außerhalb des Odenwaldes fast unter.) Aber die lokalen Grünen kostete es einen beachtlichen Teil ihrer Unterstützer. Und die BI'ler selbst das Betätigungsfeld.

Glücklicherweise stellte sich bald heraus, dass die Reste des Kraftwerks – der strahlende Müll – vor Ort gelagert werden sollten. So bekam die BI ein neues Ziel: der Kampf gegen das Zwischenlager in Obrigheim.

Eines Morgens im Herbst 2009 fand ich eine E-Mail der BI in meinem Postfach:

»Hallo, liebe atom-kritischen Leute,

hier kommt eine herzliche Einladung zum Sonntagsspaziergang mit dem Aktionsbündnis Atommüll-Lager Obrigheim.

Treffpunkt ist am Sonntag um 14.30 Uhr am Rathaus. Von dort geht der Spaziergang zum AKW. Wer mit dem Zug ankommt, kann das Rathaus in 20 Minuten zu Fuß erreichen.

Schöne Grüße von Christine, bitte gebt die Einladung auch in eure Verteiler. Danke schön!«

Es ist kalt, es ist windig, es sind etwa doppelt so viele Polizisten wie Sonntagsspaziergänger zugegen. Und so ziehen die Anti-Zwischenlager-Marschierer den Hügel hinauf, vorbei an der zweistöckigen Einkaufspassage, die mit Kraftwerksgeldern gebaut – und ästhetisch darauf abgestimmt – wurde. Dahinter ballt sich das alte Dorf zusammen, mit engen Kopfsteinpflastergassen, Scheunentoren, einer Metzgerei mit reichhaltigem Sortiment. In der Mitte reckt sich ein sorgsam renovierter Turm aus dem Häusergeviert. Er gehört zur katholischen Kirche, die, wie ein Mann aus der Bürgerinitiative meint, vom Kraftwerk neu ausgestattet worden sei. Und zwar nicht nur äußerlich.

Noch hat das Kraftwerk 300 Jobs zu bieten, beim Rückbau des Reaktors und beim Aufbau des Zwischenlagers. Dazu Ersatzarbeitsplätze in anderen Kraftwerken, großzügige Vorruhestandsregelungen und Abfindungen.

Trotzdem gab es vor der Abschaltung wütende Proteste, vor allem, als die Grünen ein Abschaltfest veranstalten wollten. Nicht einmal die Aussicht auf Freibier und Würstchen aus echtem Fleisch konnte die AKW-Befürworterfraktion gnädig stimmen. »Es zeugt von Geschmacklosigkeit, dass sie tanzen, während andere um ihre Arbeitsplätze trauern«, hieß es.

Auf der Leserbriefseite der *Rhein-Neckar-Zeitung* entbrannte eine Debatte, die vor allem von einem Gefühl geleitet schien: Angst. Der Angst vor dem Abstieg.

Das Kraftwerk hatte der Gemeinde über die Jahre kräftig sprudelnde Steuereinnahmen verschafft, eine schicke Infrastruktur, ein reges Vereinsleben. Auf dem Hügel neben dem Kraftwerk reihte sich bald ein Bungalow mit schmiedeeisernen Fenstereinfassungen an den anderen. Das »KWO« richtete Hochzeitsfeiern aus und Sportfeste, sponserte Trikots und Trainingslager. Die Restaurants waren gut gefüllt, der Eigentümer des Hotels plante einen Erweiterungsbau, und in der Nachtbar hatte man alle Hände voll zu tun, schließlich reisten regelmäßig Revisionäre aus der Landeshauptstadt an, die es nach getaner Arbeit im Kraftwerk nach Entspannung verlangte. Und wer sich nach Italien sehnte, musste nicht einmal sein Konto plündern: Selbstverständlich stellte das KWO den Werksangehörigen dort Ferienwohnungen zur Verfügung.

Deswegen galten die Kraftwerker auch etwas in Obrigheim. Eltern empfahlen ihren Töchtern, einen zu heiraten; Kraftwerkseltern beknieten ihre Söhne, sich doch ein Mädchen aus einer KWO-Familie zu suchen – damit die Dynastien unter sich blieben.

Die andere Seite versuchte zu beschwichtigen: Natürlich würde die Gemeinde auch ohne Kraftwerk nicht verarmen. Erneuerbare Energien seien ein rasch wachsender Wirtschaftszweig, und wenn man solche Betriebe in die Stadt lockte, könnte es hier bald sogar mehr Arbeitsplätze geben als zu den Glanzzeiten des KWO.

Doch bis jetzt sieht es mit der Ansiedlung noch ziemlich mau aus. Neben den ehemaligen Kühltürmen wurde zwar ein kleines Biomasse-Heizkraftwerk gebaut, das aber nicht mehr als eine Handvoll Mitarbeiter benötigt. Ein »Innovationspark« oben an der Bundesstraße, hektisch und voller Erwartung errichtet, steht größtenteils leer.

»Die Typen von der Bürgerinitiative, die uns das eingebrockt haben, wissen doch gar nicht, was bei uns los ist. Die wohnen doch gar nicht hier«, schimpft ein Obrigheimer. »Das sind doch alles Beamte aus Mosbach, die dort ihre Schäflein im Trockenen haben!«

Mosbach ist die fünf Kilometer entfernte Kreisstadt, und in der Tat besteht die Bürgerinitiative zu einem größeren Prozentsatz aus – verbeamteten – Lehrern, die dort ihren Wohnsitz haben. »Es ist nicht leicht, in einer solchen Gegend anzukommen«, sagt Christine Denz, die BI-Vorsitzende, eine Niedersächsin, die hier vor über 20 Jahren eine Stelle an einer Schule für Lernbehinderte ergattert hatte.

Als ihr damals klar wurde, dass in der Nachbargemeinde ein AKW bedrohlich vor sich hin strahlte, noch dazu ohne gültige Betriebsgenehmigung, beschloss sie, eine Bürgerinitiative zu gründen.

Als die Initiative beim Verwaltungsgericht gegen den Betrieb des Obrigheimer Kraftwerks klagte, wurde sie mit einem Schlag zum Stadtgespräch. Eine solche Dreistigkeit, der Regierung in Stuttgart zu unterstellen, sie betreibe unrechtmäßig ein Kraftwerk – das verschlug den meisten Mosbachern die Sprache. Danach brach aus, was Christine Denz den »Zwei-Fronten-Krieg« nennt: Ein Teil der Alteingesessenen wetterte gegen die »zerstörerischen Linken«, ein anderer, wesentlich kleinerer, freute sich, dass »hier endlich mal etwas passiert«.

So zog die Bürgerinitiative nicht nur Atomkraftgegner an, sondern »Andersdenkende aller Art«. Ein Arzt, der in der Heidelberger Kinder-Klinik Patienten für eine Krebsstudie befragte, wurde Mitglied, ein Rechtsanwalt, der sie bei den Prozessen vor dem Verwaltungsgericht unterstützte. Aus der Protestgemeinschaft wurde eine Klägergemeinschaft, der gerade, als sie zu unterliegen drohte, die rot-grüne Bundesregierung zu Hilfe kam, indem sie sich im Sommer 2000 mit den Stromerzeugern auf den »Atomkompromiss« einigte: 32 Jahre lang sollten die 19 deutschen Kernkraftwerke noch Strom produzieren dürfen. Insgesamt.

Im Mai 2005 ging Obrigheim vom Netz. Das Geld, das sie für die Gerichtsverfahren gesammelt haben, hat die Bürgerinitiative inzwischen denen gespendet, deren Kraftwerk nicht rechtzeitig abgeschaltet wurde: den Pripjatern, die in Trojeschina ihr Dasein fristen müssen.

Christine Denz, die nebenbei drei Kinder großgezogen hat, hat sich inzwischen in Mosbach etabliert. Seit 17 Jahren sitzt sie für die Grünen im Gemeinderat. Eine Wahlanalyse hat ergeben, dass sie inzwischen sogar von eingefleischten CDUlern gewählt wird. »Wir sind nichts Besonderes mehr, wir gehören jetzt dazu«, sagt sie, und es klingt fast ein bisschen enttäuscht. Das Thema Umwelt und Nachhaltigkeit, für das sie so viele Kämpfe ausgefochten habe, gehöre nun zum politischen Mainstream, und alle würden so tun, als sei das die normalste Sache der Welt. Selbst die CDU propagiere die Förderung regenerativer Energien inzwischen mit einer Selbstverständlichkeit, als ob sie nie etwas anderes getan hätte.

»Manchmal fühle ich mich entsetzlich müde«, sagt die 63-Jährige. »Dann ziehe ich mich in eine Hütte in Schweden zurück und denke: War es das wirklich wert, sich all die Jahre so aufzureiben?«

Wie wir lernten, das Atom zu lieben

13.

1983 bis Ende 2009, Baden-Württemberg und Berlin, Deutschland

Ob es sich gelohnt hat, sich all die Jahre so aufzureiben? Eine solche Frage stellt sich Karlfried Theilig nicht. Jedenfalls nicht laut. Obwohl diese Jahre nicht einfach waren, obwohl es jede Menge Ärger gab, böse Worte, Beleidigungen. »Was ich mir alles anhören musste von diesen selbst ernannten Umweltschützern, das kann man sich nicht vorstellen!«, schimpft der 66-Jährige in einem Cafè in der Mosbacher Fußgängerzone.

Karlfried Theilig war Pressesprecher des Kraftwerks Obrigheim. »Bitte sagen Sie nicht Atomkraftwerk!«, befiehlt er in breitem Odenwälderisch. »Das ist ein Kampfbegriff!« Und kämpfen musste er in den letzten Jahrzehnten genug, gegen die Kraftwerksgegner, um das Image seines Arbeitgebers. Ach, der ganzen Branche!

Bürgerinitiativler, Grünen-Politiker, der halbe Odenwald hat sich die Zähne an ihm ausgebissen. »Ich bin alttestamentarisch geprägt«, sagt er, »ich halte nicht die linke Wange hin, wenn ich auf die rechte geschlagen werde. Ich schlage zurück.«

Ich bin unterwegs, um die Vertreter der anderen Seite zu treffen: Kraftwerksbetreiber, Lobbyisten, Atomkraftbefürworter – die letzten Unbelehrbaren, Menschen, die nur in Profitmaximierungskategorien zu denken scheinen und leichtfertig die Gesundheit, ja, das Leben von Millionen aufs Spiel setzen. Diesen Eindruck muss man gewinnen, wenn man heute eine x-beliebige Tageszeitung aufschlägt. Selbst *FAZ* und *Welt*, bei denen Umweltschutz und Atomprotest lange Zeit nicht gerade zu den Kernthemen gehörten, kritisieren in harschen Worten die Politik von RWE & Co. Und nun auch die der schwarz-gelben Bundesregierung. Der Wind hat sich gedreht, selbst in der konservativen Presse.

Natürlich trifft sich Karlfried Theilig, der Obrigheimer Pressesprecher, nicht ganz freiwillig mit einer wie mir, die vermutlich zu diesen Kritikern gehört, die ihm schon sein Berufsleben verleidet haben und nun auch noch im Ruhestand anklopfen. Nein, er wurde überredet, von einem Fußballfreund, mit dem er sich regelmäßig auf der Zuschauertribüne der TSG Hoffenheim trifft – und der im Kreisvorstand der Grünen sitzt. »Natürlich teile ich seine Ansichten zur Atomkraft nicht«, hatte der Freund mir erklärt. »Aber wir engagieren uns beide für den Fußballnachwuchs in der Region. Und er ist ein guter Typ.«

Wahrscheinlich ist dieser Satz kennzeichnend für den politischen Alltag der Berliner Republik, in dem es menschelt und mauschelt und die Grenzen nicht mehr wie früher starr zwischen rechts und links verlaufen, sondern vielmehr zwischen Projektgruppen und Interessenvereinen, die sich zur Erreichung eines einzelnen Zieles zusammenschließen. Und oft Menschen mit völlig unterschiedlicher politischer Sozialisation vereinen – so wie es, spätestens seit den Regierungsjahren der rot-grünen Koalition, auch die Anti-AKW-Bewegung vermag. In diesem Alltag hatte Karlfried Theilig die Rolle des Prellbocks zu spielen. Eine Rolle, die er sogar freiwillig übernommen hat. Auch und nicht zuletzt wegen Tschernobyl.

Denn ohne den Unfall in dem sowjetischen Kraftwerk hätte das deutsche AKW in Obrigheim wahrscheinlich gar keines Pressesprechers bedurft – jedenfalls nicht in den frühen Achtzigerjahren, in denen Atomkraftgegner von der bürgerlichen Presse oft noch wie pubertär Verwirrte behandelt wurden, die erst einmal erwachsen werden sollten. Doch dann kam der 26. April 1986. In Pripjat explodierte der Reaktor Nummer 4, die radioaktive Wolke drohte auf Baden-Württemberg zuzusegeln, die Obrigheimer Kraftwerksgegner organisierten eine Demo, zu der auch auswärtige Sympathisanten anreisten. Kraftwerksmitarbeiter wurden auf der Straße beschimpft, sie würden die Gesundheit der Bevölkerung aufs Spiel setzen, und in der Lokalzeitung tauchten Artikel auf, die die Sicherheit der Anlage infrage stellten.

Der Direktor des Kraftwerks, ein erfahrener, altgedienter Ingenieur, versuchte, die Anwürfe technisch zu entkräften, gab ein sehr sachliches, sehr freundliches Interview – was den Unmut in keiner Weise besänftigte. »Wir haben uns hilflos gefühlt«, sagt ein ehemaliger Mitarbeiter. »Das KWO hätte jemanden gebraucht, der sich vor uns stellt und dem Sturm entgegentritt.«

Karlfried Theilig saß unterdessen in seiner Medienagentur, die sich mit einer Broschüre für die Energiewirtschaft einen Namen gemacht hatte, und bewarb sich um Aufträge. Stattdessen wurde ihm ein fester Job angeboten: EnBW, der Betreiber des Kraftwerks Obrigheim und drittgrößter Energieversorger in Deutschland, bat ihn, der Bevölkerung klarzumachen, dass die deutschen Atomkraftwerke und insbesondere das von Obrigheim sicher seien. Und Kernenergie auch nach Tschernobyl eine Notwendigkeit sei.

Er sagte zu und bezog ein Büro unter dem buckeligen Kühlturm des Kraftwerks. »Es war nicht so, dass ich dachte: Hurra, mein Traumjob! Ich hatte ja nicht das Sendungsbewusstsein, die Atomkraft zu retten«, erzählt er. »Ich mochte einfach schwierige Jobs, Herausforderungen. Und ich bin in einer Kultur der Unangst groß geworden, Dramatisierungen liegen mir in jeder Hinsicht fern.«

Deswegen habe er staunend registriert, wie sich nach Tschernobyl plötzlich alle auf das Thema Strahlung fixierten, in jedem Salatblatt, jedem Staubkorn und jedem Regentropfen Gefahren witterten – ganz im Gegensatz zu den Franzosen, die sich kaum Gedanken gemacht hätten.

Ende April 1986 sei er zu einer deutsch-französischen Konferenz eingeladen worden. Bei dem Galadiner, das die Deutschen gaben, fehlte der Salat – natürlich mit ausdrücklichem Hinweis auf dessen radioaktive Belastung. Die Franzosen dagegen ließen bei ihrem Abendessen eine extra große Portion servieren, erntefrisch und fein angerichtet. »Jenseits des Rheins war Tschernobyl kaum ein Thema«, sagt Karfried Theilig. »Dabei sind es bis dahin nur ein paar Kilometer.«

Außerdem gäbe es in Deutschland nicht nur deutlich weniger Kraftwerke als in Frankreich, sondern auch die höchsten Sicherheitsstandards weltweit. Hier seien Kraftwerksmitarbeiter nämlich verpflichtet, jede noch so kleine Unregelmäßigkeit, jede Schraube, die klemme, jede Dichtung, die lecke, zu melden – eine Regelung, die die Betreiber selbst geschaffen hätten. Einerseits könne so jeder jederzeit einen Fehler zugeben und als Störfall anzeigen, ohne Angst um seinen Job haben zu müssen. Andererseits würden Störungen auf diese Weise so frühzeitig behoben, dass sie keinen größeren Schaden anrichten könnten. Eine Selbstverpflichtung, die eigentlich »das Sicherheitsgefühl der Bevölkerung stärken sollte«. Leider bewirke sie in der Praxis genau das Gegenteil: Ein kleiner Störfall – und das könne in einem Kraftwerk schon eine lockere Schraube sein – und die gesamte Journaille schreibe: »Abschalten!« Und die Kraftwerksmitarbeiter, die nur ihrer Verantwortung nachkommen wollten, müssten sich in der Öffentlichkeit beschimpfen lassen.

Dieser Widerspruch habe sein Jobverständnis geprägt, ihn vom »Verlautbarungsfuzzi« zum »Anwalt der Belegschaft« werden lassen. »Natürlich muss ich mich vor die Leute stellen, wenn sie angegriffen werden! Man hat als Chef doch ein Verantwortungsgefühl!«

Statt nur auf die Anwürfe der Atomkraftgegner zu reagieren, wie es der Kraftwerksdirektor getan hatte, wurde er selbst aktiv, berief Pressekonferenzen und Hintergrundgespräche ein, lud die Gegner in sein Büro, ließ sich regelmäßig in den Medien zitieren und schreckte auch vor der einen oder anderen deftigen Äußerung nicht zurück.

Kurz, er nahm die Rolle des Buhmanns an, fing all die Schläge ab, die sich sonst auf viele Rücken verteilt hätten: die Angriffe der Grünen, die eigentlich gegen EnBW gerichtet waren, die Wut der

Bürgerinitiativler, wenn sie wieder einmal einen Gerichtsprozess verloren hatten, die Vorwürfe, dass immer mehr Odenwäldler an Krebs erkrankten – und das natürlich von der Strahlung durch das KWO käme. »Der Theilig hat das Kraftwerk verteidigt, als wäre es seines«, sagt ein Mann aus der Bürgerinitiative. »Der schien durch nichts zu erschüttern.« »Für meine Familie war mein Job eine Zumutung«, sagt Karlfried Theilig. »Meine Frau hat mich mehrmals angefleht, endlich das Handtuch zu werfen.«

Einmal habe er mit ihr entspannt in einem Straßencafé in Mosbach gesessen, als sich ein Unbekannter an den Tisch gedrängt und gezischt habe: »Sie amüsieren sich hier in aller Öffentlichkeit? Sie! Dass Sie sich nicht schämen! Meine Frau hat Krebs!«

Protestinstallation vor der Einfahrt zum Endlager Schacht Konrad, Salzgitter, Deutschland

Wildfremde Menschen hätten mitten in der Nacht zu Hause angerufen und seine Frau bedroht, die ihn danach verängstigt fragte: »Was hast du den Leuten nur getan, dass sie so reagieren?« Selbst seine Kinder seien nicht verschont geblieben. Im Gymnasium hätten die Sprösslinge der Grünen sie nach jedem Presssebericht verspottet, was sie nur für einen reaktionären Vater hätten.

Er selbst sei mit der Zeit ziemlich abgehärtet und habe sich angewöhnt, solche Vorfälle sportlich zu sehen. »Die Leute haben ja nicht mich persönlich gemeint. Die haben ein Ventil für ihre Angst gesucht«, sagt er, und das klingt so pädagogisch, dass ich irritiert nachfrage, wovon sie denn so verängstigt waren. »Von der Politik«, sagt Karlfried Theilig. »Vielleicht auch, weil sie ein krankes Kind zu Hause hatten.«

»Ein Kind, das von der Strahlung krank geworden ist?«

»Strahlung? Natürlich, solche Vorwürfe haben wir oft zu hören bekommen!« Für einen Moment ist Karlfried Theilig wieder ganz Pressesprecher. »Natürlich haben wir ständig die Umgebung des Kraftwerks gemessen. Nie lag die Strahlung über dem Grenzwert. Nein, ich meine einfach ein Kind mit Mumps oder Masern, so wie es jeder einmal zu Hause hat!«

Also gut, jetzt sind wir also mitten drin in der Theiligschen Pressekonferenz, am Samstagmorgen in einem Mosbacher Straßencafé – demselben, in dem er damals von dem Mann beschimpft wurde. »Vielleicht sind die Grenzwerte zu hoch?«, setze ich nach. »Wie will man denn beweisen, dass erst ab einem bestimmten Wert die Gesundheitsgefährdung beginnt?«

»Ach, jetzt fangen Sie nicht mit diesem alten Streit um die Niedrigstrahlung an! Hören Sie, es ist Wochenende! Ich bin im Ruhestand! Wenn Sie schon so anfangen, dann müssten Sie auch das Rauchen verbieten!«

»Ach, ich dachte, das sei hier in Baden-Württemberg bereits geschehen!«, sage ich spitz. »Wir in Berlin dagegen … wir sind so mündig, die Leute selbst entscheiden zu lassen, ob …«

»Ach, und ich dachte, Sie sind auch so ein Gesundheitsapostel!

Gehen Sie mit vor die Tür? Aber ich sage Ihnen gleich vorweg: Ich rauche Kapitalistenware.«

»Havannas?«

»In der Atomindustrie verdient man zwar gut. Aber so gut? Außerdem wurde ich ja in den Vorruhestand geschickt!«

»Mein tiefstes Bedauern! Bestimmt war die Abfindung auch nicht der Rede wert!«

»Kein Thema, meine Frau schafft jetzt das Geld ran. Und von dem habe ich auch die Zigarillos gekauft. Wenn ich Sie Ihnen jetzt einen anbieten würde – würden Sie das schon als Bestechung empfinden?«

»Was sollte ich denn für Sie leisten? Das Kraftwerk haben Sie doch schon zugemacht, und Ihr Job ist auch weg!«

»Ist auch mehr so ein Reflex von früher. Ich komme erst langsam herunter von diesem Job.«

Sagt er, lacht und zündet mein Zigarillo an seinem an. Ich schaue ihn ein bisschen genauer an, während er sich erhebt: eine sehnige, bewegliche Gestalt in Jeans und Cabanjacke, wie sie mit Vorliebe in Berlin-Kreuzberg oder im Hamburger Schanzenviertel getragen wird. Lebhafte Augen, ein ironischer Zug um den Mundwinkel. Schulterlange Haare, unrasierte Wangen, Nickelbrille. Er bemerkt meinen abschätzenden Blick. »Sie denken auch, dass ich aussehe wie ein Atomkraftgegner! Tja, das ist die perfekte Mimikry! Die Atommafia wird eben immer unterschätzt!«

Vielleicht hat genau das seinen Gegnern am Anfang erst einmal eine Beißhemmung auferlegt. Er sieht doch aus wie einer von uns, und Humor hat er auch! Dann waren sie umso konsternierter, wenn er zuschnappte.

»Sie haben auf mich aber auch nicht wie eine echte Grüne gewirkt«, sagt Karlfried Theilig zum Abschied. »Sie haben ja sogar gelacht.«

Auch die nächste Station meiner Reise hat etwas mit Mimikry zu tun. Aus der badischen Provinz geht es in die niedersächsische. Am Horizont rauchen die Schlote der Salzgitter AG.

Atomkraft ist ein Provinzgeschäft – aus Sicherheits-, aber auch finanziellen Erwägungen: Wenn es einmal rummst in einem AKW, müssen nicht gleich Millionen umgesiedelt werden. Wann, wie und unter welchen Bedingungen eine Evakuierung zu erfolgen hat, ist in Deutschland exakt geregelt. Die Länder haben Katastrophenpläne, die mit den Katastrophenschutzorganisationen regelmäßig durchgespielt werden. Das heißt: In Deutschland wird für den Ernstfall geübt.

Allerdings würden diese Übungen bei einem GAU nicht viel helfen: So schnell, wie sich eine radioaktive Wolke verbreitet, können die Behörden gar nicht evakuieren. Greenpeace hat mehrfach beklagt, dass die bisher in den Plänen vorgesehenen Evakuierungszeiten viel zu lang seien. Wenn beispielsweise im Kraftwerk Krümmel so evakuiert würde wie geplant, würden viele Schleswig-Holsteiner und Hamburger bereits an akuten Strahlenschäden leiden, hätten vielleicht sogar bereits eine letale Dosis abbekommen.

Aber nicht nur Atomkraftwerke, sondern auch Endlager liegen in Deutschland tief in der Provinz verborgen. Das hat allerdings weniger wirtschaftliche, sondern vor allem politische Gründe: Bei der ländlichen Bevölkerung, heißt es, sei die Protestneigung geringer. Außerdem würde das Argument mit den Arbeitsplätzen dort noch immer seine Wirkung zeigen – und nicht von irgendwelchen linken Aktionsgruppen zerredet. Katholisch, bäuerlich, strukturschwach: Das seien die besten Voraussetzungen für eine Endlageransiedlung.

So ungefähr verhieß es das Gorleben-Gutachten, das die Kohl-Regierung Anfang der Achtzigerjahre in Auftrag gab – und, wie sich viel später herausstellte, manipulierte, in dem sie Wissenschaftler zu beschönigenden Beurteilungen des Salzstocks drängte.

Doch auch der deutsche Landwirt ist nicht mehr der, für den ihn die CDU so lange gehalten hat. Landauf, landab beteiligt er sich inzwischen an Blockadeaktionen und begründet dies mit Argumenten, die durchaus im Sinne der Union sein müssten: Man müsse an das Wohl der Familie und an die Heimat denken!

Im Wendland, der strukturschwachen, ehemaligen Grenzregion, in der sich »Gorleben« befindet, wurden ausgerechnet die Bauern zu den zähesten, ausdauernsten Protestierern. Unter ihnen war der Cousin von Andreas von Bernstorff, dem badischen Grünen-Abgeordneten, ein Großgrundbesitzer, der sich weigerte, seinen Forst an die Endlager-Betreibergesellschaft zu verkaufen. 30 Millionen Mark hat die ihm angeboten, denn ein Drittel des Salzstockes, in dem der Müll eingelagert werden soll, ist in seinem Besitz. Bernstorff ließ sich ebenso wenig breitschlagen wie seine Söhne, die mittlerweile das Protesterbe angetreten haben. Nicht dass die Wendländer Bernstorffs Linke wären wie der Heidelberger Cousin – sie pflegen einen aristokratischen Lebensstil, im Familienschloss herrscht eine traditionell konservative Moral. Aber man habe eine Verantwortung gegenüber der Natur und müsse den Familienbesitz, immerhin 5700 Hektar Wald, für die nächsten Generationen bewahren, erklärte der Graf einer Reporterin des Greenpeace-Magazins. Deswegen würde er an den Tagen, an denen die Castor-Transporte rollen, der gesamten Belegschaft seiner Forstbetriebe freigeben – zum Demonstrieren.

Auch auf dem Salzgitterschen Höhenzug haben die Bauern schon protestiert, wenngleich in bescheidenerem Umfang als im Wendland. Denn dort war lange nicht klar, ob und in welchem Umfang radioaktive Abfälle im Schacht Konrad eingelagert werden würden. Erst 2007 segnete das Bundesverwaltungsgericht den Planfeststellungsbeschluss für den Bau des Endlagers ab, die Verfassungsbeschwerde des Landwirts Walter Traube wurde dagegen nicht einmal zur Entscheidung angenommen.

Außerdem sollten, so hieß es, in dem ehemaligen Erzbergwerk nur schwach- bis mittelradioaktive Abfälle eingelagert werden. Eigentlich. Doch dann wurden Pläne bekannt, den Abfall aus der nur 25 Kilometer entfernten »Asse II« dorthin zu schaffen, dem ersten real existierenden Endlager der BRD, das 1978 wegen Sicherheitsmängeln geschlossen wurde. Dort lagert, so vermuten Mitglieder der »Arbeitsgemeinschaft Schacht Konrad«, auch stärker strahlendes Material. Und, wie es in einem Bericht der niedersächsischen Grünen zum Asse-Untersuchungsausschuss heißt, zehn Mal mehr Müll als angegeben.

Egal, ob nur schwach-, mittel- oder hochradioaktiv: Auch in Salzgitter wird fleißig demonstriert, rund um den Schacht Konrad, mit Lichterketten, Radtouren, Rockkonzerten, Hoffesten, Protestutensilien-Bastelkursen und Beratungstreffen der »Arbeitsgemeinschaft«, die auch von Lokalpolitikern und nicht zuletzt von Sigmar Gabriel, dem Parteivorsitzenden der SPD, unterstützt werden. Er hat in der Nachbarschaft seinen Wahlkreis. Fast jeden Monat gibt es eine neue Aktion, die auf Websites wie »contrAtom« und Dutzenden von Protestblogs beworben wird.

Und so begrüßen mich oben auf dem Berg, in den der Schacht Konrad hineingetrieben wurde, noch die Utensilien der Wochenendproteste: gelbe Fässer mit schwarzen Atomsonnen, Schilder mit Sponti-Sprüchen, Vogelscheuchen mit Fratzengesichtern.

»Konrad«, oder besser gesagt: das »Bundesamt für Strahlenschutz«, das laut Atomgesetz für »die Errichtung und den Betrieb von Anlagen des Bundes zur Endlagerung von radioaktiven Abfällen« zuständig ist, hält dagegen: »Wir haben etwas zu entsorgen, aber nicht zu verbergen.« So wirbt die Behörde im Internet und in Prospekten für sich und sein Vorhaben. Damit nicht genug: Sie befördert auch noch Ausflugsgruppen in den Schacht hinab: Schulklassen, Betriebe, Sportvereine, wahrscheinlich sogar Kegelvereine und Thekenmannschaften. Ein kostenloses Abenteuer in 1000 Metern Tiefe mit Mittagessen und Erinnerungsfoto in Steigerkluft, mit ein paar Mausklicks buchbar, finanziert von der Gemeinschaft der deutschen Steuerzahler – und damit auch von den Atomkraftgegnern. Ein Punktsieg für die Atomlobby.

Es ist die perfekte Show, die einer Gymnasiastengruppe aus Salzgitter, ihren Lehrern und mir an diesem kalten Wintertag Ende 2009 geboten wird. Sie beginnt morgens um neun mit einer Vorstellungsrunde im »Info Konrad«, wie der Bürowürfel des Bundesamtes in der Fußgängerzone von Salzgitter-Lebenstedt heißt. Ein schmaler Mann mit Professorenbrille, den man sich gut als Campaigner für Greenpeace oder einen Fairtrade-Kaffee-Importeur vorstellen könnte, bringt uns in einem unterhaltsamen Exkurs die Geschichte des Schachtes nahe: früher ein Eisenerz-Bergwerk, dann aus wirtschaftlichen Gründen stillgelegt. Bei der Standortsuche des Bundes für ein Endlager sei »Konrad« dann in die engere Wahl gekommen wegen der riesigen, bis zu 1000 Meter tiefen Schächte im Tongestein, einem Material, das angeblich dafür sorgt, dass nichts einstürzen kann und die »Isolation des radioaktiven Abfalls von der Biosphäre gewährleistet« ist.

In einer Stunde plus Film erfahren wir, wie das Einlagern technisch vor sich geht (ein komplexer Prozess!). Wie viel eingelagert werden kann (viel!). Und dass all das natürlich höchst ungefährlich ist, weil die Sicherheitsvorkehrungen so perfekt sind.

Die Schüler sind ziemlich nett und ziemlich geduldig, stellen ein paar Fragen, die nach Leistungskurs Chemie klingen, und bedanken sich höflich für die druckreifen Antworten der Strahlenschützer. Die Lehrer sind dafür ein bisschen gemein, stellen Fragen, die schlechter geschultes Personal aus dem Takt bringen könnten: Ob »Konrad« nicht völlig überdimensioniert sei für die schwach radioaktiven Abfälle, die in den deutschen AKWs in den nächsten Jahren anfallen würden? Ob die Abfälle aus der »Asse«, die ja wohl demnächst an die Oberfläche geholt werden müssten, auch eines Tages hier landen würden? Der Herr mit der Professorenbrille lächelt gelassen.

»Das Vertrauen in den Standort«, hatte mir einer seiner Kollegen am Telefon erklärt, »ist auch eine Frage von Information.« Und genau die erhoffe ich mir bei der nächsten Besichtigungsstation: dem Schacht. Vom »Infozentrum« in Salzgitter-Lebenstedt geht es mit einer PKW-Kolonne, die die Lehrer organisiert haben, hinauf auf den Berg. Schon von Weitem ist der ehemalige Förderturm zu sehen. Neben dem Pförtnerhäuschen steht ein Weihnachtsbaum, dahinter sitzen zwei Männer mit tief in die Stirn gezogenen Mützen. Es ist kalt hier oben, ein eisiger Wind fegt über die Höhenzüge, treibt Schneeflocken vor sich her.

Noch kälter wird es bei der Einfahrt in den Schacht. Und damit sich niemand erkältet, werden wir vom Bundesamt eingekleidet: Feinrippunterwäsche, Bergmannsoverall, Wattejacke, Sicherheitsschuhe mit dicken Sohlen, Helm. Alles extra für die Besuchertouren angeschafft, in allen nur erdenklichen Größen. Sorgsam gestapelt liegt die Ausrüstung in Drahtregalen vor dem Stolleneingang. Bevor wir den Förderkorb besteigen, der uns in die Tiefe bringen soll, bekommen wir noch ein Sauerstoffgerät umgehängt, für den Notfall, dazu ein Übertragungsgerät mit Kopfhörer, damit wir auch unter Tage, wo es ziemlich hallt, den Ausführungen unseres Guides folgen können, der ein richtiger Unter-Tage-Arbeiter war, bevor er Endlager-Touristen in einem Cabrio-Raupenfahrzeug durch die Bergwelt chauffieren musste.

Mit dem geht es nach unserer Ankunft »auf der Sohle« kreuz und quer durch den Schacht, zuerst steil nach unten, dann mehrere hundert Meter bergauf. Die Fliehkraft drückt uns in die Sitze. Die Kurven sind eng, die Stollen dunkel, die Luft dünn. Die Temperatur schwankt zwischen Sauna- und Eisbecken-Werten. Die Mädchen stoßen kleine, spitze Schreie aus, der dicke Junge neben mir lässt erschreckt das Mars fallen, das er bei unserem Halt auf der ersten Sohle aus seiner Tasche gefischt hatte.

Plötzlich brüllt unser Führer ins Mikrofon, dieses Endlager sei ein Glück für die jungen Menschen in der Region. »Die können hier ihre Ausbildung machen in der Gewissheit, übernommen zu werden.« Wie hindrapiert sitzen ein paar wohltrainierte Azubis in einer aus dem Berg gehauenen Nische, mit weißen Bergmannsschals und blitzsauberen Hosen, und wickeln in Pergament eingepackte Brote aus. Und natürlich lächeln sie, als die Schülerinnen winken.

Zwei Stunden später sitzen wir wieder über Tage, vor einem Teller Erbsensuppe, den uns die Kantinendamen aus einer Gulaschkanone auf Rädern serviert haben. »Was wird Ihnen von diesem Vormittag in Erinnerung bleiben?«, fragt immer noch lächelnd der Herr mit der Professorenbrille.

Dass hier einmal 303 000 Kubikmeter Atommüll lagern werden, mindestens, kann man leicht vergessen nach einem solchen Schachtabenteuer, bei dem das hässliche Wort Atommüll nicht ein einziges Mal fiel. Was sollen wir uns fürchten, wo hier, ein paar Hundert Meter unter unseren Fußsohlen, lediglich ein paar »Gebinde« eingelagert werden?

»Wir haben überhaupt nichts gegen Atomkraftgegner«, erklärt mir ein paar Tage später eine Frau in einem »Innovationspark« am Berliner Stadtrand. Man habe schließlich schon etliche zu Besuch gehabt. Und ob man für oder gegen Atomkraft sei – das sei ja letztlich »eine Glaubenssache«. Aber bevor man heftig gegen etwas zu Felde ziehe, sollte man sich wenigstens ernsthaft damit beschäftigen. Und genau dabei wolle sie helfen. Sie und ihr Arbeitgeber.

Barbara Stolze ist stellvertretende Geschäftsführerin und Ausbildungsleiterin der »Landesanstalt für Personendosimetrie und Strahlenschutzausbildung«, kurz: LPS. Die sitzt heute im »Haus 41«, einem Bürogebäude in der Wuhlheide, einem Waldgebiet im Südosten der Hauptstadt. Wer dort zum ersten Mal hinfährt, hat das Gefühl, in Sibirien gelandet zu sein, in einer der Wissenschaftsstädte in der Taiga, in der sowjetische Forscher einst an geheimen Projekten werkelten. Auch die LPS – zumindest ein Teil von ihr – hat sich früher mit geheimen Angelegenheiten befasst: mit den Atomkraftwerken der Deutschen Demokratischen Republik, ihrer technischen Ausstattung und Sicherheit. Und mit den Auswirkungen der Tschernobyl-Katastrophe auf das sozialistische Deutschland. Denn die LPS ist so etwas wie der Nachfolger des »Amts für Atomsicherheit« der DDR, das nach der Wende nicht, wie viele andere Behörden, einfach abgewickelt wurde, sondern unter einem neuen Namen und in einer neuen Organisationsform weiterexistieren durfte: als Landesbehörde von Mecklenburg-Vorpommern. Das Amt wurde nicht in Schwerin, sondern am Berliner Stadtrand untergebracht, im Obergeschoss eines unscheinbaren Zweckbaus, zwischen Werkstätten und Lagerräumen. An einem Ort, wo es wohl kein Demonstrant, kein Atomkraftgegner vermuten würde – wenn er denn überhaupt wüsste, dass eine solche Behörde überhaupt existiert.

»Landesanstalt für Personendosimetrie?«, fragten Wissenschaftsredakteure und Physiker, Greenpeace-Campaigner und Bürgerinitiativler. »Das klingt wie eine Erfindung der *Titanic*!«

Allerdings gäbe es gegen die LPS auch nichts mehr zu demonstrieren. Denn sie ist heute nicht viel mehr als eine Schulungsbehörde, die Ärzten, Ingenieuren und Wissenschaftlern, die an ihrem Arbeitsplatz mit Strahlung zu tun haben, den sorgsamen Umgang damit nahebringt; zum Beispiel den Radiologen erklärt, warum sie mit CT-Untersuchungen sparsam sein sollen, oder Röntgenassistentinnen zeigt, wie sie sich am Arbeitsplatz bewegen sollen, um sich nicht unnötigen Strahlenbelastungen auszusetzen. Darüber hinaus können sie dort messen lassen, wie viel Strahlung ihr Körper tatsächlich aufgenommen hat, und ihre eigenen Messgeräte überprüfen lassen.

So bin auch ich an Frau Stolze und ihre Kollegen geraten: Ich wollte wissen, wie viel *radiazija* ich mir in Tschernobyl eingefangen hatte. Und stieß nach langer, zäher Internetrecherche und Konsultation mehrerer Nuklearmediziner auf die »Landesanstalt« – eine Recherche, die ich niemals angestrengt hätte, wenn mir nicht meine Krankenkasse mitgeteilt hätte, dass ich mich diesbezüglich nicht auf Kosten der Allgemeinheit untersuchen lassen könne, weil ich nicht zu den »beruflich strahlenexponierten Personen« gehöre.

»Natürlich müssen Sie sich untersuchen lassen! Wenn Sie in Tschernobyl waren, können Sie doch sonst nicht mehr ruhig schlafen!«, sagte Frau Stolze mütterlich. »Kommen Sie vorbei, wann Sie wollen. Wir haben Zeit für Sie!«

Als ich in ihrem Büro saß, mit einem Notizbuch voller Messwerte, Gesprächsnotizen und ausgedruckter Fotos, hatte ich sogar das Gefühl, dass sie sich über den Besuch quasi direkt aus Tschernobyl freute. »Ich stecke doch seit Jahren in dieser Routine fest«, klagt sie. »Jede Woche die immergleichen Schulungen, bei denen viele Teilnehmer auch noch gelangweilt dasitzen!«

Denn nach der Wiedervereinigung wurde dem »Amt für Atomsicherheit« nicht nur der Name genommen, sondern auch ein Großteil seiner Kompetenzen: Forschung, Begutachtung von Kraftwerk-Sicherheitstechnik, Strahlenschutz. Das meiste davon erledigt heute das »Bundesamt für Strahlenschutz«.

Ach ja, seufzt sie, sie hätten hervorragende Leute gehabt, der Strahlenschutz der DDR sei weltweit anerkannt gewesen. Aber dann sei die Politik ins Spiel gekommen, habe Ergebnisse vernachlässigt und Berichte in der Schublade verschwinden lassen. Dieser Eindruck sei am Ende hängen geblieben, sagt Barbara Stolze. Mir geht der Satz eines westdeutschen Professors aus den späten Achtzigerjahren durch den Kopf: »Das Amt für Atomsicherheit – das ist doch so etwas wie der verlängerte Arm der Partei!«

Barbara Stolze sagt, dass sie sich nie aktiv in der Partei engagiert habe. Sie sei in einem christlichen Elternhaus groß geworden, ihre Eltern hätten sie zu einer katholischen Schule geschickt, nicht einmal zur FDJ habe sie gedurft.

Doch ganz habe sie sich nicht entziehen können, denn sie habe Chemie studieren wollen, und an der Uni habe sie dann ein Professor zur FDJ-Gruppenleiterin ernannt.

Nach dem Abschluss habe sie im Telefonbuch nach einem Betrieb gesucht, der in der Nähe ihrer Wohnung lag – sie habe ja, wie im Osten üblich, bereits während des Studiums Kinder bekommen. Und sei auf das Atominstitut gestoßen, das »technisch ziemlich gut ausgestattet war«. Der Leiter sei ein Verwandter von Staatsratsmitglied Willi Stoph gewesen, und so sei man an Dinge gekommen, auf die andere Institute vergeblich gewartet hätten. Außerdem habe es seinen Mitarbeitern eine gute Fachausbildung zukommen lassen, man habe Zeit und Ruhe gehabt, sich in komplizierte Sachverhalte einzudenken, ohne den Druck, keine Fehler machen zu dürfen, den sie danach im Westen öfters verspürt habe.

Eigentlich hätte sie als Chemikerin in ganz anderen Feldern arbeiten können. Aber diese Bedingungen bewogen sie letztendlich, Strahlenschützerin zu werden. Ja, sagt sie, und es klingt, als würde dieser Satz sie belustigen: »So habe ich also gelernt, das Atom zu lieben.«

Vielleicht, weil es der Titel eines Films ist, in dem es um genau diese Liebe geht: *Dr. Seltsam, oder: Wie ich lernte, die Bombe zu lieben.* Ein Film des damaligen Klassenfeinds, der 1964 in etwa zu der Zeit entstanden war, als bei Barbara Stolze diese Liebe erwachte.

Eine Zeit, in der man sich im Westen Sorgen machte um die Atomkraftwerke im Warschauer Pakt. Waren es nicht die Sowjets, der große

Bruder der DDR, der einst mit Fehlern so entspannt umgegangen war? Und am Ende, wenn diese nicht mehr zu verheimlichen waren, gegen ihre vermeintlichen Verursacher umso härter vorgegangen seien?

»Die Sowjets hatten eine ganz andere Mentalität als wir in der DDR«, sagt Barbara Stolze. Als Studentin hatte es sie mehr oder weniger freiwillig in die Sowjetunion verschlagen, zur Neulanderschließung in der kasachischen Steppe. Das galt als »gesellschaftliche Arbeit«, deren Ableistung von jedem, der etwas werden wollte, erwartet wurde. Neulanderschließung war eine harte, unbezahlte Arbeit. Zusammen mit Tausenden junger Sowjetbürger versuchte sie, der Steppe bei Alma Ata ein paar Hektar Ackerland abzuringen. Zwölf Stunden täglich schufteten sie in der glühenden Sommerhitze. Während die Ostdeutschen über Rückenprobleme und Sonnenbrand stöhnten, sich beklagten, dass sie bei der Arbeit angebrüllt würden und abends fix und fertig in ihre Zelte krochen, ließen die Sowjets tagsüber alles regungslos über sich ergehen und begannen abends zu feiern. »Die waren viel härter im Nehmen«, erinnert sich Barbara Stolze. »Man hat uns erklärt, dass das zum Sowjetmenschen gehöre, diese Erziehung zu Geduld und Härte« – die sie nun auch wenigstens für ein paar Wochen über sich ergehen lassen mussten. Sie hätten nur gestaunt – auch über die »andere Einstellung zu Sicherheit und Ordnung: Da wurde nicht so viel kontrolliert und vorgesorgt wie bei uns.«

Aber als sie 1986 hörte, dass sich in Tschernobyl der GAU ereignet haben sollte, konnte sie es trotzdem nicht fassen. »Das waren doch auch fähige Wissenschaftler und Ingenieure da in Pripjat! Die hätten doch nie einen so kritischen Versuch in Eigenregie durchgeführt! Nein, der Unfall ist bestimmt nicht so abgelaufen, wie das in der Öffentlichkeit verkauft wurde. Da hat die Politik mitgemischt.«

Das tat sie dann auch in der DDR. Von der Katastrophe erfuhren die meisten Bürger nur aus dem Westfernsehen. Jenseits der Elbe gab es nur eine winzige Meldung im *Neuen Deutschland*: Es habe einen Unfall gegeben, aber die Lage sei unter Kontrolle.

Barbara Stolze hatte allerdings noch eine andere Quelle: Kurz nach der Havarie hatte sich bei ihrem Arbeitgeber ein Physiker aus Schweden gemeldet, der von erhöhten Radioaktivitätswerten dort berichtete, die wahrscheinlich durch einen Störfall in einem sowjetischen Kraftwerk verursacht worden seien.

Sie und ihre Kollegen seien ganz aufgeregt gewesen. »Wir hatten doch bisher vor allem Theorie betrieben, die Kraftwerke waren ja bei uns noch nicht in Betrieb. Auf einmal war unser Amt gefragt, und wir bekamen Messgeräte zur Verfügung, von denen wir gar nicht wussten, dass die DDR so etwas überhaupt besaß.«

Im Keller des Amtes, das damals seinen Sitz noch in Berlin-Karlshorst hatte, hätten sie eine Messstation eingerichtet, in der Lebensmittel aus der ganzen DDR überprüft worden seien. Frühmorgens seien die Laster angerollt, und dann hätten sie im Drei-Schichten-Betrieb Milch, Korn, Gemüse, »die ganze Nahrungsmittelkette der DDR« durchgemessen. Ihr Chef habe die Werte veröffentlichen wollen, was ihm untersagt worden sei. Dabei hätten sie nur bei ein paar Milchlieferungen gesagt: Das ist Sondermüll, das muss weggeschüttet werden! Insgesamt sei die Gefahr für die Bevölkerung eher gering gewesen. Im Durchschnitt habe man durch den Unfall kaum mehr zusätzliche Strahlung aufgenommen als bei einer Röntgenaufnahme der Lunge. Trotzdem seien die Messtabellen »in irgendeinem Stahlschrank verschwunden«.

Dennoch glaube sie, dass die DDR-Regierung nicht viel schlimmer agiert habe als die der BRD. »Da herrschte doch große Konfusion! Die eine Behörde hat nicht gewusst, was die andere gemacht hat. Das hat die Bevölkerung zutiefst verunsichert.«

Ich sage, dass ich mich im Zweifelsfall lieber verunsichern lassen wolle als zu sehr in Sicherheit wiegen. Offensichtlich hat ihr Kollege, der mit ihr das Büro teilt, zugehört. »Ist das alles?«, fragt er, als ich Frau Stolze den Wert diktiere, den mein Personendosimeter anzeigt, das ich in Tschernobyl am Gürtel getragen habe: ein kleines, einem MP3-Player ähnliches Gerät, das die Gesamtmenge der Strahlung anzeigt, die man in einem bestimmten Zeitraum aufgenommen hat. »Lächerlich! Mit so etwas haben wir bei Laborexperimenten ständig zu tun.«

Ich entgegne, dass ich für diese Strahlenmenge zu Hause acht Jahre gebraucht hätte. »Unter normalen Umständen«, entgegnet er. »Aber wenn Sie zur Computertomographie müssen, dann bekommen Sie ein Vielfaches ab!«

Frau Stolze nickt und schiebt mir eine zweite Tasse Kaffee hin: »Oder wollen Sie lieber einen Kräutertee?«

Den trinke ich einen Tag später im Berliner Stadtzentrum mit einem anderen DDR-Atomwissenschaftler, einem bärtigen, bebrillten Physiker, dessen Karriere durch Tschernobyl allerdings nicht gerade befördert wurde. Nein, es war eher so, dass es die Aussichten, je in seinem erlernten Beruf Fuß fassen zu können, endgültig zunichte machte. Denn der Unfall ließ ihn entgültig zu einer Spezies werden, der das MfS, das Ministerium für Staatssicherheit, ganz besondere Aufmerksamkeit widmete: Atomkraftgegner.

Als die radioaktive Wolke auf Berlin zusegelte, war Sebastian Pflugbeil bereits in der Friedensbewegung aktiv. Ein Engagement, das – im Gegensatz zum Westen – im Osten nicht ganz ungefährlich war und fast immer berufliche Konsequenzen nach sich zog: Aktivisten wurde der Zugang zum Studium, zur Promotion, zu einer akademischen Karriere verwehrt. Sebastian Pflugbeil, der als wissenschaftlicher Mitarbeiter an einem Institut der Akademie der Wissenschaften gearbeitet hatte, konnte seine Doktorarbeit nicht mehr fertigstellen.

Stattdessen beteiligte er sich am Aufbau des »Friedensseminars« der Evangelischen Immanuel-Gemeinde in Berlin und an einer Studie zu den gesundheitlichen Auswirkungen des Uranbergbaus. Nachdem er von dem GAU erfahren hatte, recherchierte er im Auftrag der evangelischen Kirche an einer Studie über die Atompolitik der DDR und fand dabei bestätigt, was er immer schon vermutet hatte: Dass die Regierung wichtige Informationen verheimlichte – unter anderem die Messwerte des »Amts für Atomsicherheit«. Das habe zwar »ernsthafte Messungen« bei den Lebensmitteln durchgeführt, aber die Messwerte seien unter Verschluss geblieben – um keine Unruhe bei der Bevölkerung hervorzurufen.

Aus gutem Grund: Viele Milchproben hätten den gesetzlichen Höchstwert um das Siebenfache überschritten. Und der Salat und das Gemüse, das in Brandenburg angepflanzt worden sei, aber zuvor immer gegen Devisen in den Westen verkauft worden sei, sei auf einmal in den Berliner Kaufhallen aufgetaucht. Das plötzlich so reichhaltige Angebot habe viele Bürger erst recht skeptisch gemacht. »Selbst wenn die Regierung hundert Mal beteuert hätte, dass alles in Ordnung sei – wir wären misstrauisch geblieben«, sagt Sebastian Pflugbeil. »Wir haben doch alle Westfernsehen geguckt, damals, als wir dem Westen noch uneingeschränkt getraut haben.«

Aus dem schrieben ihm dann auch Wissenschaftler, die sich schon vor Tschernobyl scharf gegen Atomkraft ausgesprochen hatten, regelmäßig Unterstützerbriefe, in denen sie von einer Hoffnung auf Zusammenarbeit sprachen. »Dass die im Westen ebenso marginalisiert waren wie wir, habe ich erst nach der Wende erfahren«, sagt Pflugbeil.

Kurz davor war für ihn selbst für eine Weile Schluss mit der Marginalisierung: Als Mitbegründer und Sprecher des Neuen Forums wurde er von der Regierung Modrow zum »Minister ohne Geschäftsbereich« ernannt, danach für ein paar Jahre ins Berliner Abgeordnetenhaus gewählt. Aber er sei mit den linken Westparteien, die er früher auf der östlichen Seite der Mauer so bewundert habe, nicht zurechtgekommen: »Ich hatte das Gefühl, dass die nichts von unserer Geschichte verstanden haben – und wir wahrscheinlich wenig von ihrer. Die hatten zu Hause eine Lenin-Büste im Regal stehen, und als ich sie gefragt habe, wieso sie die nicht weggeräumt hätten, haben sie nur zurückgefragt, wie man seine Ideale so schnell über Bord werfen könne?«

Und wieder hatte er das Gefühl, mit seinen Vorstellungen nicht richtig in diese Gesellschaft hineinzupassen, die er sich als so frei, so kritisch und unabhängig ausgemalt hatte; und wahrscheinlich beschloss er irgendwann, dieses Außenseitertum, die Rolle des einsamen Mahners, des ewigen Oppositionellen als Identität anzunehmen. Auf Videos aus diesen Jahren sieht man einen knurrigen Mann, der vor die Mikrofone tritt, als würde er zum Schafott geführt. Vielleicht ging ihm aber auch einfach nur der westliche Selbstdarstellungstrieb auf die Nerven. »Dieses ganze Bling-Bling, dieses Wichtiggetue – das war nichts für mich«, sagt er.

Zusammen mit den Wissenschaftlern, die ihm nach Tschernobyl Unterstützerbriefe in den Osten geschrieben hatten, gründete er die »Gesellschaft für Strahlenschutz e. V.« – in deren Auftrag er auch in die Tschernobyl-Region fuhr. Ein Engagement, das ihm neue Ziele, vielleicht auch einen neuen Lebenssinn verschaffte: Einerseits wollte er beweisen, dass der Reaktor leer war (und damit der Unfall anders abgelaufen sein musste als die offiziellen Stellen verlautbart haben). Andererseits wollte er zeigen, wie gesundheitsschädlich auch Niedrigstrahlung sei.

Seine Ziele verfolgte er mit einem Ehrgeiz und einer Konsequenz, die beinahe unheimlich erscheint: Zusammen mit einem Moskauer Wissenschaftler wagte er sich in den explodierten Reaktorblock 4, erkundete das Innere des Sarkophags und drehte darüber einen Dokumentarfilm. Titel: *Der Millionensarg.* Außerdem engagierte er sich bei den »Kindern von Tschernobyl«, saß für eine Weile sogar im Vorstand, sprach mit belarussischen Ärzten, Wissenschaftlern, Ministern.

Dabei kam es – ähnlich wie mit den westdeutschen Linken – nach einigen Jahren zu Missverständnissen. Am Anfang ging es um Rechthabereien am Telefon, dann um verletzte Eitelkeit, um Geld, Einfluss, gesellschaftliche Beachtung.

Die Hintergründe dieses Streits lassen sich nur schwer erfassen. Es gibt kaum schriftliches Material, Dokumente, die die verworrenen Geschehnisse dokumentieren. Zu viele Personen sind darin verwickelt, die alle ihre eigene Version der Geschichte erzählen – oder schweigen, weil sie Angst haben.

Fest steht, dass bei der belarussischen Botschaft in Deutschland ein Schreiben eintraf, in dem den Gruschewojs und ihrer Stiftung Betrug und Unterschlagung vorgeworfen wurde, und kurz darauf ein *Monitor*-Bericht mit einem ähnlichen Tenor erschien.

Sebastian Pflugbeil erzählt nichts über seine Rolle in diesem Streit, über den Brief an die Botschaft, seine Motivation, eine Konkurrenzorganisation zu gründen. Er druckst herum, wenn es um die Gegenseite – die Gruschewojs, Burkhard Homeyer und die westdeutschen Tschernobyl-Initiativen – geht.

Aber auch die wollen nicht mehr viel zu der Geschichte sagen, außer dass sie »60 Prozent Energie für den Konflikt aufwenden mussten, und nur noch 30 in die Arbeit stecken konnten«. Und dass Sebastian Pflugbeil und sein Münchner Kollege, der Mediziner und Strahlenbiologe Edmund Lengfelder, dem von der belarussischen Regierung ein Orden für seine »herausragenden Leistungen bei der Bekämpfung der gesundheitlichen Folgen der Reaktorkatastrophe« verliehen wurde, nicht das seien, was sie vorgäben: Menschenrechtler.

Fest steht: Es ging bei der Auseinandersetzung um mehr als um ein Amt, um Einfluss in einer – nicht allzu bekannten – Organisation: Nein, es ging um die Verteidigung eines Lebenswerks, eines Lebenssinns, um eine Positionsbehauptung, die sie mit so dogmatischer Strenge betrieben, dass sie nur enge Freunde oder erbitterte Gegner werden konnten. Nichts dazwischen.

Fest steht auch, dass solche Geschichten in Belarus keine Seltenheit sind, dort und in anderen Ländern, in denen der Geheimdienst nach wie vor die Rolle eines Staates im Staate spielt, weshalb dort Schwarz und Weiß besonders schwer voneinander zu trennen sind: Oppositionelle arbeiten für den Geheimdienst, Funktionäre helfen Regimegegnern, unterstützen Tschernobyl-Projekte, Professoren geben Gesundheitsdaten aus der Tschernobyl-Region an westliche Wissenschaftler weiter, regierungstreue Wissenschaftler geben sich als Regimekritiker aus, um das Vertrauen landes- und sprachunkundiger Westler zu gewinnen.

Verworrene Geschichten sind es, in denen seltsame Allianzen geschmiedet werden, Fehlinformationen gestreut, Kollegen und Freunde ausgespäht, verleumdet und ans Messer geliefert werden. In denen es um eine Taktik geht, die viele Westler nur aus Spionageromanen oder dem Spielfilm *Das Leben der Anderen* kennen: Zersetzung. Eine Strategie, in die auch ich, ohne es zu merken, verwickelt wurde – bei meinem letzten Besuch in Belarus.

Im Zweifel
Für den Zweifel

Auf einmal war Lara wieder da. Das war eine große Überraschung! Sie rief mich aus Minsk an, vom Flughafen. Mit einem Handy, dessen Nummer ich nicht kannte. Ich fragte mich, warum sie plötzlich mitten im Winter hier in Belarus auftauchte und so tat, als ob alles in Ordnung wäre. Eigentlich war ich mir sicher, dass sie sich nach unserem Streit im Frühling nie wieder bei mir melden würde.

Ich bot an, sie aus Minsk abzuholen, mit dem Auto von meinem Bruder, über das Lara beim letzten Mal geschimpft hatte, es sei viel zu groß und zu teuer für uns. Aber im Winter braucht man einen zuverlässigen Wagen, sonst bleibt man vielleicht mitten im Wald stehen und erfriert. Bei uns gibt es nämlich keinen ADAC. Vorgestern ist es richtig kalt geworden, 30 Grad minus, und die Schneedecke auf den Straßen ist gefroren. Trotzdem habe ich zu Lara gesagt: Ich komme!

Aber sie wollte gar nicht von mir abgeholt werden. Sie hatte schon einen Fahrer, einen älteren Mann. Aus unserer Gegend ist er nicht, sonst würde ich seinen Namen kennen. Wo sie den wohl kennen gelernt hat? Wir waren doch fast die ganze Zeit zusammen, das hätte ich doch mitbekommen müssen!

Später erfuhr ich, dass Lara die Familie von diesem Juri aus Deutschland kennt. Juris Tochter war mit den »Kindern von Tschernobyl« im Rheinland, so wie ich. Und diese Tochter hat Lara eingeladen, bei ihren Eltern zu wohnen. Ein bisschen komisch war es schon für mich, dass sie jetzt zu denen geht. Ich dachte, Lara wäre so etwas wie meine Deutsche.

Aber wer weiß – vielleicht nehmen Juri und seine Frau ja kein Geld von ihr. Ich habe immer Geld von Lara genommen. Schließlich war das mit ihr und diesen Tschernobyl-Geschichten ja ein Job!

Lara hat es bei Juri und seiner Frau anscheinend richtig gut gefallen. Immer, wenn ich sie angerufen habe, schwärmte sie, wie groß das Haus der beiden sei, wie gut das Essen, wie interessant diese Stadt, und so weiter und so weiter.

Ich habe nur gedacht: Choiniki? Interessant? Die haben nicht einmal einen House-Club! Überhaupt gibt es da nicht mehr viel, keine vernünftigen Geschäfte, keine neuen Häuser, vor allem aber kaum Arbeit. Die meisten Betriebe und Kolchosen sind geschlossen, und die Leute, die eine Chance hatten wegzuziehen, haben das getan. In Choiniki gibt es doch noch mehr *radiazija* als bei uns!

Aber dann bin ich neugierig geworden, was Lara da so gefällt, und bin am Wochenende hingefahren, über eine Stunde durch den verschneiten Wald. Die Straße war ganz leer, weil bei der Kälte niemand freiwillig vor die Tür geht. Ein bisschen gefährlich war es auch, denn an diesem Tag war kein Räumfahrzeug unterwegs. Als ich bei Juri und seiner Frau klingelte, haben sie mich sofort zum Mittagessen eingeladen. Das war mir ein bisschen peinlich, denn eigentlich wollte ich nur Lara überreden, mit zu mir zu fahren. Doch Nina, Juris Frau, sagte, sie habe *koldunji* gekocht. Das sind gefüllte Kartoffelklöße, die ganz schwer zu machen sind, weil der Teig nur aus Kartoffeln bestehen darf. Es ist so etwas wie unser Nationalgericht. Da konnte ich nicht ablehnen.

Beim Essen haben sie mich behandelt, als wäre ich etwas Besonderes; jemand, mit dem man unbedingt bekannt sein will. »Mascha, du warst so oft in Deutschland«, haben sie gesagt, »und du sprichst so gut

Deutsch! Du und unsere Tochter … durch euch sitzen wir plötzlich mit deutschen Leuten an einem Tisch!«

Juri und seine Frau hatten schon öfter deutsche Gäste in ihrem Haus, zuerst einen Mann und eine Frau aus dem Rheinland und später ihren Schwiegersohn. Sie hätten viel von ihnen gelernt, so wie die Deutschen umgekehrt von ihnen. Ja, der Kontakt mit den Deutschen habe ihr Leben verändert, und dafür seien sie sehr dankbar. *Uch ty*, das klang fast so ernst und melancholisch wie bei Natascha!

Ich habe nichts dazu gesagt, sondern lieber gefragt, ob sie mir nicht ihr Haus zeigen können. Die Führung dauerte bestimmt eine Viertelstunde: Drei Zimmer haben sie für sich alleine, mit einer neuen Schrankwand, Mustertapeten und Einbauküche! Das Bad sah aus wie neu gekachelt. Wahnsinn, wie haben sie das geschafft? Juri ist doch Autoschlosser, und Nina bekommt eine Rente, die nicht hoch sein kann. Nicht in Choiniki. Als ich nachfragte, sagte Juri: »Wir haben geerbt!« Da mussten alle lachen.

Aber das mit dem Erben war eigentlich kein Scherz. Sie haben das Haus tatsächlich von jemandem bekommen, nach Tschernobyl. Davor hatten sie in einer kleinen Wohnung gewohnt und erst überlegt, auch wegzugehen, so wie ihre Nachbarn. Doch dann musste Juri beim Aufräumen in der Sperrzone helfen, und Nina wollte mit den Kindern nicht alleine bleiben. Andere Frauen, die sich vom Staat eine Wohnung in einem anderen Ort zuteilen ließen, sahen ihre Männer höchstens noch ein Mal in der Woche. Man konnte sich den Ort nämlich nicht aussuchen, an den man umgesiedelt wurde. Einige haben sie sogar in eine Hochhaussiedlung in Minsk gesteckt, die sind dort verrückt geworden. Vom Land in die Großstadt – ich würde das auch nicht aushalten! Jedenfalls haben sich viele Männer damals alleine gefühlt und mit anderen Frauen geflirtet. Aber ich glaube, Juri hätte das nicht gemacht, er ist so ein ruhiger, zuverlässiger Mann, der nicht raucht und nicht trinkt und alles für seine Kinder tut, ganz anders als mein Vater.

Nach Tschernobyl kümmerte er sich darum, dass sie aus der kleinen Wohnung in eines der schönen großen Häuser am Stadtrand umziehen konnten, die seit dem Unfall leer standen. Die Vorbesitzer hatte nichts einzuwenden, und so machte er sich daran, das Haus herzurichten. Er wusch den radioaktiven Staub ab, pflügte den Boden im Garten um und renovierte die Räume. Jeder Tochter richtete er ein eigenes Zimmer her, mit neuen Tapeten und Teppich und Kommode. Sie sollten es gut haben, wenn sie schon in Choiniki bleiben mussten. Er hat sogar Geld für sie zurückgelegt.

Das macht er bis heute, obwohl die eine Tochter inzwischen in Deutschland verheiratet ist und dort sicher mehr Geld verdient als er. Für die Enkel hat er kleine Kinderbetten angeschafft, und ganz viele Stofftiere. Wenn Nina sie in Deutschland besucht, hilft sie dort im Haushalt mit.

Die beiden sind Menschen, die sich für alles verantwortlich fühlen. Nicht nur bei ihrer Familie, sondern auch bei den Leuten, mit denen sie zu tun haben. Als es Lara nachts einmal schlecht war, kochte Nina Tee und fragte sich tagelang, ob irgendetwas mit ihrem Essen nicht in Ordnung war. Sie haben Lara auch überallhin mitgenommen, damit sie etwas von ihrem Alltag mitbekam: ins Rathaus, auf den Markt, aufs Dorf zu einem Jungen, der von den »Kindern von Tschernobyl« Geld für eine Augenoperation bekommen hat, und zum Volksskilauf.

Leute wie Juri und Nina werden leicht ausgenutzt, besonders bei uns. Ich wollte nicht, dass sie das für Lara alles umsonst machen. Sie macht schließlich auch Geld mit unserer Geschichte!

Deswegen rief ich ein paar Tage nach meinem Besuch ganz früh bei ihnen an und sagte, sie sollten von Lara ruhig Geld verlangen. Juri hörte sich das aufmerksam an. Dann sagte er: »Ich nehme das, was sie freiwillig gibt.« Es klang, als ob er sauer wäre. Sauer oder enttäuscht. Am Ende hat er Lara sogar geholfen, in die Sperrzone hineinzugelangen, ganz offiziell, mit Genehmigung. Und sich damit natürlich nur Ärger aufgehalst.

Und ich habe mich da auch noch mit hineinziehen lassen! Juri meinte, es sei besser, mit meinem Auto zu fahren als mit dem Kleinbus, mit dem er im Sommer immer die deutschen Besucher durch die

Gegend fährt. Außerdem sollte ich bei den Behörden übersetzen, weil die sicher Fragen stellten, die Lara nicht verstand.

Mich nervte allein das ganze Rumsitzen, acht Stunden lang! Lara dagegen fand es spannend. Sie wollte erleben, wie schlimm die Bürokratie hier ist. Klar, sie muss sich auch nicht täglich damit herumschlagen!

Wir gingen zuerst zum Bürgermeister, der auch mit den »Kindern von Tschernobyl« in Deutschland gewesen war. Danach wollte er eigentlich Deutschlehrer werden, aber bekam nach seinem Studium zum Glück diesen Job, der viel besser bezahlt ist. Ein Lehrer kann bei uns doch kaum eine Familie ernähren! Dafür muss er jetzt Investoren nach Narowlja holen, die in der Zone irgendetwas produzieren sollen. Wie er das machen will? Er kann ja nicht einfach einen Brief an Beiersdorf schreiben: Möchten Sie Ihre neue Nivea-Nachtcreme in der Tschernobyl-Sperrzone zusammenrühren? Die haben doch Angst, dass die Creme hinterher verstrahlt ist! Deswegen hat er erst einmal nur ein englisches Werbeplakat in der Stadtverwaltung aufgehängt: *Investment opportunity!*

Bisher hätten nur zwei Italiener darauf reagiert, die mit einer »Kinder von Tschernobyl«-Delegation in Choiniki waren, erzählte der Bürgermeister. Lara schaute die Visitenkarten von den Italienern an und meinte: »Das klingt nach Mafia!«

»Ich weiß nicht«, entgegnete er. »Die wollten in der Zone einfach nur Paletten fertigen.«

»Aus welchem Holz?«

»Haben sie nicht erzählt. Aber Holz gibt es in der Zone reichlich.«

Lara warf mir einen vielsagenden Blick zu und fragte dann, ob wir uns das Gelände einmal anschauen dürften.

»Aber Sie … Sie wollen dort doch nicht investieren? Oder … in wessen Auftrag sind Sie denn hier?«

»Kinder von Tschernobyl«, hat Lara einfach behauptet.

Was nicht gelogen war, weil Juris Tochter ja in dieser rheinischen Gruppe mitarbeitet, die Lara interviewt hat. Und Juri regelmäßig Gäste von denen aufnimmt – so wie Lara jetzt.

Jedenfalls ließ der Bürgermeister seine Sekretärin einen Brief tippen, mit dem wir zur Schulbehörde gehen sollten. Die »Kinder von Tschernobyl« organisieren doch Reisen für Schüler, deswegen musste die Schulbehörde den Antrag für die Zonengenehmigung mit unterschreiben. So ist das hier mit den Behörden: Man braucht 1000 Stempel, 1000 Unterschriften, und am Ende dann sagt einer: »Die Leute, die da unterschrieben haben, waren in dieser Sache gar nicht zuständig!«

Bei der Schulbehörde wurden wir von mehreren Frauen befragt, die alle wie Lehrerinnen aussahen, mit Brille und langem Rock. Was die alles wissen wollten! Aber vielleicht waren sie auch einfach nur neugierig, weil sie ja nicht so oft Besuch von Schriftstellerinnen aus dem Westen bekommen.

Am Ende gingen wir mit den Papieren zur Zonenbehörde, die eigentlich »Komitee zur Lösung der Probleme der Tschernobyl-Katastrophe« heißt, und mussten dort ein rotes Formular ausfüllen, auf dem »für ausländische Staatsbürger« stand. Der Mann vom Zonenkomitee schien betrunken zu sein, deswegen achteten wir wahrscheinlich auch nicht so darauf, was er auf das Formular schrieb. Wir wollten so schnell wie möglich ins Freie.

Am nächsten Morgen sollten wir uns um neun Uhr im Wachhäuschen am Zoneneingang melden. Juri fuhr dann doch mit, weil er sich Sorgen machte. Nein, nicht wegen der *radiazija*, sondern wegen des Wetters. Gestern hatte es getaut, in der Nacht geschneit, und heute waren es wieder -20 Grad. Natürlich hatte den Schnee keiner weggeräumt. Wozu auch, in der Zone?

Außer den rot-gelben Warnschildern »Vorsicht! Territorium mit besonders hoher Strontiumkontamination« sahen wir nur Schnee. Die Reste von den Dörfern, die Ortsschilder, die Landschaft – alles war von einer dicken Schicht eingehüllt. Ein Zonenbesuch im Winter – auf so eine Idee können auch nur Deutsche kommen!

Nach einer halben Stunde Fahrt kamen wir an eine zweite Schranke, an der ein älterer Mann in Uniform wartete. Der Mann nahm unser Genehmigungsformular, lief zu einer Baracke, die auf einer Wiese neben der Straße stand, und gab irgendetwas per Telefon durch. Danach sah er sich ganz in Ruhe meinen Mercedes an. Ob ich den in Belarus gekauft habe? Juri hat ihm eine Zigarette angeboten, und so haben die beiden ganz in Ruhe geraucht und geredet. Der Mann war wahrscheinlich froh, dass hier überhaupt einmal jemand vorbeikam.

Eine Bisonherde in der 30-Kilometer-Sperrzone bei Choiniki, Belarus

In der Nähe der Schranke war eine Futterstelle für Bisons, die sie angeblich aus Polen geholt und in der Zone ausgesetzt haben – um zu sehen, ob sie Kinder mit sechs Beinen oder drei Augen kriegen. Lara hat die Bisons fotografiert, wir sind den gleichen Weg zurückgefahren, und das war's.

Zwei Tage später ging es dann los: Polizei, KGB, das volle Programm! Ich fürchte, ich muss demnächst zur Vernehmung nach Choiniki, wo sie das Reifenprofil von meinem Auto mit den Spuren aus der Zone vergleichen wollen.

Juri rief mich an und sagte, dass da was auf uns zukommen könnte, weil wir gar nicht so weit in die Zone hineinfahren durften, vor allem nicht zu den Bisons. Auf der Genehmigung soll gestanden haben, dass wir nur in das erste Dorf hinter dem Zaun durften.

Der Mann an der zweiten Schranke hätte uns gar nicht weiterlassen dürfen. Deswegen haben sie ihn auch entlassen. Entlassen mit 53! Das heißt, er bekommt weder Arbeitslosengeld noch Rente, und das, wo er nur noch zwei Jahre zu arbeiten gehabt hätte.

Juri hat mich gebeten, Lara nichts davon erzählen, um sie nicht zu beunruhigen. Dabei war sie es doch, die die Genehmigung die ganze Zeit in der Hand hatte!

Deswegen habe ich ihr trotzdem etwas gesagt. Sie fragte sofort, was sie unternehmen könne. Zur Polizei gehen? Schmiergeld zahlen? Die Schuld auf sich nehmen? Als Ausländerin würde ihr schon nichts passieren; Lukaschenko sei doch gerade dabei, Wirtschaftskontakte zum Westen aufzubauen.

Zur Polizei gehen, die Schuld auf sich nehmen – so etwas Dummes kann sich nur ein Ausländer ausdenken! Nein, man darf nichts auf eigene Faust unternehmen, wenn man aus so einer Sache unbeschadet wieder herauskommen will. Am Klügsten ist abzuwarten. Manchmal versandet so eine Geschichte nämlich auch, wenn sie noch nicht bis nach Minsk gemeldet wurde.

Wovor ich Angst habe? Dass sie mich von der Uni werfen. Denn dann kann ich hinterher nicht zum Zoll. Bei uns in der Gegend gibt es doch sonst kaum Arbeitsplätze. Und ich habe nicht so gut Deutsch gelernt, um Kolchosearbeiterin zu werden!

Auf jeden Fall war ich ziemlich durcheinander bei dem Gespräch mit Lara. Deswegen weiß ich auch nicht, was ich alles erzählt habe, nur, dass meine Mutter einen Bekannten bei der Polizei habe, der mir vielleicht helfen könne. Sie hat sofort gefragt, ob ich dafür Geld bezahlen müsse. Ich habe mit den Schultern gezuckt, worauf sie mir 200 Euro in die Hand drückte.

Dann bat ich sie noch, Juri nichts zu erzählen, weil ich ihm doch eigentlich versprochen hatte, ihr, Lara, von der Sache nichts zu erzählen. Aber als Lara wieder in Deutschland war, fragte sie Juri natürlich

»Zoneneinfahrtserlaubnis für ausländische Staatsangehörige«,
ausgestellt in Choiniki, Belarus

gleich am Telefon, wie die Sache weitergegangen sei. Und der soll ihr
dann angeblich gesagt haben, dass dieser Mann an der Schranke gar
nicht entlassen worden sei.

»Das mit dem Mann habe ich auch inzwischen erfahren«, sagte ich
zu Lara. »Die wollten ihn erst entlassen, haben ihn dann aber nur ver-
warnt und in die Zone zurückgeschickt.«

Lara schimpfte: Ich würde ihr Lügengeschichten erzählen! Weder das mit dem Mann noch mit dem Polizeiverhör sei wahr! Juri habe ihr alles genau erzählt! Ich habe erklärt, warum es zum Glück doch nicht so gekommen ist, wie ich befürchtet hatte. Lara unterbrach mich andauernd, und am Ende hat sie mich angeschrien. Ich solle aufhören, meine Erklärungen würden mit jedem Satz unlogischer, ich würde mich in immer mehr Widersprüche verwickeln. Sie wolle nicht, dass unsere Freundschaft so ...

Sie wollte mir einfach nicht glauben, dass der Bekannte meiner Mutter dafür gesorgt hat, dass ich nicht nach Choiniki zur Polizei muss! Und dass er den Briefumschlag mit dem Geld, das Lara mir zugesteckt hatte, meiner Mutter zurückbrachte. Ich habe ihr erzählt, dass er richtig entsetzt war. Mascha, hat er gesagt, versuche nicht noch einmal, Beamte zu bestechen. Das ist gefährlich! Meiner Mutter war das alles sehr unangenehm. Sie wollte es wieder gut machen und ihn zum Essen einladen – mit Spezialitäten und feinem Cognac, den sie von dem Geld in dem Umschlag kaufen wollte. Aber er hat abgelehnt.

Ich habe geredet und geredet – und dann hat Lara aufgelegt, weil es so teuer ist, mich in Belarus auf dem Handy anzurufen, mindestens so teuer wie ein Anruf nach China. Dabei liegt Belarus doch in Europa!

Am nächsten Tag habe ich mit Juri telefoniert. Von ihm weiß ich, dass Lara bei seiner Tochter im Rheinland angerufen und sie ausgequetscht hat, was ihr Vater ihr über die ganze Sache berichtet habe. Was sollte das? Wieso misstraut Lara mir?

Ein paar Tage später habe ich sie wieder angerufen, vom Festnetz meiner Mutter. Lara war sofort am Telefon und sagte sehr kühl: Der Mann von der Polizei wusste nichts von einer Vorladung.

Ich bekam einen Schock. Wenn man in Belarus bei der Polizei anruft und nachhakt, dann müssen sie etwas unternehmen – wo sie die Sache sonst einfach einschlafen lassen können! Das wollte ich ihr erklären, aber sie bohrte weiter: »Habt ihr denn den Polizisten nun zum Essen eingeladen? ... Ihr habt ihn gar nicht gefragt, stimmt's? Wieso solltet ihr auch? Es gab doch gar keine Vorladung!«

So ging das eine ganze Weile, und am Ende sagte sie: »Weißt du, ich habe das Gefühl, dass du mich einfach moralisch unter Druck setzen wolltest. Vielleicht gab es ja am Anfang eine Nachfrage wegen der Genehmigung, aber das mit der Uni und dem ganzen Rest – das kann einfach so nicht stimmen.« Als Journalistin habe sie einen Grundsatz eingeimpft bekommen: Im Zweifel für den Zweifel!

Ach, zur Hölle mit den Deutschen und ihren Grundsätzen! Ich war nach dem Telefonat so fertig, dass ich krank geworden bin, mit hohem Fieber, und das konnte meine Mutter nicht mit ansehen. Sie hat sich Laras Nummer geben lassen, um ihr klarzumachen, dass wir eine ehrliche Familie sind. Dass ich sie nicht belogen habe, und am Telefon aus Angst so durcheinander war. Und dass sie ihr die 200 Euro per Western Union überweisen könnte, wenn sie die Kontonummer wüsste. »Es geht nicht um das Geld«, hat Lara in ihrem komischen Russisch gesagt. »Es geht um Wahrheit.«

Von Juri hörte ich dann ein paar Monate später, dass der KGB bei ihm aufgetaucht sei, als seine Tochter mit ihrer Familie zu Besuch war. Oh, die hatte noch mehr Angst als ich!

Zurück in Deutschland soll sie Lara gebeten haben, den Namen ihrer Familie nicht in Zusammenhang mit Tschernobyl zu erwähnen. Was aus Lara und ihrer Tschernobyl-Geschichte geworden ist? Keine Ahnung! Wir haben keinen Kontakt mehr.

Natascha, meine Chefin an der Schule, hatte mich gewarnt, ganz am Anfang, als wir Lara in der Kantine kennen lernten. Sie hatte recht. Die Deutschen haben ihr Tschernobyl, und wir haben unseres. Nur dass wir unser Tschernobyl nicht einfach abstreifen können wie ein verschwitztes Hemd. Wir tragen es unter der Haut. Für immer.

Et kütt wie et kütt

Letztendlich ist das eingetroffen, was Mascha befürchtet hat: Wir haben Ärger bekommen wegen unserer Tschernobyl-Recherchen. Nur sah dieser Ärger anders aus als gedacht.

Es fing an, als ich bei Juri und seiner Frau wohnte. Mascha hat es so direkt nicht gesagt, aber ich glaube, das war ihr nicht recht. Jeden zweiten Tag ist sie bei Juri aufgekreuzt, der nicht unbedingt um die Ecke wohnt. Das heißt: Früher wäre es nur ein kurzer Ausflug gewesen. Doch seit Tschernobyl ist der direkte Weg versperrt. Zwischen Narowlja und Choiniki erstreckt sich heute die 30-Kilometer-Sperrzone, die an dieser Stelle wie eine lange Zunge nach Belarus hineinragt. Deswegen dauert die Fahrt im Sommer eine Stunde, im Winter anderthalb.

Eigentlich wollte ich ja bei Mascha und ihrer Mutter wohnen, ein Kurzbesuch zum russischen Neujahrsfest. Ich wollte ihr mein altes Notebook bringen und dachte, sie würde sich freuen, wenn sie ihre Diplomarbeit nicht mit dem alten Computer schreiben muss, den sie beim letzten Mal hatte.

Leider hat sie weder auf meine E-Mails noch auf meine Anrufe aus Deutschland reagiert. Die Leitung war frei, niemand ging ans Telefon.

Futuristische Futterspeicher in einem verstrahlten Dorf bei Narowlja,
Belarus

Ich wollte mein Flugticket schon zurückgeben, doch dann kam die
Einladung von Juri und Nina.

Vielleicht war Mascha krank? Der Heiler hatte doch irgendetwas
von einer Schilddrüsenstörung gesagt. Oder sie hatte Denis geheiratet
und wohnte nicht mehr in dem Dorf bei Narowlja?

Als ich vom Flughafen aus mit dem Handy von Juri ihre Nummer
wählte, hatte ich sie auf einmal am Apparat. Seltsam, auf die Anrufe
von meinem Handy hatte sie nie reagiert! Weil sie nicht mit mir
sprechen wollte? Zumindest nicht, solange ich in Deutschland war?
Als sie hörte, dass Juri mich eingeladen hatte, war sie jedenfalls beleidigt.

Das mit Juri und seiner Frau hatten die Rheinländer von der »Initiative Tschernobyl-Kinder Lohmar« eingefädelt. Juris Tochter hatte doch den Sohn einer Gastfamilie geheiratet. »Patente Leute sind das!«, schwärmten die Lohmarer. »Die lassen sich nicht unterkriegen!«

In der Empfangshalle des Minsker Flughafens erwartete mich ein kleiner, wortkarger Mann mit Holzfällerhemd und tief in die Stirn gezogener Schiebermütze, der sich stumm meine Tasche über die Schulter warf. Dann strebte er auf einen VW-Bus zu, den er mit einer Hand über die vereisten Straßen steuerte. »Ich war einmal Fahrer«, knurrte er, als ich ihn auf seine Fahrkünste ansprach. Seine Antworten blieben knapp, direkt; wenn ihm etwas nicht gefiel, wiegte er den Kopf. Ab und zu wehte ein Hauch Ironie durch seine Sätze. Selten habe ich mich in Belarus so sicher gefühlt wie auf dieser Wintertour mit Juri.

»Blühe, mein Heimatkreis!«, forderte ein Holzschild am Eingang von Choiniki – das ein bisschen Blüte ganz gut vertragen könnte. Juris Haus lag am Stadtrand, ein langer, niedriger Steinbau in einem verschneiten Garten. Seine Frau erklärte mir in einer Mischung aus Russisch und Weißrussisch, dass es in ihrem Gästezimmer durch die Fenster ziehen würde, und es nur eine Steckdose gäbe. »Alles bestens«, versuchte ich sie zu beruhigen, während sie weiter in dem Zimmer herumwerkelte, das Bett aufschüttelte, Kleider aus dem Schrank räumte, Vorhänge zurechtzupfte.

Irgendwann schob Juri sie sanft in die Küche, wo schon das Begrüßungsessen bereitstand: Frikadellen mit Kartoffelpüree. Danach zeigten wir uns, wie in Russland üblich, unsere Familienfotos. »Danke!«, sagte Juri, bevor er sich schlafen legte, »danke für den Einblick in dein Leben!« Als ich am nächsten Morgen mit Juris Tochter in Deutschland telefonierte, erzählte die mir, dass bei ihren Eltern eine Mascha angerufen habe. Ob ich näher mit ihr bekannt, vielleicht sogar befreundet sei?

»Ja«, sagte ich, »aber ich habe ihr die Nummer deiner Eltern nicht gegeben.«

»Die hat sie wohl gestern gespeichert, als du sie vom Handy meines Vaters aus angerufen hast. Jedenfalls hat sie meinem Vater gesagt, er solle sich nicht ausnutzen lassen, sondern dieser Deutschen richtig Geld abknöpfen! Er hat sich richtig geschämt!«

Warum sagte Mascha so etwas? War das ihre Maxime: In jeder Situation so viel wie möglich herauszuschlagen, weil man nicht weiß, ob sich einem je wieder eine solche Gelegenheit bietet? Ständig damit zu rechnen, übervorteilt zu werden, und deswegen den Blick dafür zu verlieren, wer es ehrlich mit einem meint?

Vielleicht war es das, was Tschernobyl ihrer Familie hinterlassen hat: einen Überlebenswillen, der den Blick verhärtet, Beziehungen zu Zweckbündnissen macht. Der die Gesellschaft atomisiert und ein grundsätzliches Misstrauen gegen jene Botschaft gesät hat, die, als der Kommunismus noch strahlende Utopie war, in beinahe jeder Rede verkündet wurde: *Saftra budjet lutsche.* »Wir werden ein besseres Morgen haben.«

Das Gegenteil von dem, was die rheinischen Tschernobyl-Initiativler, bei denen auch Mascha zu Gast gewesen sein soll, zu ihrem Lebensmotto erkoren haben: *Et kütt wie et kütt.* »Es kommt, wie es kommt.«

Ich sage bewusst: Zu Gast gewesen sein soll, denn inzwischen war ich mir nicht mehr sicher, was von dem, was sie mir erzählt hatte, überhaupt stimmte. Denn das Misstrauen hatte nun auch mich gepackt. Und so begann ich, den deutschen Teil ihrer Geschichte nachzurecherchieren.

In Lohmar kannte sie niemand. Ich telefonierte die anderen »Kinder von Tschernobyl«-Gruppen in Rheinland ab. Ergebnis: Bei keiner von ihnen war ihr Name auf der Besuchsliste zu finden. Niemand erkannte sie auf den Fotos vom Kölner Dom, die ich aus ihrem Fotoalbum abfotografiert hatte.

Ich fragte Burkhard Homeyer, den Leiter der Bundesarbeitsgemeinschaft, wie oft die »Kinder von Tschernobyl«-Initiativen normalerweise einen Gast aus Belarus beherbergen. Antwort: ein, höchstens zwei Mal. Mascha hatte von mindestens zehn Aufenthalten gesprochen. Natürlich, sagt er, könnten Gasteltern ein Kind danach auch privat einladen, aber das würde kaum einer tun, denn dafür müsste man Papiere beantragen, finanzielle Sicherheiten vorweisen, wochenlang bei den Behörden vorsprechen. Und dass eine Familie eine erwachsene Frau jedes Jahr bei sich aufnehme – davon habe er noch nie gehört.

Allerdings habe er von ein paar älteren Herren erfahren, die ehemalige Tschernobyl-Kinder einluden. Einer habe sich neulich beschwert, dass ihm die junge Frau, die bei ihm gewohnt habe, die Ehe versprochen habe – und dann mit dem Auto, das er ihr voller Erwartung gekauft habe, über die Grenze abgerauscht sei.

Mehr Gedanken mache ihm aber, dass der weißrussische KGB – der über die Existenz der weißrussischen »Kinder von Tschernobyl«-Stiftung natürlich nicht begeistert sei – eine Parallelorganisation gegründet habe, die sich ahnungslosen deutschen Tschernobyl-Initiativen andiene und nach Stasi-Manier Kinder und Betreuer anwerbe, die als IM Bericht erstatten müssten: über die deutschen Gruppen und die Deutschen, die zu Besuch nach Belarus kämen.

Ob Mascha wohl auch …? Versteig dich nicht in Verschwörungstheorien! Aber dann fiel mir der Grundsatz ein, den man uns einst in der Journalistenausbildung eingebläut hat: Im Zweifel für den Zweifel.

Und zweifelhaft war in jedem Fall die Geschichte mit dem entlassenen Zonenwärter. Jede der vielen Versionen, die mir Mascha im Laufe unserer Auseinandersetzung aufgetischt hatte, hatte einen logischen Widerspruch. Immer verwickelter wurden ihre Erklärungen, und je genauer ich nachfragte, desto hektischer, belehrender, vorwurfsvoller wurde ihre Stimme. Sie redete und redete – bis ich sie anschrie. Und schließlich auflegte.

Als mich ihre Mutter zwei Wochen später anrief, tat mir die Sache leid. Ich bat sie, Mascha auszurichten, dass es für mich keine Rolle mehr spielen würde, wie sich die Geschichte wirklich zugetragen habe – Hauptsache, wir ließen die Politik, den Staat, den KGB nicht in unsere Freundschaft hineinregieren.

Doch Mascha meldete sich nicht mehr. Ich wählte ihre Nummer, immer wieder, über Monate. Ich schrieb E-Mails, schickte Fotos: keine Reaktion.

Ich fragte alle, die ich mit Mascha zusammen kennen gelernt hatte, ob sie etwas von ihr gehört hätten. Natascha, die Schuldirektorin, tat so, als würde sie mich nicht verstehen, andere schwiegen. Auch Juri wusste angeblich nichts von ihr.

Ich fragte Olja, eine belarussische Bekannte, die seit Kurzem in Berlin lebte, ob sie eine Idee habe, warum Mascha den Kontakt so radikal verweigere. »Vielleicht hat ihr der KGB ein Umgangsverbot auferlegt! Das war jedenfalls früher eine übliche Methode, um Kontakt mit unliebsamen Ausländern zu unterbinden«, mutmaßte sie.

»Und wie setzen die das durch?«

»Ach, die sagen nur, es ist besser, wenn Sie den Kontakt zu dieser Person vermeiden, sonst … Und dann kriegt man eine solche Angst, dass man die Nummer der Person aus seinem Notizbuch streicht.«

Aber es könnte auch sein, dass der Dienst sie benutzt hätte, um Tschernobyl-Vereinsleute auszuspionieren. Dass er ihr erlaubte, oder sie sogar darin unterstützt hätte, so oft wie möglich nach Deutschland zu fahren. Es könnte also durchaus sein, dass ich mich mit einem IM auf Tschernobyl-Tour begeben hätte.

Nein, ich mochte Mascha nicht für einen Zuträger halten! Ich wollte unsere Begegnung – die ja auch eine Begegnung zweier Tschernobyls war – nicht zerstören lassen. Nicht von solch unbewiesenen Vermutungen. Deshalb sagte ich zu Olja: »Vielleicht hat Mascha sich auch aus Angst so in die Geschichte hereingesteigert? Vielleicht hat ein Beamter entdeckt, dass auf dem Zonenpassierschein ein Häkchen fehlte, und hat die Einheimischen erst einmal ein bisschen eingeschüchtert, um Diensteifer zu beweisen? Vielleicht wollte Mascha einfach ein bisschen Druck an mich weitergeben, um sich selbst Erleichterung zu verschaffen?«

»Jedenfalls kannst du davon ausgehen, dass die Sache mit der Zonengenehmigung schlafende Hunde geweckt hat«, sagte Olja. »Wenn sie Monate später noch einmal zur Befragung auftauchen, dann ist nun auch die Zentrale in Minsk eingeweiht.«

»Was wollen sie denn herausfinden? Mascha und Juri planen doch keinen Staatsstreich!«

»Das wissen sie wahrscheinlich auch nicht so genau. Aber eigentlich haben sie ihr Ziel schon erreicht.«

»Welches Ziel?«

»Jeder misstraut jedem«, sagte sie und kippte den Wodka, der vor ihr stand, in einem Zug herunter. »Das nennt man Zersetzung.«

Sie jedenfalls wolle nicht mehr in einem Land leben, in dem so etwas zum Alltag gehöre. Sie wolle auch nicht mehr das Gefühl haben, ständig kämpfen, ja, ums Überleben kämpfen zu müssen wie die Leute in ihrem Dorf. Nie mehr.

Übrigens: Ob ich wisse, dass sie auch ein Tschernobyl-Baby sei?

Ich war perplex. »Warum hast du mir das nicht schon in Belarus gesagt?«

Wir hatten uns in Mogiljow kennen gelernt, an der Uni, wo sie damals studiert und ich dieses Deutschland-Seminar gehalten hatte, dass plötzlich verboten wurde. Ein paar Mal waren wir zusammen ausgegangen, in die Bars in der neuen Fußgängerzone, hatten getanzt und getrunken und über alles Mögliche geredet: über Musik, Männer, deutschen Humor und russische Pädagogik. Nur Tschernobyl – das war kein Thema gewesen.

Snajesch, entgegnete sie auf Russisch – so, als ob sie an diese Zeiten anknüpfen wollte. »Weißt du, ich bin doch auch im Jahr der Katastrophe geboren worden! Aber so lange ich in Belarus gelebt habe, habe ich mir keine Gedanken darüber gemacht. Erst in Berlin ist mir klargeworden, was das bedeutet – weil hier die Leute zusammenzucken, wenn ich das erzähle.«

Eine Woche später sitzen wir gemeinsam in einem Sonderzug, der uns von Berlin zu einer der größten Anti-Atom-Protestdemos des Jahres bringen soll: zur Menschenkette zwischen Krümmel und Brunsbüttel, den beiden schlagzeilenträchtigen Reaktoren, die die Betreiber gerne noch ein paar Jahre länger am Netz lassen würden.

110 000 Menschen haben sich an der Strecke versammelt: Junge Männer mit Baggy-Jeans und Kopfhörern, ältere Ehepaare in Schöffel-Jacken, Schulklassen mit »AKWs abschalten!«-Plakaten, Kinder mit Trommeln und Hunde, die Anhänger mit der Atomsonne am

Halsband baumeln haben. Und wir, mit T-Shirts in den Farben der belarussischen Flagge: Rot, Grün und Weiß.

Auf ein Zeichen ergreifen alle das von den Organisatoren bereitgestellte Band, das die beiden Reaktoren und uns im Protest gegen sie verbinden soll. Einige trillern, andere rufen, Fahrradfahrer klingeln. Dann pumpen plötzlich Bässe aus einem Lautsprecher. Ein Typ mit einem Wu-Tang-Clan-T-Shirt macht ein paar Hip-Hop-Bewegungen, ein kleiner Junge imitiert den Moonwalk. »Wir wollen Lady Gaga hören!«, maulen ein paar Teenager. Der Lehrer neben ihnen zuckt ratlos mit den Schultern und zieht dann eine Flasche Öko-Bier aus dem Rucksack. Die Stimmung ist so gelöst wie bei einer Beachparty.

»Komisch, die Leute wollen gegen etwas kämpfen, haben dabei aber die ganze Zeit gute Laune«, raunt Olja. »Ist das bei euren Demos immer so?«

»Von wo bist du denn entlaufen?«, grummelt der Wu-Tang-Clan-Fan.

»Belarus!«, pflaumt sie zurück. »Wenn dir das was sagt!«

Am nächsten Tag konstatiert Campact, der Organisator der Menschenkette, stolz auf seiner Website: »Der Protest ist in der Mitte der Gesellschaft angekommen!«

In der Mitte angekommen … Das heißt wohl, dass der Protest salonfähig geworden ist, zum bürgerlichen Habitus gehört wie der *Manufactum-Katalog*, der Samstagseinkauf im Biosupermarkt und der Wanderurlaub auf La Gomera. Und dass die Zeiten der wilden Schlachten, der harten, gewalttätigen Auseinandersetzungen weitgehend passé sind. »Mit der Polizei legen wir uns so nicht mehr an«, hat die Bürgerinitiative Gorleben in einer Hauptstadtzeitung verkündet.

Und damit bei diesem Protest auch alles nach Plan läuft, werden Demos, Sit-ins und Lichterketten heute perfekter organisiert als Bankenkongresse. Organisatoren mobilisieren ihre Klientel mithilfe des Internets, das die Mobilisierung nicht nur günstiger, sondern auch schneller macht: Über Facebook und Twitter lassen sich Menschenmassen innerhalb weniger Stunden an einen bestimmten Ort dirigieren, wenn es sein muss, sogar innerhalb von Minuten, wie beim sogenannten »Flashmob«, der auch in der Anti-Atom-Szene immer beliebter wird.

Eine Aufgabe, die immer öfter von professionellen Protestveranstaltern übernommen wird, von Mobilisierungsexperten wie Campact, deren Name Programm ist: »Campaign & Action.« Man wolle »schnelles Handeln mit fantasievollen Aktionen verbinden, Öffentlichkeit herstellen und Druck auf die Entscheidungsträger ausüben«, heißt es auf der Website, die ebenso professionell daherkommt wie die Campact-Chefs, die so druckreif zum Demonstrantenvolk sprechen, dass sie nahtlos in ein Parteiamt überwechseln könnten.

Damit nicht genug in Sachen Vergesellschaftung des Protests: An einigen Orten wurde der Protest sogar schon erlebnispädagogisch aufbereitet. In Mutlangen, wo ein Pershing-Lager jahrelang für Unruhen sorgte, erinnert jetzt ein »Info-Parcours« an Sit-ins, Demos und Blockaden. Und in Gorleben wurde mit dem Bau einer »Infohütte« begonnen, »keine Bretterbude, sondern richtig schick«, wie eine Wendland-Veteranin schwärmte.

»Meine Güte, ihr übertrefft ja mit eurem Perfektionismus jedes Klischee!«, spottet Olja.

Natürlich kontere ich: »Wenn die russischen Dekabristen besser organisiert gewesen wären, dann wäre Russland vielleicht am Ende sogar eine Demokratie geworden!« Doch insgeheim musste ich ihr Recht geben. Wer je eine Großdemo am Brandenburger Tor besucht hat, weiß, warum Eventmanagement mittlerweile ein gefragter Studiengang ist.

Selbst die deutsche Antifa wird im Ausland für ihr Protest-Know-How geschätzt. Als die kürzlich eine Truppe Aktivisten nach Belarus schickte, um dort den jungen, frisch aufkeimenden Anti-AKW-Protest zu unterstützen, bloggten die Daheimgebliebenen ihnen Verhaltensmaßregeln für den Umgang mit dem KGB auf die Smart-Phones.

Doch auch Belarus holt protestmäßig auf. Seitdem die Regierung den Bau des ersten belarussischen AKWs beschlossen hat, organisieren sich Anti-Atomkraft-Gegner in Internetforen und twittern sich geheime Treffpunkte zu. Einige von ihnen konnten auf diese Weise bei Grodna, wo der neue, mit russischem Geld finanzierte Meiler stehen soll, in aller Ruhe ein Protestbanner von einer Straßenbrücke herablassen, ohne dabei von der sonst so diensteifrigen Polizei gestört zu werden. Sogar ein Filmchen konnten sie über die Aktion drehen, das sie natürlich bei YouTube einstellten, wo es nun – neben den Tschernobyl- und Sperrzonenvideos – unter dem Schlagwort »Belarus« zu finden ist.

Den Tschernobyl-Gedächtnismarsch, wegen dessen Erfindung Genadij Gruschewoj vor 25 Jahren vor Gericht gestellt wurde, haben die Nachwuchsprotestler auch wieder aufleben lassen – mit Unterstützung der Antifa, die mittlerweile eine recht aktive Dependance im Land betreibt.

»Wir stehen noch ziemlich am Anfang«, erklärte mir Vitalij, ein junger Aktivist aus Minsk. Per Skype, in perfektem Englisch.

Aber es sei auch ein wildes, aufregendes Gefühl, »so am Beginn von etwas Neuem zu stehen, das …« Pause. Und dann erschien plötzlich vor mir in der Chatmaske dieser Satz: »Es klingt vielleicht seltsam, aber am liebsten würde ich immer in diesem Zustand bleiben!«

Es war der letzte Tag meiner Tschernobyl-Recherche, ich war unterwegs zu der Großdemo, die das Bündnis »Atomkraft: Schluss jetzt!« in Berlin anberaumt hatte. In diesem Bündnis war so ziemlich alles vertreten, was in der Szene einen Namen hat, darunter der BUND, Anti-Atomgruppen, die Grünen. Schließlich hatte die schwarz-gelbe Bundesregierung gerade den Atomausstieg abgeblasen – und mit den Energiekonzernen eine Art Geheimvertrag geschlossen, der sie einer goldenen Zukunft entgegensehen lässt.

Das Bündnis, ja, das ganze Land war vor vollendete Tatsachen gestellt worden, und das konnten sie sich, wo sie den Marsch durch die Institutionen endlich bewältigt zu haben schienen, natürlich nicht bieten lassen. Deswegen wollten sie nun das Regierungsviertel umzingeln. An einem Samstag, an dem der parlamentarische Betrieb ruhte.

Mit Treckern rückten sie an, mit Fahrrädern, Kinderwagen, Bongo-Trommeln, Trillerpfeifen und Gitarren. Aus Frankreich waren einige alte Kämpen angereist, die begeistert von der »jungen deutschen Anti-Atomkraftbewegung« schwärmten – in Frankreich gebe es so etwas nicht, da habe man resigniert. Ein Berliner Jungaktivist, der gleichzeitig Demonstranten für den »Stromwechsel« gewinnen wollte – weg von Vattenfall, hin zum Ökoanbieter –, sagte: Ja, es gebe eine junge Anti-AKW-Bewegung, die mit der alten »Parkaträgergeneration aus Brokdorf« nichts zu tun habe. Trotzdem waren viele Parkas zu sehen, getragen von grauhaarigen Menschen, die Reportern stolz von ihrer »30-jährigen Protestkarriere« berichteten.

Ich wollte mich unter die Menge mischen, mit einer kleinen Belarus-Flagge in der Hand, die ich in einem Souvenirshop am Minsker Flughafen gekauft hatte und die ich nun in Erinnerung an das reale Tschernobyl und seine Opfer vor der Vattenfall-Zentrale schwenken wollte.

Der Hauptbahnhof, wo ich 20 Minuten später aus der S-Bahn stieg, war so voll, dass es unmöglich schien, bis zum Ausgang vorzudringen. Ergeben harrte ich zwischen einer schwäbelnden Demotruppe und einem Pulk Antifa-Mädchen aus, die vor dem Aufgang zum Fernzuggleis eingeklemmt waren. Plötzlich schallte eine Ansage durch den Lautsprecher über unseren Köpfen: »Achtung, Achtung! Auf Gleis 14 fährt ein: Nachtschnellzug D 1248 aus Minsk.«

Ein Zug aus Belarus, an diesem Demo-Morgen … Ich fuhr mit der Rolltreppe hinauf auf den Bahnsteig, sah Männer mit Schiebermützen, die sich wortlos die Taschen ihrer Besucher über die Schulter warfen, junge Frauen, die Männern mit müden Gesichtern über die Wange streichelten, hörte diese eigenartige Mischsprache aus Russisch und Weißrussisch, und es war, als wären Juri und Mascha zurückgekehrt. Zurück in mein Leben.

Juri, der so genau registriert hatte, was um ihn herum geschehen war nach dem GAU: die Lügen, die Gleichgültigkeit der Macht und die Abstumpfung. Der das, was ihm da entgegengetreten war, offensichtlich hasste und trotzdem sagte: »Tschernobyl? Natürlich, sie haben

»Dosimeter-Kontrolle«: Hinweisschild an der Einfahrt zur 30-Kilometer-Sperrzone, Kreis Choiniki, Belarus

uns diesen Unglücksreaktor vor die Haustür gestellt, ohne zu fragen. Aber man muss ja weiterleben.« Und Mascha, die in ihrem Bemühen um Unbeschwertheit beinahe schnodderig konstatiert hatte: »Ach, das Leben geht weiter.« Die die Vergangenheit vergessen, einfach leben wollte, ohne störende Gedanken an die Katastrophe. Die nicht einmal mehr von einem Kampf, von einer Spaltung sprach, wie es die Lebensgefährtin ihres Vaters getan hatte.

Jener Spaltung, die auch in Juris Sätzen durchschien, in seinen Gesten, seiner Körpersprache; ein Hin- und Herschwanken zwischen Vergeblichkeitsgefühl und Aufopferungswille, zwischen Trauer und Zorn. Es ist das Gegenteil der deutschen Eindeutigkeit, des deutschen Aufschreis »Wir widersetzen uns dieser unverantwortlichen Atompolitik!«, wie es Zehntausende seit dem GAU 1986 immer wieder auf den Straßen skandierten. So wie auch an diesem Demotag in Berlin, an dem dieser Satz so wütend klang wie seit Jahren nicht mehr.

Vielleicht hätte sein Zorn Juri in einer anderen Umgebung, einem anderen Land, einer anderen Gesellschaft auch auf die Straße getrieben. Aber er hat ihn, um in Choiniki nicht an ihm zugrundezugehen, in etwas Stilles verwandelt; etwas, das man in Deutschland wohl für konservativ halten würde: Standhaftigkeit. In eine Standhaftigkeit, die nicht mehr und nicht weniger ist als die Anarchie des Ostens.

Anhang:

1. Der Tschernobyl-Reaktor

Der Tschernobyl-Reaktor ist ein Graphit-moderierter Leichtwasser-Reaktor der Baureihe RBMK-1000, der eine elektrische Leistung von 1000 Megawatt besitzt.

Eine Technologie, die von vornherein darauf ausgelegt war, sie auch zu militärischen Zwecken nutzen zu können. Der Reaktorkern der RMBK-Baureihe ist so konstruiert, dass Brennstäbe einzeln abgeschaltet werden können, während die anderen noch in Betrieb sind. Dadurch kann das Plutonium zu einem Zeitpunkt entnommen werden, zu dem es noch einen hohen Reinheitsgrad aufweist und somit für die Bombenproduktion geeignet ist.

2. Der Unfallhergang

Bis heute ist nicht zweifelsfrei nachzuvollziehen, wie sich der Unfall abgespielt hat. Denn die Akten und Aufzeichnungen der Schichtführer und Ingenieure sind in sowjetischen Archiven verschwunden und von da aus nicht wieder aufgetaucht.

So ist es kein Wunder, dass sich um das Geschehen im 4. Reaktorblock in der Nacht vom 25. auf den 26. April 1986 zahlreiche Mythen ranken. Es gibt beispielsweise die Theorie, dass der Schichtleiter während des Experiments eingeschlafen sei, nach einer anderen soll es in der fraglichen Nacht ein Erdbeben gegeben haben, das den unsolide gebauten Reaktor angeknackst habe.

Dies ist die verbreitetste Darstellung der Vorgänge in Block 4, der technischen Fehler, die zur Explosion führten:

Atomkraftwerk Tschernobyl, Pripjat, Ukraine

25. April 1986, 13.00 Uhr:
Techniker des Kraftwerks wollen während einer routinemäßigen Abschaltung von Block 4 die Sicherheitssysteme testen. Dabei soll der Reaktor auf 25 Prozent seiner Nennleistung heruntergefahren werden.

25. April 1986, 14.00 Uhr:
Das Notkühlsystem wird abgeschaltet, um einen störungsfreien Testbetrieb sicherzustellen. Zur gleichen Zeit fragt der Kontrollbeamte des Kiewer Versorgungsnetzes an, ob bis 23.10 Uhr weiter Strom geliefert werden könne, da es in der Stadt eine unerwartet große Nachfrage gebe. Die Reaktormannschaft sagt zu. Die Reaktorleistung wird auf 1600 Megawatt gehalten, das Experiment verschoben.

25. April, 23.10 Uhr:
Der Test läuft jetzt an, weil man in der Nacht mit einer geringeren Stromnachfrage rechnet. Das Notkühlsystem bleibt ausgeschaltet. Die Techniker fangen an, den Reaktor herunterzufahren.

25. April, 24.00 Uhr:
Schichtwechsel des Reaktorpersonals.

26. April, gegen 0.30 Uhr:
Die Nennleistung des Reaktors ist statt der geplanten 25 Prozent auf ein Prozent gesunken (30 Megawatt). Dies ist ein äußerst kritischer und streng verbotener Zustand für Reaktoren dieses Typs. Es heißt, dass der Operator die automatische Steuerung des Reaktors ausgeschaltet und versucht habe, die 25-Prozent-Marke im manuellen Betrieb zu erreichen.

Nun wird die Leistung wieder gesteigert; gegen 1.00 Uhr erreicht der Reaktor sieben Prozent der Nennleistung.

26. April, 1.03 Uhr:
Alle acht Pumpen des Primärkreislaufes werden eingeschaltet – was ebenfalls verboten ist. Durch die zusätzliche Kühlung wird automatisch ein Großteil der Brennstäbe aus dem Reaktor gezogen. Gleichzeitig sinkt der Dampfdruck im Primärkreislauf. Da die Dampfturbinen aber für die geplanten Tests benötigt werden, erhöht die Bedienungsmannschaft den Wasserdurchfluss um das Dreifache. Dadurch werden automatisch weitere Brennstäbe entfernt. Zusätzlich wird das Sicherheitssystem, das bei fallendem Dampfdruck den Reaktor automatisch abschaltet, außer Kraft gesetzt.

26. April, 01.22 Uhr 10 Sekunden:
Im Reaktorkern beginnt eine spontane Dampferzeugung.

26. April, 01.22.45 Uhr:
Der Schichtführer erfährt, dass sich im Reaktor nur noch sechs bis acht Brennstäbe befinden. Dabei darf der Reaktor nicht mit weniger als 15 betrieben werden. Trotzdem entschließt sich der Schichtführer, das Experiment fortzusetzen.

26. April, 01.23.21 Uhr:
Der Reaktor wird instabil. Seine Leistung steigt immer schneller.

26. April, 01.23.40 Uhr:
Der Operator betätigt den Not-Abschaltknopf. Arbeiter versuchen noch, Brennstäbe in den Reaktor zurückzuschieben. Doch die Rohre, in denen die Brennstäbe gleiten, sind bereits durch die enorme Hitze verbogen. So können die Brennstäbe ihre Endposition nicht mehr erreichen.

26. April, 01.23.44 Uhr:
Es kommt zur überkritischen Leistungssteigerung: Innerhalb von vier
Sekunden erreicht Block 4 das Hundertfache seiner Nennleistung.

26. April, 01.24 Uhr:
Uran schmilzt in den Brennstäben und verdampft das Kühlwasser.
Eine Explosion lässt die 1000 Tonnen schwere Abdeckung von Block
4 bersten. An allen Ecken des Reaktors brennt es. Dann reagiert das
Wasser mit dem heißen Graphitblock, ein hochexplosives Wasser-
stoff-Sauerstoff-Gemisch sprengt Trümmer und radioaktive Partikel
bis zu anderthalb Kilometer in die Höhe. Die radioaktive Wolke zieht
um die halbe Welt.

Der GAU, der größte anzunehmende Unfall, ist eingetreten.

(Quelle: Greenpeace Berlin)

Anmerkung: Einige belarussische Namen in diesem Buch wurden auf
Wunsch ihrer Träger verändert, nicht zuletzt, um sie vor staatlicher
Willkür zu schützen.

Vom Rucksackreisenden zum Retter

Conor Grennan
Little Princes
Meine Suche nach den verlorenen Kindern von Nepal

304 Seiten / gebunden mit SU
ISBN 978-3-8218-6532-4

Auf seiner Weltreise arbeitet Conor Grennan drei Monate in einem
Waisenhaus in Nepal. Das, was er dort sieht und erlebt, verändert sein
Leben. Er findet heraus, dass viele der Kinder gar keine Waisen sind.
Ihre Eltern hatten sie für viel Geld Vermittlern anvertraut, um ihnen in
Kathmandu eine bessere Zukunft zu ermöglichen. Grennan versucht,
die Kinder wieder mit ihren Familien zusammenzubringen. Monatelang
reist er dabei in die entlegendsten Teile Nepals, sucht Spuren, redet
mit Menschen, zeigt Fotos der Kinder. Packend und ehrlich erzählt er,
wie es sich anfühlt, wenn man plötzlich selber derjenige ist, der handelt
und das Leben der anderen verändert.